超ミニマル・ライフ

四角大輔

ダイヤモンド社

超 ミ ニ マ ル ・ ラ イ フ

CONTENTS

超 ミ ニ マ ル ・ ラ イ フ

フィロソフィー

STEP
1
プロローグ

Method 01 今なぜ〝超ミニマル・ライフ〟か
Method 02 〝時間〟とは〝命〟

エッセンシャル

STEP
2
思い込みの軽量化

Method 01 〝シンプル〟と〝ミニマル〟の違い
Method 02 〝忙しい〟が人生を破綻させる
Method 03 〝成長主義・上昇志向〟を捨てる
Method 04 現代に〝強さ〟はいらない
Method 05 小さな成果と〝自分のペース〟とブレイクスルー
Method 06 〝ロングスロー・ディスタンス〟の真髄

ベーシックスキル

STEP 3 体の軽量化

Method 01 〝人生のインフラ〟設計のための5つの教え 50
Method 02 元本保証の〝ノーリスク・ハイリターン〟投資 53
Method 03 超時短のための〝オーガニックデバイス〟活用法 60
Method 04 身体能力を極限まで高め〝タイパを最大化〟する 66
Method 05 スロートレーニングと〝動的メディテーション〟（ヨガ） 71
Method 06 スロートレーニングと〝動的メディテーション〟（ジョグ） 80
Method 07 ベアフットシューズと〝中強度ワークアウト〟 86
Method 08 3分で全身を鍛える〝超ミニマル・エクササイズ〟 92
Method 09 肉体疲労が消える〝デジタルデトックス術〟（休日） 102
Method 10 肉体疲労が消える〝デジタルデトックス術〟（平日） 107
Method 11 〝ノイズレスな場所〟が体にもたらす驚くべき効能 112
Method 12 〝15分〜3日間の自然体験〟という健康戦略 116

STEP 4 食事の軽量化

Method 01 パフォーマンス向上のための〝食事学の基礎〟 124
Method 02 パフォーマンス向上のために〝避ける〟 132
Method 03 パフォーマンス向上のために〝最小限にする〟 138
Method 04 実利のための〝ミニマルな仕組み〟構築術 147
Method 05 最大のリターンをもたらす〝食事への投資〟 152
Method 06 〝安価で安全〟最軽量の飲料水ソリューション 157
Method 07 〝1日30品目〟不要論とミニマル食材のすすめ 163
Method 08 世界一〝ミニマルで合理的な〟料理法（食材） 171
Method 09 世界一〝ミニマルで合理的な〟料理法（調味料） 176
Method 10 サプリメントを不要にする〝脳〟のための腸活術 181
Method 11 ファスティングは究極の〝食事戦術〟 192

STEP 5 脳疲労とストレスの軽量化

Method 01 〝心を軽くする〟ことから全てが始まる 202

Method 02 遊びが〝好循環ライフスタイル〟の鍵を握る 205

Method 03 〝最適な睡眠時間〟の把握が人生を決める 212

Method 04 DNAに刻まれた〝医者いらず〟の黄金サイクル 218

Method 05 〝太陽と神ホルモン〟を味方につける最新の睡眠学 223

Method 06 〝神秘のメカニズム〟を活用する起床ストラテジー 229

Method 07 〝神秘のメカニズム〟を活用する入眠ストラテジー 233

Method 08 〝脳ダメージ〟を回避するオフラインの技術 239

Method 09 〝高次のウェルネス〟をもたらす小さなハックス 245

アドバンススキル

STEP 6 人間関係とコミュニケーションの軽量化

Method 01 〝本物の人脈〟をデザインする型破りな流儀 252

Method 02 〝重い人付き合い〟を軽くする3つのティップス 258

Method 03 潜在意識を書き換えて〝ニガテな人〟を好きになる 263

Method 04 〝嫌われたくない〟を捨ててブレイクスルーする 271

Method 05 〝他人に奪われる時間〟を最小化する盾（前編） 276

Method 06 〝他人に奪われる時間〟を最小化する盾（後編） 282

Method 07 最軽量の〝コミュニケーション手段〟とは 287

Method 08 突然の〝無茶ぶり〟を軽やかにかわす防御策 293

Method 09 重い〝接待と仕事ディナー〟を軽くする技術 297

Method 10 人間関係をアップグレードする〝人とのぶつかり〟 306

ライフイノベーション

STEP 7
お金と働き方の軽量化

Method 01 〝ポジティブエスケープ〟を装備して攻める 314

Method 02 〝ミニマム・ライフコスト〟で自分を守り挑戦する 322

Method 03 会社員が〝お金から自由〟になる唯一の方法 329

Method 04 〝ミニマリスト×サイドFIRE〟という最強の働き方 337

Method 05 〝シリコンバレー式〟ライフワーク移行術 350

Method 06 〝ビジネス思想家〟に学ぶサバイバル時代の生き方 356

Method 07 〝健康寿命100年時代〟の人生デザイン論 363

Method 08 〝遊ぶように働く〟生涯現役のためのワークシフト 370

Method 09 〝なぜ人間は働くのか?〟人類史に見る仕事のルーツ 378

Method 10 先住民に学ぶ〝ポスト資本主義ワークスタイル〟 387

Method 11 循環型フリーエネルギー〝お金〟を生む仕事とは 398

Method 12 持続可能な所得増をもたらす〝アーティストモード〟 405

エピローグ

「More」よりも「Less」、「Big」よりも
「Small」、「Fast」よりも「Slow」 416

参考図書 421

【監修】
STEP3-Method 05:スタジオ・ヨギー／studio-yoggy.com
STEP3-Method 06:東急スポーツオアシス／sportsoasis.co.jp
STEP3:湯本優／株式会社cart CEO、医師、医学博士／revolyourself.com
STEP4:レムケなつこ／オーガニックビジネス研究所(IOB)代表取締役社長、オーガニック専門家／iob.bio
STEP3, 4, 5:三輪桜子／医師

Photos:Hiroyuki USAMI(P31, 41, 48, 121, 317), Jiro HIRAYAMA(P390),
Takuya TOMIMATSU(P9, 116, 379)
Special Thanks to <LifestyleDesign Camp>

STEP 1

プロローグ

Method 01 今なぜ〝超ミニマル・ライフ〟か
Method 02 〝時間〟とは〝命〟

今なぜ
〝超ミニマル・ライフ〟か

「どうでもいいことに注ぐ労力・お金・時間を
最小化して、あなたの可能性を最大化する」
ための合理的な人生戦略

「Live Small, Dream Big──小さく生活し、夢は大きく」

　これは、欧米のベストセラー『Tiny House』（※1）の副題で、本書ではこう解釈している。

「贅沢やムダを省いて超効率化して得る、時間・エネルギー・資金を人生の夢に投資する」

「Live Big, Dream Small──大きく生活し、夢は小さく」

　Small と Big を入れ替えた場合の解釈はこうだ。

「見栄と物欲に時間・エネルギー・お金を浪費し、将来への投資や夢どころじゃない」

　あなたはどちらを望むだろうか。

　筆者は迷わず前者を選ぶ。実際に、50年以上そう生きてきた──日本では変わり者扱いされ苦しみながらも。

　そして、海外に長年暮らす筆者の眼には、日本の多くの人が後者の生き方に引き込まれているように見える。

大自然に小さく建つ完全オフグリッドのタイニーハウスと筆者

「Live Small, Dream Small——小さく生活し、夢も小さく」

　貧しかった頃の日本、今の貧困国の選択肢はこれしかない。

　だが幸運にも、今の日本では自分の意思で自由に選ぶことができる。なのに多くの人が「Live Big, Dream Small」な人生に無自覚のうちに溺れてしまっている。

　世界2位の経済大国まで昇りつめた後、「失われた30年」「経済停滞と低賃金」「グローバル競争力の低下」といった言葉と共に「日本は終わった」などと評されることが多い。

　本当にそうだろうか。

　経済規模は未だ世界3位で（※2）、全196ヶ国の中で**日本はトップクラスに位置している**。筆者が暮らすニュージーランドなんて50位だ。

　今の途上国や紛争国、昔の日本のような餓死リスクなんてないに等しく——世界的にも、歴史的にも——**今の日本が、物質的に超豊かで格段に便利な国**であることに誰も反論できないだろう。

さらに治安が良くて清潔で、交通網や生活インフラが津々浦々にまで整備されている。人間の生存本能である「生理的欲求」も「安全欲求」も充分に満たされているはず（※3）。

　なのに、日本の**幸福度は極度に低い**（※4）。**ただならぬ不安と焦りに駆られ、「渇望症」なる病を患っている**かのようだ。

　多くの人が決断せず、周りに流されるまま「Live Big」に生きて「夢の実現なんて無理」と思い込んでいる。「選択肢があることに感謝すべき」とわかってはいるが情報と選択肢が多すぎて消耗し、逆に「選べない人生」を歩んでいる（※5）。

　なぜか。

　まず、**「その原因はあなたにはない」**ということ。では「世の中が悪い」かというと、そうでもない。
　正しい対処法を誰も教えてくれない──問題はここにあるのだ。
　本書では、まずその原因を明快に解き明かし、STEP ごとに具体的な「対処法と技術 = Method」を伝授していく。

　超ミニマル・ライフとは──「守銭奴のような節約生活」や「禁欲的で質素な暮らし」のことじゃない。そもそも、そんな心が貧しくなる生き方には夢も希望もない。

　超ミニマル・ライフとは──**「どうでもいいことに注ぐ労力・お金・時間を最小化して、あなたの可能性を最大化する」ための合理的な人生戦略**のことである。
　つまり本書は、「Live Small, Dream Big──贅沢やムダを省いて超効率化して得る、時間・エネルギー・資金を人生の夢に投資する」ための技法をまとめた戦略書なのである。

年齢や性別、立場や収入に関係なく、どんな人でもすぐに簡単に実践できるよう、全てのノウハウを〈7つのSTEPと62のMethod〉に体系化した。

　これら全ての技法は、わずか「3つの原則」に集約される。

【超ミニマル・ライフ3原則】
①体・脳・心の負担を最小化して「パフォーマンス」を最大化する
②仕事と家事を超時短して「自由時間」を最大化する
③お金・仕事・人間関係の不安をなくして「幸福度」を最大化する

　本書を通してこの3原則を体得できたなら、「本当に大切なこと」「心から愛すること」「人生で成し遂げたいこと」、つまりあなたの「夢」に一点集中できるようになる。

　さらに、他者にも優しくなれて、環境負荷を小さくできるという壮大なオマケも付いてくる。

筆者がニュージーランド移住後に、水辺のキャンプ場で半年ほど暮らしたキャンピングトレーラー。これこそが「Live Small, Dream Big」を体現する究極のタイニーハウスだ

ただし、最初に理解してほしい絶対ルールがある。

「選ぶことは手放すこと」

　人が何かを得る時、必ず別の何かを手放さないといけない。

　だが、あなたは「渇望」を満たそうと、あらゆることを手に入れては疲弊し、不安に襲われながらこんな人生を夢見る。

「Live Big, Dream Big——大きく生活し、夢も大きく」

　これは——日本に0.16％しかいない（※6）——超富裕層の家に生まれない限り実現不可能なのに、叶わぬ夢を追い続けながら、大切なことを見失ったまま人生を終えてしまう。

　まさに「二兎を追う者は一兎をも得ず」である。

　誰もが知る真理を突いたことわざだが、本書ではことあるごとに、こういった「原理」に立ち返る。

　それは——現代人がどうやっても抗えない——**先人の不変的な叡智、人間の本質、自然の摂理、ヒトという生物の本能といった鉄則**のこと。

　人類史250万年において（※7）、約1万2000年前の農耕革命までの99.5％の期間を、空腹や欠乏に苦しみながら狩猟採集生活を送り——産業革命の200年前までの99.9％の期間を、自然の循環から逸脱せずに暮らしていた。

　この事実を、わかりやすい比喩で単純化してみよう。

　我々は、「昨日＝狩猟採集時代」まで危険な荒野を移動しながらサバイブし、わずか「数時間前＝農耕革命」から定住して安定的な食糧確保を実現し、「数分前＝産業革命」からやっと物資的な豊かさを得たということになる。

　さらに——生活革命を起こした電気や化学物質の普及は約100年前、ネットは約30年前、スマホは約10年前だから——**現代文明が確立したのは、たった「数秒前」の出来事である。**

筆者が愛したソロテントでの山旅にこそ、超ミニマル・ライフの真髄がある

　なのに**我々のDNAは、狩猟採集時代からほぼ変わっておらず**（※8）、**当時と同じ脳と体で現代社会を生きている。**

　我々の心身は──便利すぎる都市空間、高速のネット世界、超情報化社会、過度な化学物質ではなく──**「自然」にこそ最適化している**という事実を忘れないでほしい。

　そして、祖先が249万年近く営み、実は幸福度が高かったとされる（※8）狩猟生活こそが、真のミニマル・ライフだ。

　ただし、石器時代の生活に戻ろうなんて提案はしない。

　本書で直伝するのは、現代社会におけるミニマル・ライフだ。その目的は、人生の可能性を最高値まで引き出すことにある。

　「余分や過剰」「必要以上や行きすぎ」を削ぎ落とした後に残された「原理」はどんな時も真実を教えてくれる。

13

人生で迷った時──フェイクニュースや拡大思考の罠にハマることなく──**人間本来の感覚を研ぎ澄ませて「原理」に回帰しながらも、最新科学とテクノロジーを追求し続ける姿勢こそ「超ミニマル・ライフ」の真髄**だと、頭に入れておいていただきたい。

※1 Brent Heavener "Tiny House: Live Small, Dream Big" Clarkson Potter(2019)
※2 毎日新聞「日本のGDP、世界3位維持」(2023年4月26日)。過去には、米国に次ぐ2位まで登りつめ、超大国の中国に抜かれ現在にいたる
※3 A.H.マズロー『人間性の心理学──モチベーションとパーソナリティ』産能大出版部(1987)
※4 The United Nations「World Happiness Report 2022」
※5 有賀敦紀『選択のオーバーロード現象の再現性』日本心理学第15回大会(2017)
　　日本経済新聞『買うたび後悔、選択肢のワナ 豊富な品ぞろえは幸せか』(2022年1月23日)
※6 野村総合研究所「日本の富裕層は149万世帯、その純金融資産総額は364兆円と推計」(2023年3月1日)
※7 地質学では、約250万年前の人類の祖先の誕生から、約1万2000年前の農耕革命までを「更新世」、農耕革命から今日までを「完新世」と時代区分する。産業革命以降に、人類の経済活動によって地球環境を急激に変容させた「人新世」という定義も、近年になって提案されている。筆者はこの言葉と、本書の主題とも言える「脱成長」という概念を、記録的なベストセラーとなった『人新世の「資本論」』(斎藤幸平著・集英社新書)で学んだ
※8 ユヴァル・ノア・ハラリ『サピエンス全史』河出書房新社(2016)

〝時 間〟とは〝命〟

ミニマル術とは、
本来のあなたを取り戻すための
「自分彫刻」

「You Only Live Once──人生は一度だけ」

英語圏では何かにつけて耳にするフレーズだ。

寿命あるあなたにとって**「時間」**とは**「命」**。しかも、**人生の締め切りは予告なくやってくる。**

なのに、**なくてもいいモノを買うため、どうでもいいコトを得るために、限りある「命（時間）」の無駄遣いをする人**が日本には多すぎる。

ニュージーランドに暮らして約14年。移動生活を送りながら65ヶ国を視察するなど外から日本を見てきた筆者は、哀しみをもってそう言い切れる。

「どんなにがんばっても、常に時間が足りない」

「欲しいモノを買い、不便なく暮らせているが満たされない」

もし、あなたがそう思っているなら、それもあなたのせいじゃない。その原因は現代日本の「社会システム」にあるからだ。

その昔、**日本はミニマリズムの国と評されていた。**

あの故スティーブ・ジョブズが心酔し、Apple製品のミニマル・

デザインの起源になるほどに。

　装飾を最小限とする美意識、資源や食べものを無駄にしない生活様式、細部を尊ぶ思想が世界中から敬われていた。

　それが今や、世界トップクラスの大量消費社会となり（※1）——需要をはるかに超えたモノやサービスを売るために——世界有数の広告大国になってしまった（※2）。

　供給される情報も過剰で、その大半が広告ベースだ。メディアやSNSから投下されるトレンドや虚像が「あなた自身」を見失わせ——他人と比較・競争させて劣等感と焦燥感を煽り続ける。

「役に立つといわれるスキルや資格」
「ネットで常時拡散されるお役立ち情報」
「みんながやっているというプレッシャー」

　それだけじゃないだろう。

「大量生産されるファストファッションや格安商品」

「流行・お得・便利というマーケティングメッセージ」
「SNSで増幅したつながりと、組織での面倒な人付き合い」

　家を埋め尽くすモノ、見栄のためのブランド品、余計な情報、他人の評価やステータス——そんな無用の長物を得るために際限なく稼ごうと必死に働き、重いストレスと疲労に苦しむ。
　「あなたはお金で何かを買っているのではない。稼ぐために費やした人生の一部で買っているのだ」
　これは——収入の9割を寄付し、公邸ではなく農園に住み続けた——「世界一貧しい大統領」と呼ばれ愛された、ウルグアイのホセ・ムヒカ氏が、日本に向けて発した言葉だ。

© CAPITAL INTELECTUAL S.A, RASTA INTERNATIONAL, MOE

　いつの間にか大量の不要物を背負い、動けなくなっている。必要以上を追い求め、何かを得ては快感を覚え——すぐ冷めては「これじゃない」と次々に手を出す。稼いでも稼いでも喉の渇きは満たされず、不安と焦りという「渇望症」があなたを蝕（むしば）む。

17

海外から「さすがおもてなしの国」と、従順さや勤勉さが絶賛されて「世界一便利」と評される日本は、みんなの過重労働やサービス残業が支えているだけ。

──そんな行きすぎた便利社会を求めるあなたは、自分の首を絞めているだけなのに──。

そういった眼に見えない「システム」に人生が支配され、命を消耗させながら働いている。心や体の健康に問題を抱え、自殺や過労死が後を絶たない──筆者も大切な人を何人も失っている。

「この現状を何とかしたい」

本書にはそんな想いがこもっている。会社員時代に希望を失い、心身の不調に苦しんだ経験もその想いを熱くする。

「生きることは働くことで、仕事とは苦役だ。人間界は複雑で、社会は過酷だ」

こう思い込んで失意の底にいたが、意識と行動をある方向へシフトするや否や、苦境からもシステムからも抜け出すことができた。

今では、「この時代に生まれてよかった。仕事って、生きるって、こんなに楽しいのか」と思えるようになったのである。

ある方向へのシフト、システム脱却とは全く難しい話じゃない。**「減らす」「手放す」「軽くする」「削ぎ落とす」といった引き算をしただけ。簡潔に言うなら、暮らしと仕事──つまり生き方──をミニマルにしただけだ。**

「増やす」「所有する」「大きくする」「成長し続ける」という足し算は多大な労力を要し、莫大なお金がかかる上に終わりがない──あなたを追い込むシステムから逃れることもできない。

だが、引き算には必ず終わりがある。すでに手にしている物事を手放すだけだから誰にでもできる。なのに日本では、実践できている人は1%もいない。それが悲しいのだ。

ミニマル術とは、本来のあなたを取り戻すための「自分彫刻（※3）」 と考えるとわかりやすい。不要な物事を徹底的に削り取った後に残るのが「あなた自身という彫刻作品」だ。

「あなたが（他の誰でもない）あなたであり続ける」という、最もミニマルな状態で生きることができて初めて、真に豊かな人生を手にすることができる。

不安定な社会や経済に振り回されず、不確かな情報や他人の価値観ではなく「自分の意思」に従って生きる——システムに狂わされない人生——それが目指すべきミニマル・ライフである。

そんな人生にシフトすべく、自分に「無いもの」ばかりに目を向けるのはやめよう。「外」に答えを求めるのはもうやめよう。

永遠に満たされることのない、「無いものねだり」という渇望の無間地獄に引きずり込むシステムと決別しよう。

そのためには、意識を自分の「内」に向け、一番大切な「すでにあるもの」に気付く必要がある。それは、あなたという原木の中に眠る完璧な彫刻作品のことだ。

「ぼくは答えを知らない。〝答え〟はあなたの中にある」

「その〝唯一無二の彫刻作品〟を削り出すお手伝いをするのが、ぼくの仕事です」

　これは、筆者がレコード会社でプロデューサーをやっていた頃、デビュー前のアーティストに伝えていた言葉だ。

　当時のように手取り足取りお手伝いできればいいが、今はニュージーランドの辺境の森に暮らすため、それが叶わない。

　本書と、前著『超ミニマル主義』は、あなたの「自分彫刻」を終わらせるために書き上げた。あなた自らが彫刻家となり、その彫刻作品をありのままの形で削り出すのだ。

　だが、全てが過剰な日本では、モノやコトを削ぎ落とすのも、自分らしく生きるのも非常に難しい。だから「ミニマル・ライフなんて不可能に近い」と言いたくなる気持ちはわかる。

　そのためのノウハウは広範囲にわたり、数も膨大となる。

それゆえ、血の通った活字としてまとめるのに苦労を強いられ、本書と前著の2冊を完成させるのに計5年の歳月を費やした。

書籍名に反し、かなりのボリュームとなっているが——複雑化しすぎて先行き不透明な——現代日本を軽やかに生き抜くため、システムに抵抗するための全技法を網羅できたと自負している。

ここで念押ししておきたいことがある。

北欧諸国や、筆者が住むニュージーランドなどの「日本より格段にモノが少なく不便な小国」で「身の丈」で暮らす人たち向けならば、この1/5もいらないということを。

そして、現代の貧困国や紛争国、我々の祖父母が子ども時代の日本では、ミニマル化の技術なんてそもそも不要だということも忘れずにいてほしい。

少なくとも今この段階では、「必要以上の何かを得るために、命の無駄遣いをやめる。人生で一番大切にすべきことのために生きる」と決意していただきたい。

本書ではこの後すぐ、〈STEP2．思い込みの軽量化〉に入ってもらい、徹底的にアンラーン（unlearn）していただく。アンラーンとは、**新しい技術を学んだり、新しい挑戦をする上で障壁となる「古い常識」「古い思い込み」をリセットすること**（※4）。これが「システム脱却」への第一歩となる。

その上で、〈STEP3．体の軽量化〉〈STEP4．食事の軽量化〉〈STEP5．脳疲労とストレスの軽量化〉で基礎的なノウハウを習得していただく。そして〈STEP6.人間関係とコミュニケーションの軽量化〉〈STEP7.お金と働き方の軽量化〉では、【超ミニマル・ライフ3原則】の「③お金・仕事・人間関係の不安をなくして幸福度を最大化する技術」を体得してもらう。

後半に向かって、難易度は上がっていくがご心配なく。誰にでもわかるよう、階段を一歩ずつ登るように解説していく。

本書が少しでもあなたの人生の役に立つならば、筆者としてそれ以上に嬉しいことはない。

ニュージーランド湖畔の森に暮らす執筆家

四角大輔

筆者はこの湖畔の森で10年以上「在宅×リモート」で働いている

※1 WFP「あなたの街の暮らしは地球何個分？」(2019)、日本財団ジャーナル「日本人のプラごみ廃棄量は世界2位。国内外で加速する脱プラスチックの動き」(2022)

※2 Statista「Advertising spending in the world's largest ad markets in 2021」(2023)、電通報「過去最高を15年ぶりに更新する広告費7兆円超え。インターネット広告は3兆円を突破」(2023年2月24日)

※3 現代美術家であり社会活動家のヨーゼフ・ボイス(1921～1986)が唱えた「社会彫刻」から着想を得た概念。彼は、社会を構成するのが人である以上、人は誰もが社会を変えうる社会彫刻家であると主張し、後世の芸術家に大きな影響を与えた

※4 柳川範之、為末大『Unlearn（アンラーン）人生100年時代の新しい「学び」』日経BP(2022)

STEP

2

思い込みの
軽量化

Method　01　〝シンプル〟と〝ミニマル〟の違い
Method　02　〝忙しい〟が人生を破綻させる
Method　03　〝成長主義・上昇志向〟を捨てる
Method　04　現代に〝強さ〟はいらない
Method　05　小さな成果と〝自分のペース〟とブレイクスルー
Method　06　〝ロングスロー・ディスタンス〟の真髄

〝シンプル〟と 〝ミニマル〟の違い

〝シンプル〟は、簡素化して特徴を無くした状態。
〝ミニマル〟は、極限まで削ぎ落とすことで、
ある特徴を際立せること

　膨大な情報がネットから集中投下され、ノイズが脳のリソースを食い尽くす。

　大量生産されたモノが部屋を埋め尽くし、人からエネルギーと心の余白を奪い去る。

　スマホのターゲティング広告に思考をハックされ、集中力と判断力、お金と時間が消える。

人間をサポートするはずのデジタル技術が、タスクとスケジュールを爆発的に増やし、我々は常に何かに追われている。その最先端技術である「AI」を誰もが使える時代が到来し、人間の仕事を猛スピードで奪い始めている。

「モノ」「情報」「テクノロジー」「やるべきこと」「人とのつながり」に体力と気力が奪われ、みんな途方に暮れている。

今や全ての物事が「ヒトという生物」のキャパを超えていて、人生さえもが奪われつつあるのに誰も対処できない。

あらゆることが過剰化・複雑化して社会と経済の混乱は進み、過去の常識や既存のレールの崩壊が確実となった。

そのせいか新しい価値観が求められ、世間では「シンプル」や「ミニマル」という言葉が飛び交うようになった。

この2つの言葉の違いはご存じだろうか。

「シンプル」が、簡素化して特徴を無くした状態なのに対し——「ミニマル」は、極限まで削ぎ落とすことで、ある特徴を際立たせることを指す。

シンプルを極めることだけが、ミニマル・ライフではない。

ミニマル・ライフとは「労力・時間・お金＝コスト」を最小限に抑えて**「あなたのリソース」を最大化し、その全てを一番大切なことに集中投資する〝一点豪華主義〟な生き方**のこと。

筆者が移動生活を送り、毎年パリに長期滞在していた時、これが昔ながらのパリジェンヌの生き方と同じだと気付いた。

余分な装飾や贅沢を好まない彼女たちは、必要最低限の服やバッグや小物しか所有しない。自分の「美意識」と「身の丈」に合う上質な品だけをシビアに選び抜く。一方、アートや旅、家族や友人との食事、美と健康には、お金と時間を大胆に使う。

彼女たちが過剰な労働を嫌う点にも共感を覚える。

世界中の各都市に友人を持つ筆者は、パリジェンヌたちが世界随一の「人生を楽しむ達人」だと断言できる。

　彼女たちは**「身の丈を超えていたり、美意識に合わない物事を得ても満たされない」**と知っている。だからこそ「Live Small, Dream Big」な生活を謳歌し、人生を楽しんでいる。

　まさに、美しき「パリジェンヌ型ミニマリズム」である。

　片や、日本は真逆の「ジャパン型マキシマリズム」だ。

　自身の「美意識」ではなく他人や世間の基準に振り回され、「身の丈」以上の何かを得るべく、お金を求め過重労働する。

　人は必要以上を手にしても、それ以上の幸せは手にできないのに——収入が一定額に達した瞬間、幸福度は頭打ちとなるのに（※1）——「大量生産×大量消費×広告資本主義」が〝基本システム〟の日本では、「渇望感＝欲望の炎」にガソリンが注がれ続ける。

「なるべくお金を使って経済を支える」「そのために必死に働く」——が社会正義のようになっていることも悲劇だ。

　とはいえ、物質的な豊かさを求める習性は生物としての生存戦略であり——長い人類史においては「数分前（※2）」まで物質的不足に苦しんだ人間の本能でもある。

　それだけに厄介なのだ。

　そうやって膨張を続ける「渇望感」と、それ以上高まることのない「幸福感」とのギャップは拡大の一途をたどる。

　このギャップが大きくなればなるほど、不安と焦りは拡大し続け——その広がり続けるギャップを埋めようと「もっともっと」の「渇望症」という病は悪化の一途をたどる。これこそが、死ぬまで満足することのない拡大成長病の根源だ。

　その拡大成長病と、その元凶である「システム」から抜け出す方

26

法が1つだけある——それが超ミニマル・ライフだ。

あらゆることを削ぎ落としてミニマル化することで、誰もが「足るを知る」生き方ができる。そこであなたが手にするのは、**絶対的な安心感と有り余る自由時間**だ。そして、その先に待つのは、**比較・競争とは無縁の——現代社会とは対極の——心穏やかな人生**である。

『7つの習慣』スティーブン・コヴィー著（キングベアー出版）

誰かと争ったり、他人の動向を見る暇があったら、夢中になれることやもっと大切なことに時間を使った方がいい。

「**最も大切なことは、最も大切なことを、最も大切にすることだ**——The main thing is to keep the main thing the main thing」

これは、経営コンサルタントの神と呼ばれるスティーブン・コヴィーの金言だ。全世界4000万部突破のビジネス書の古典『7つの習慣』（キングベアー出版）の著者である。

小学生でもわかるこの絶対原則を、日本の大人の99％が忘れている。超ミニマル・ライフこそが、この絶対原則を体現する真に豊かな生き方なのだ。

それは同時に、混迷を極めるVUCA時代（※3）に、人生で思い切った挑戦をしたり、長年の夢を叶えるための最強のライフスキルでもあるのだ。

※1 Daniel Kahneman and Angus Deaton, "High income improves evaluation of life but not emotional well-being," Proceedings of the National Academy of Sciences of the United States of America 107, no. 38（September 21, 2010）: 16489-93; http://www.pnas.org/content/107/38/16489.
米国プリンストン大学による調査の結果、収入が上がるにつれて幸福度は高まるが、その限界値が年収7万5000ドルだと判明。これは、当時の米国の1世帯当たりの平均年収（約7万1500ドル）をわずかに上回る金額（約1.05倍）で、高収入と幸福度の関係が限定的であることを示唆している
※2 人類史250万年を単純化した時間軸。「昨日」まで狩猟採集生活を送り、「数時間前＝1万2000年前」の農耕革命をもって定住し、「数分前＝200年前」の産業革命から物質的な豊かさを獲得し、「数秒前＝10〜30年前」からネット＆スマホ社会となった
※3 VUCA（ブーカ）とは、「Volatility＝不安定」「Uncertainty＝不確実」「Complexity＝複雑」「Ambiguity＝曖昧」の頭文字を取ったビジネス用語

〝忙しい〟が
人生を破綻させる

最小限の装備だけを背負い、
誰とも競争せず自分のペースで歩き続ける
「ロングスロー・ディスタンス術」

キャパオーバーの重荷を背負いながら、急げ急げと疾走する。「走っては倒れ、また走っては倒れ」を繰り返しながら、瞬間的なパフォーマンスしか出せない。

「経済は無限に成長し続ける」「働けば働くほど稼げる」というファンタジーを誰もが信じていた20世紀には、多くの日本人が休まず働いては仕事に命を捧げていた。

だが、「人生100年時代」と言われる21世紀において、この非合理的な生き方は全く意味をなさなくなった。

戦後期の日本人の平均寿命が50歳（※1）で、あなたはその倍近くを生きることになるのだから。

余暇を大切にしてしっかり休む人の方が幸福度が高いことが、米国の複数の調査で明らかになっている（※2）。225の学術研究を分析した調査によると、**幸福度が高い人は生産性が31％高く、創造性は3倍も高い**という（※3）。

この調査結果を頭に入れて、次の指標を見てほしい。

日本人の睡眠時間は世界最短（※4）で、**有給休暇消化率は先進国最低レベル**（※5）、しかも、**仕事に前向きな人は5％と世界最低水準**（※6）で、**労働生産性は先進国で下位グループだ**（※7）。

そして、世界随一の物質的な豊かさを誇りながら**幸福度はG7で最下位が定位置**となっている（※8）。

　この現実を知ると、悲しくなってこないだろうか。

　筆者は、**日本が抱える社会問題の根源は「働きすぎ」にある**と考えている。そして「忙しすぎ」そのものが最大の社会課題だ。

　時間に追われているから、困っている人に手を差し伸べられない。これが「差別や格差、環境問題や気候変動などへの無関心」につながっているのではないかと。

　みんな忙しくて「選挙に行かない」ため、日本は世界最低クラスの投票率だ（※9）。このまま民意を政治に反映できずにいると、民主主義の機能不全が危惧される。

　忙しすぎて人の心を失い、つい「不正に手を染めて」しまったり、「自分が自分じゃなくなって」しまうことだってある。

　身近なところでは、仕事ばかりで「出会いがない」「自分や家族を大切にできない」から生きる充実感を得られない。

　そして最新の調査では、働く人の8割が強い不安やストレスを感じていて（※10）、4割が慢性疲労を抱えていることがわかった（※11）。この原因の大半は、忙しくて「まともに食事ができない、運動できない、眠れない、休めない」ことにあると推察している。

　当たり前のことを忘れないでほしい。

　ちゃんと食べて運動し、しっかり休んで眠り、**必要最低限の生活費を稼げて時間に余裕さえあれば、誰も「自分自身」や「人間の良心」を見失うことはない**ということを。

　休まず全力で走り続けてイノベーションを起こし、短命で散る生き方もあるだろう。ジャンヌ・ダルクや吉田松陰、Apple創業者のスティーブ・ジョブズのように。

でも「そんな偉人になれなくてもいい」と誰もが思うだろう。

本書の根底には、いくつもの山を越えて、1つの山脈を何日も歩き続ける**バックパッキング登山の思想**が流れている。

この登山を30年近く続けてきた筆者は、**最小限の装備だけを背負い、誰とも競争せず自分のペースで歩き続ける「ロングスロー・ディスタンス術」**だけが、長く険しい山道を踏破する唯一の方法だと知っている。

人生100年時代に必要なのが、この**「ロングスロー・ディスタンス思考」**であり、これこそが「システムとの決別」の鍵を握る。

呼吸を乱さずゆっくり長く走るジョギング法にルーツがあるこの思考術を、筆者は登山における歩き方だけでなく、働き方と生き方にも導入している。

まさに、本書で伝授していく「超ミニマル・ライフ」の原点と言っていいだろう。

ガソリンを大量に燃やす非効率な大型エンジンで、周りを蹴散らしながら頑張る。体力があった若い頃、あらゆる犠牲をいとわず頑張り何とか成果を出せたが「一発屋」で終わってしまった。年老いてから、その武勇伝を繰り返し自慢するオジサンになる。

今やそんな生き方は合理性に欠けるし、迷惑でしかない。

枯渇することのない、再生可能なクリーンエネルギーを利用して静かに駆動し続ける小さな省エネモーターのように、周りからは「決して派手ではないが、あいつは信頼できる」と言われ続ける──今まさに求められるのは、そんなスタイルだ。

こうまとめればより伝わるだろうか。

「不要な荷物は背負わず、必要最小限の装備は身に付けて、快適な身軽さを維持し続ける」

「評価は気にせず競争もせず、組織や社会にも振り回されず、いいペース配分を守り続ける」

これは本書の指針でもあるので、ぜひ覚えておいてほしい。

※1 厚生労働省「簡易生命表」

※2 Gabriela N. Tonietto, Selin A. Malkoc, Rebecca Walker Reczek c, Michael I. Norton. "Viewing leisure as wasteful undermines enjoyment." Journal of Experimental Social Psychology. Volume 97, November 2021, 104198

※3 Lyubomirsky Sonja, King Laura, and Diener Ed.,(2005). The benefits of frequent positive affect: Does happiness lead to success? Psychological Bullutin, 131 (6), 803-855.

※4 Japan Data「40代の半数、睡眠時間は6時間未満：OECD調査でも世界最短水準」(2019)

※5 エクスペディア「世界16地域 有給休暇・国際比較 2021」(2022)

※6 日本経済新聞「日本の『熱意ある社員』5%　世界は最高、広がる差 米ギャラップ調査」(2023年6月14日)

※7 公益財団法人 日本生産性本部「労働生産性の国際比較2022」(2022)

※8 Sustainable Development Solutions Network「World Happiness Report 2023」

※9 FNNプライムオンライン「投票率 日本は世界139位　高い投票率の国には意外な理由が…"シルバー民主主義"では活力低下に」(2021年10月25日)

※10 厚生労働省「令和4年労働安全衛生調査（実態調査）」

※11 一般社団法人日本リカバリー協会「休養・抗疲労白書2022」(2023)

〝成長主義・上昇志向〟を捨てる

〝脱成長＝引き算思考〟の
究極形ともいえる、
ミニマリスト・ムーブメント

誰もが本来、唯一無二の個性という〝オリジナリティ＝独自の才能〟を持って生まれたはずなのに、「まず欠点を直せ、苦手を克服せよ。そのためにこれを勉強して、あれも習得すべし」。

そんな、旧世代からの「成長至上主義＝足し算病」的なアドバイスによって〝自分が自分じゃなくなって〟しまっている。「ずっとやりたかったこと」「大好きなこと」を忘れてしまい、「何のために生きているのか」さえわからなくなっている。

なんという悲劇か。まさに「システム」の被害者である。

そんな中、**「脱成長＝引き算思考」の究極形**ともいえる、**ミニマリスト・ムーブメント**が世界を席巻している。

そして、日本の次世代ミニマリストたちが追求するミニマル・ライフは、世界的に見てもかなりストイックだ。

おそらく、全てが過剰でノイジーな現代社会へ抵抗すべく、彼／彼女らのDNAに眠っていた**「もったいない」「足るを知る」**という**日本古来の美意識が、再起動し始めている**からだろう。

この価値感を理解できない旧世代は、今の10〜30代を「物欲がなくてお金を使わず、働くことにも消極的で覇気がない」「草食

系、意識高い系、悟り世代」と揶揄する。

　だが、筆者は「その何が悪い!?」と思う。「覇気がない」なんて決して思わない。

　ブーマー世代と呼ばれる、戦後の貧困期を知る大先輩たちは、物質的な不足を解消すべく命がけで働いた。日本を経済大国に押し上げ、物質的に豊かな日本を築き上げた。だから、我々はあの世代に感謝すべきだ。

　しかしブーマー世代は過酷な競争にさらされた結果、上昇志向は異常に高まり、勝ち負けに固執するようになる。

会社という矮小な世界で出世し、必要以上の大金を貯め込み、不要なモノを大量に所有しても「幸福度」が上がらないことは証明されている（※1）のにやめられない。

　そんな彼らは、自分と家族の人生と健康を犠牲にし、日本を大量消費社会に変容させ、自然環境を壊して気候までをも狂わせてしまった。

そのまま、どうでもいいことに限りある人生のリソースと貴重な地球資源を浪費し続けても、本人や家族はもちろん、誰も幸せになれない。

そのことに本能的に気付いている次世代の感性は、21世紀の地球に生きる者として、むしろ「まとも」だ。

でも一方で、まだまだ経験不足、実力不足なのも事実。

強権的で価値観が違う旧世代から「社会はそんなに甘くない」「世の中がわかっていない」と言われて終わる──実際に筆者もそう言われ続け、何度も心が折れた。それは、必要な装備を身に付けずに険しい山に入って事故に遭うようなもの。

そんなあなたに、現代社会を生き抜くための最適な「装備」を授けたい。だが過剰な装備は必要ない。それは重荷となって、エネルギーと行動力を奪うだけだから。

本書で伝授するのは、**必要最小限の「ミニマル装備」**だ。「最強・最軽量の武器」という言い方もできるが、「武器」とは戦闘用語だから使いたくない。

誰かと戦ったり、他者に勝つためではなく、自分や家族や仲間を守るためだから「装備」という言葉が最適だと思っている。

読者の半数近くが100歳まで生きる時代だから、あなたが何歳だろうと新しい装備を身に付けるのに決して遅くはない（その理由はSTEP7の「Method 07〝健康寿命100年時代〟の人生デザイン論」にて解説）。

どの世代でも取り入れられるよう、筆者の実体験と研究・調査の出典を並立させながら、できる限りわかりやすく解説していく。

※1　プレジデントオンライン「ハーバード大75年の追跡調査『人間の幸福と健康』を高めるたった1つの方法」（2021年4月30日）、ロバート・ウォールディンガー、マーク・シュルツ『グッド・ライフ 幸せになるのに、遅すぎることはない』辰巳出版（2023）

現代に〝強さ〟は
いらない

重くて大きな武器を手放し、
すぐに「ミニマル装備」で身を固め、
機動力を高めよう

「世の中は弱肉強食だから戦いに勝て」「人生とは競争だからライバルに負けるな」──だから「強くなれ」と言われる。

　本当にそうだろうか。

　筆者は幼少期からメンタルが弱くてチック症を患い、競争や勝負事が大の苦手。30代後半まで極度の緊張症を克服できず、大事な本番ではいつも赤面して震えていた。

　だから、「争い」に巻き込まれないよう常に身を引き、学校や会社、業界のメインストリームの外で、独自の小さな工夫を重ねるしかなかった。当時は「本当にダメなヤツだ……」と自分を責めていたが、結果としてそれがよかったと今なら分析できる。

　そうやってコツコツと30年近くかけて──日本独特の競争社会、厳しいビジネスの世界で──身を守るためのオリジナル装備を身に付けてきたのだ。

　それは曖昧な自己啓発メッセージではない。つかみどころがなく難解な「内面を鍛える」という精神論ではなく、「体と身の回りを整えることから始める」という誰にでも実践できる具体的な技術である。

　もう50代なのに、嫌なことがあると眠れなくなるメンタリティの筆者だが──その装備のおかげで──15年間の会社員時代はヒットメーカーと呼ばれ、フリーランスになってからの14年間には複数の新規プロジェクトで成果を出すことができた。いくつかの社会的ムーブメントを牽引することもできた。

　だから、こう断言できる。
「人生で挑戦するのに強い精神力はいらない」
「正しい装備さえあればいい」

　さあ、**重くて大きな武器を手放し、すぐに「ミニマル装備」で身を固め、機動力を高めよう。**
　生きるのが楽になり、軽快に動けるようになるから、誰もが自然に思い切った挑戦ができるようになる。
　変化が激しく先が全く見えない「VUCA時代」においては、「強

さよりしなやかさ」「大きいことより小さいこと」「重装備より身軽さ」──つまり機動力！──こそが役に立つ。

　大事なのでもう一度伝えておこう。
　ミニマル・ライフとは、我慢や清貧といった「後退の思想」ではなく──希望や夢を忘れず生きながらも、不要な拡大成長を求めない、最もクリエイティブな「脱成長戦略」であると。

小さな成果と〝自分の
ペース〟とブレイクスルー

「小さな成果」の積み重ねなしに、
人生にブレイクスルーが
起きることは決してない

　自然好きの筆者は、アウトドア系の雑誌で15年以上にわたり数多くの記事を書いてきた。表紙や特集に何度も登場させてもらい、登山雑誌では連載を7年ほど続けた。

『バックパッキング登山大全』という本を出したり、登山ウエアや釣り道具の商品開発をするなど——本気の遊びが、いつの間にか仕事の1つになっていたのだ。

　幼少期から登山を始め、10年近く野球に打ち込み、今でも日常的に体を鍛えていることもあり（その手法は次のSTEP3で詳述）、どんなに険しく長いルートでも「つらい」と思うことはなかった。

　ただ、一度を除いては。

　それは、有名な心臓破りの坂や、嵐の中を歩いている時でもなく**自分のペースで歩けなかった**時だった。

　初対面の人たちとグループで歩いた際、登山は競争じゃないのに「速く歩けること」をアピールしたい人がいてリズムが乱されたのである。

　つい煽られて、いらぬ競争意欲に火がついて気持ちは焦り、歩く行為に集中できない。呼吸もペースも整わないため、いつものパ

フォーマンスが出ない。なんといっても、大好きなはずの山歩きが全く楽しくない。

何が言いたいか。

当STEPのMethod 02で述べた**「快適な身軽さの維持」**と同じかそれ以上に、**「自分なりのペース配分」が重要**であると伝えたいのだ。

この2つを徹底することで初めて、安定的なパフォーマンスを維持できる。そうやって「小さな成果」を重ね続けることが、ロングスロー・ディスタンスの真髄なのだ。

誰も気付かないような「小さな成果」をコツコツと積み上げていると、その中の1つが必ず「大きな成果」を引き起こす。これこそが世の中で、**ブレイクスルーと呼ばれる現象**である。

この「小さな成果」の積み重ねなしに、人生にブレイクスルーが起きることは決してない。

会社員、フリーランスとして、ビジネスの世界を30年近く生き抜いてきた筆者が、この法則は絶対だと保証しよう。

　そして、このブレイクスルーを手にした直後の振る舞いこそが、人生を決める。

　周りから求められて新たな業務を任されるようになり、気付かぬうちに**「やらなくていいタスク」「らしくない仕事」**を大量に背負ってしまう。

　その不要な荷物のせいでペースを完全に崩して自己管理できなくなり、暮らしは破綻し心身は不調の一途をたどる。

　生産性と仕事の質は落ちて評判は下がり、周りからの信用を失いながら転落していく。

　競争が厳しい音楽業界で15年働いたが、そうやって消えていく「一発屋アーティスト」をたくさん見てきた。

ブレイクスルーして大人気となったアーティストが突然、世間に求められるがままに「音楽家」という枠を逸脱していく。

　高視聴率だが低俗なバラエティ番組や、ギャラは高いが印象が良くないCMに出演したり——イメージを壊しながらメディアに出続けるうち、世間に飽きられていく。

　さらに、多忙すぎて関係者への態度が雑になったり、連絡が取りづらくなったりして次第にオファーが減っていく。

　端的に言うと、ブランディングの失敗とコミュニケーションミスだが、こうやって「一発屋」となって消えてしまう芸人やタレントを数多く知っているだろう。

　言うまでもなく我々だって同じである。

　若き日の筆者の大失態がいい例だ。

　極度の赤面症という爆弾を抱えたまま、レコード会社の地方営業所で社会人デビュー。コミュニケーション能力ゼロのダメ社員として酷評され、人間関係に失敗して部署内で孤立する。

　子どもの頃からメンタルが弱かった筆者は、心が壊れないようにするため、評価対象にならない「小さな小さな成果＝自己満足」を重ねようと努めた——と書くと聞こえはいいが、実際にはそれしかできなかった。

　後に本社勤務となり、人間関係がリセットされたことを機に奮起する。

　「前向きで真面目なヤツ」と重宝がられて小さくブレイクスルーしていく。調子に乗って「何でもやります！」と、能力を超えた業務を抱え、過重労働に落ちていく。

　生活習慣は乱れ、寝不足と過労で体調とメンタルは悪化し続ける。パフォーマンスは下がり続け、時間管理は崩壊して締め切りは

守れず、遅刻の常習犯となって社内外の信頼を失う。

　ノイローゼのようになり、売り上げのプレッシャーのない部署に異動を希望し、30歳で自ら出世コースから外れる。

「ああ、一発屋で終わってしまった」と心が折れてしまったのだ。

〝ロングスロー・ディスタンス〟の真髄

そんな1年後、ノルマのない楽な部署で自分を取り戻しつつあった筆者を、（後に生涯の恩人となる）元上司がなぜか拾い上げる。プロデューサーとして鍛えられ、彼のチームのサポートを受けて初のヒットを経験。人生で初めて体験する真のブレイクスルーである。

素晴らしい上司と同僚、才能あるアーティストに恵まれた幸運に震えるほど感謝した。

何よりも、**それまでの自分なりの地味な積み重ねが報われたことが感動**だった──それは、**コツコツ書き留めてきた膨大なメモ、無数の失敗から得た知恵、デキる先輩から学んだ仕事術**だった（これらは前著『超ミニマル主義』にて公開）。

それ以降は継続的にヒットを出すことができ、収入は増え続ける。会社員を辞める40歳目前の年収は、20代の約5倍になっていた。だがその間、浪費は一切せず、「学生時代＋α」という生活レベルを維持。

生活費を最小化すべく、会社に弁当と水筒を持参するなど100円単位で無駄遣いをなくした。服は古着、家具や家電は中古で、敷地内にお墓がある（いわく付きの）築40年以上という古い賃貸物件に住

み続けた。

車も中古で、修理不可と判断されるまで1台を乗り潰す。ボロボロの愛車を見た担当アーティストに「(生活は) 大丈夫なの？」と心配されたこともあった (笑)。

それは、STEP7で詳説する、**余計な出費を極限まで減らす「ミニマム・ライフコスト」**を徹底することで、減給されても、クビになっても生きていけるようにするためだった。

もっと言うとそれは、恐れずに人生でリスクを取って妥協せずに仕事で挑戦し続けるためだった。

ヒットメーカーと持ち上げられても、「ラッキーでした！」と答え、そのたびに「人と運に恵まれている」と自分に言い聞かせて気持ちも仕事もリセットして初心に帰り、ゼロベースで次のプロジェクトに挑む。

あの過去の痛い経験を忘れず——どんなに魅力的な仕事のオファーを受けても、**「自分にしかできない心躍る仕事」「本気で惚れ**

込んだアーティスト」以外は引き受けない。

　実際に、他社のビッグアーティストや、国民的アイドルのプロデュースをお断りしたこともあった。管理職に引き上げられても、「自分には向かない、組織にも貢献（こうけん）できない」と降格を直訴（じきそ）して、現場に戻ったりしていた（その後に出会う才能ある無名の新人2組が大ブレイクし、ヒット量産という奇跡を体験することになるが、詳細はSTEP7にて）。

　そうやって、収入への依存、余計なプライドや過信、不相応なステータスや肩書といった大荷物を背負うことなく、自由に働き続けることができたのである。

　自分の「身の丈」を知り、身軽なままでいられたからこそ、「今が勝負！」の時は思い切ったことに挑戦できた。

　仕事が難しくなるにつれワクワク度が高まり、それに引っ張られるように生産性と創造性が向上していく。そうするうちに、継続的にいい成果を出せるようになっていた。

　ビッグヒットが出ようが、年収が増えようが、称賛されようが関係ない。さらに好景気やバブル、金融危機やインフレといった社会動向にも動じない。

　足るを知り、身の丈を忘れず。ただひたすら「快適な身軽さ」と「心地いいペース」のままロングスロー・ディスタンスを続ける。

　そうやって**小さな歩みで、小さな成果を重ねていると、おもしろいことに必ず「大きな波＝チャンス」が巡ってくる。**その波に乗ってしまえば労せず高い山に登頂して「大きな成果」を手にできる。

　これは筆者が実際に体験していることであり、多くの著名な経営者やアーティストが同じようなことを語っている。

　この「循環」に入れば、こっちのもの。

　遂には、あなたの想像をはるかに超えた、とんでもないビッグウェイブに遭遇し、さらに「大きな山＝ブレイクスルー」に導いてくれるからだ（そのノウハウはSTEP7にて）。

あの大きな山の頂からの震えるほどの絶景を、あの感動を、1人でも多くの方に体験していただきたい。そんな思いに背中を押されたことも、本書執筆の大きな動機となった。

北アルプス完全縦断の途中で水晶岳に立ち、壮大な山脈の全貌を望む筆者

　1日で登れる山からの見晴らしも素晴らしい。

　だが、一歩一歩を重ね、何日もかけて歩き続けた後の、大自然の奥深くにある山頂からの景色はもっと美しい。

　そして、1つの高い山を登頂するより大小さまざまな山が連なる山脈を踏破できた時の達成感こそが、圧倒的に神々しいことを知っておいてほしい。人生も同じということは説明不要だろう。

「小さいことを積み重ねるのが、とんでもないところへ行くためのただ一つの道だと思っています」

　尊敬するイチロー選手のこの言葉を、「やってみよう」と小さな決心を胸に抱くあなたに贈りたい。

STEP 3

体の軽量化

Method 01 "人生のインフラ"設計のための5つの教え

Method 02 元本保証の"ノーリスク・ハイリターン"投資

Method 03 超時短のための"オーガニックデバイス"活用法

Method 04 身体能力を極限まで高め"タイパを最大化"する

Method 05 スロートレーニングと"動的メディテーション"（ヨガ）

Method 06 スロートレーニングと"動的メディテーション"（ジョグ）

Method 07 ベアフットシューズと"中強度ワークアウト"

Method 08 3分で全身を鍛える"超ミニマル・エクササイズ"

Method 09 肉体疲労が消える"デジタルデトックス術"（休日）

Method 10 肉体疲労が消える"デジタルデトックス術"（平日）

Method 11 "ノイズレスな場所"が体にもたらす驚くべき効能

Method 12 "15分〜3日間の自然体験"という健康戦略

〝人生のインフラ〟設計
のための5つの教え

「健康な心と体」こそが
人生の最重要インフラ

生活インフラといえば「水道・ガス・電気・ネット」だ。

では、働く上で必須のインフラとはなんだろうか。

ここで大半の人が、「組織やチーム」「ネットとデバイス」「スケジュール帳とTO DOリスト」などをあげるはず。

どれも正解だが、これらはあくまで枝葉にすぎない。

仕事における根幹とは「健康な心と体」——言うなれば、これこそが**人生の最重要インフラ**である。

世の中には、心と体を整えるための商品やサービスが無数にある。それは「健康マーケット」や「ダイエット市場」などと呼ばれ、いまや数十兆円規模の一大産業となっている。

この産業を象徴するキーワードに、「ストレス解消」「サプリメント」「健康食品」「低カロリー」「糖質オフ」などがある。

だがどれも対症療法にすぎず、根本的な解決にはならない。

母から授かったある教え

結論を先に言えば、**「健康な心身」というインフラを確立する唯一のメソッドは暮らしを整える**——つまり**「生活習慣」を整える**

——**これだけ**である。持続的にいい仕事をしたければこれは絶対、不動の掟だ。

「①**ちゃんと食べる**②**ちゃんと体を動かす**③**ちゃんと休む**④**ちゃんと寝る**⑤**思いっきり遊ぶ**」——これはずっと聞かされてきた母の口癖である。

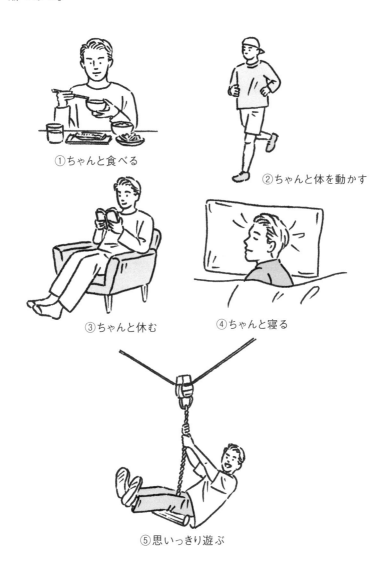

①ちゃんと食べる

②ちゃんと体を動かす

③ちゃんと休む

④ちゃんと寝る

⑤思いっきり遊ぶ

このシンプルな生活習慣「5つの教え」を実践せず、先の対症療法に大金と時間をかけても得られるのは一時的な効果のみ。

　なのに、多くの人は「健康マーケット」や「ダイエット市場」に散財し、お金もかからず誰にでもできる、当たり前の生活習慣を実践できない。

　その理由は、10兆円という巨大市場から、日夜さみだれ式に投下される広告によるマーケティング洗脳にある。

　端的に言うと、「母の5つの教え」は当たり前すぎて人の注目を集められないし、そもそもお金がかからない。

　だからビジネスにならず、誰もマーケティングなんて仕掛けない。9割以上が広告に依存する日本のメディアでは、記事や番組にならないから、我々の目に届かず話題にものぼらない。

　平和活動がお金にならず、軍需産業が莫大な利益を生み出しているのと同じ構造といえば伝わるだろうか。

　ここから3つのSTEPを通して、生活習慣を整えるためのライフスキルを伝えていくが、最初の当STEPでは最も簡単な「体を整える技術」にフォーカスする。

　結局のところ、**集中力・思考力・精神力は、体力に比例するし、心の強さは身体的な強さに比例する**からだ。

「精神にせよ頭脳にせよ、それらは結局のところ、等しく僕らの肉体の一部なのです（※1）」

　30年以上も世界中で支持され続ける小説家であり、フルマラソンやトライアスロンといった持久力系のアスリートでもある、村上春樹さんのこの言葉は多くの示唆を与えてくれる。

※1 村上春樹『職業としての小説家』スイッチパブリッシング（2015）

元本保証の〝ノーリスク・ハイリターン〟投資

「体は授かりもので、その性能は自分では選べない」
「人生は一度だけ、授かったその性能を最大化したい」

　常にそう考え、体のパフォーマンスを最高値まで高めるべく、さまざまな健康マネジメントを実践してきた――会社員時代は、周りから「健康オタク」とからかわれるほどに。

理解されていない正しい健康の定義

　世界保健機関（WHO）は「健康」を以下のように定義する。
「健康とは、身体的、精神的、社会的に〝完全に良好な状態〟を意味し、単に〝病気がない状態〟ではない――Health is a state of complete physical, mental and social well-being and not merely the absence of disease or infirmity」

　この原文にある「ウェルビーイング／well-being」や、「ウェルネス／wellness」という言葉を、この10年で頻繁に目にするようになった。

　共に英単語としては古くからあるが、日本では、現代を生き抜くためのキーワードとして注目されるようになってきた。

『大辞林』（三省堂）を見てみよう。

「ウェルビーイング」とは「健康で幸福な状態。良好な状態。満足の行く状態」とある。

「ウェルネス」とは「健康を肉体面だけで捉えるのではなく、生活全体を積極的・創造的なものにして、健康を維持・増進させようとする生活活動」とある。

「ウェルネス」は、正しい生活習慣のことで、その結果得られる理想的な状態が「ウェルビーイング」だと解釈できる。これらもやはり、「心と体」の両方の重要性を教えてくれる。

興味深いことに、「ウェルビーイング」や「ウェルネス」という概念がビジネスで重要視されたり、社会に浸透するきっかけをつくったのはシリコンバレーである。

最高峰の「仕事効率化スキル」を持つIT界のパイオニアたちが、さらなる高みを求めて行き着いた解答が**「ウェルネスこそが社員のパフォーマンスを最大化する」「社員全体のウェルビーイングが高**

まると会社の利益体質が改善する」だった。

テック企業には——社員にヘルシーなランチを無償提供、スポーツジム完備の社屋、遊び心あふれるオフィス空間、パワーナップ（昼寝）用のカプセル完備、マインドフルネス瞑想（めいそう）の研修——など多くの逸話があるが、そこには「生産性と売り上げ向上のため」という合理的な狙いがあったのだ。

つまり、「母の5つの教え〜ちゃんと食べて、ちゃんと体を動かし、ちゃんと休み、ちゃんと寝て、思いっきり遊ぶ！」が正しいことを、シリコンバレーが教えてくれたのである（笑）。

体 が 先 か 、 心 が 先 か

さて、体と心の両方を整えるべきだということは理解できたと思うが、ここで1つの疑問が浮上する。

「体と心——どっちを先に整えるべきか」という問いだ。

これには迷わず即答できる。**「体が先」**だと。

心を整える方法は、どれも抽象度が高く、難解な心理学や神経科学の領域に踏み込まないといけない。さらに心療内科の医師、臨床心理士、カウンセラーといった専門家のサポートが必要なケースが多々ある。

そして、これらにお金と時間を費やしても、なかなか結果につながらないことが多い。

それに対し、**体を整えるメソッドは具体的かつ明快で、「栄養学」「生理学」「生体学」といった基礎科学によって的確な裏付けがなされている。**

そのための手法は確立されていて、個人で実践できてお金もかからない。しかも、継続すれば必ず成果を可視化できる。

先に体を整えて、その健康状態を維持していると、自動的にメンタルヘルスが安定するようになっていく。

　例えば、最新の脳科学では、次のような驚くべき事実がわかっている。**運動を継続することで「記憶力・学力・創造性・集中力・モチベーション・認知機能」を高め、ストレス解消になるだけでなく、うつ病にも確実な効果がある**という（※1）。

肉体をデバイスだと考えてみる

　筆者は、**脳と体を合わせた肉体を「オーガニックデバイス」と呼び、メンテナンスとアップグレードに尽力してきた。**

　肉体とは、100％地球由来の成分で構成された有機（オーガニック）体であり、生きる上での最重要デバイス。だから何よりも大切にしてきた。

　現代人は誰もが快適に暮らし、効率的に働くために「デジタルデバイス」を活用しているだろう。だが、それらの道具をどんなに活用できても限界がある。

　それを使う側、つまり「主」であるオーガニックデバイスのパフォーマンスが低ければ意味がないからだ。

　デバイスや家電、アプリやウェブサービスの進化は止まず、遂には誰でも使える超高性能の対話型AIまで登場。これらのテクノロジーを駆使することで、あらゆる作業が劇的に効率化し、クオリティも高まった。

　しかし、「いい時代になった」と安心してはいけない。恩恵を与えてくれるはずのテクノロジーが、TO DOリストや人とのコミュニケーション量を爆発的に増やしているからだ。

　そうやって急増したタスクや、他人とのアポを半減させる方法は

前著『超ミニマル主義』で詳説したが、複雑化・増大化し続けるコミュニケーションの対策法は、本書のSTEP6〈人間関係とコミュニケーションの軽量化〉で詳しく述べる。

ただし、これらのメソッドを実践するためには、高い集中力と確かな判断力を維持する必要がある。そのために、自身のオーガニックデバイスのパフォーマンスを高めるのだ。

もし、あなたが**「能力を最大化したオーガニックデバイス×高性能のデジタルデバイス」という組み合わせを手にできれば、家事や仕事の生産性は著しく高まり、異次元レベルの時短が可能になる**と約束しよう。

勤続年数が延び続ける現代のビジネスシーンでは──より長期にわたる成果が求められるため──**オーガニックデバイスをいいコンディションで維持できる人と、そうでない人の間に大きな所得格差が生じつつある。**

筆者が知る限り、本質的に豊かな暮らしを営んでいたり、上質な仕事で社会に貢献し続ける人は、確実に「オーガニック」と「デジ

タル」両方のデバイスを正しく運用している。

取り替えがきかない肉体への投資

　デジタルデバイスは壊れれば新機種に買い替えることができる
し、パフォーマンスが低下すればOSをアップデートしたり修理す
ればいい。
　だが、あなたの**オーガニックデバイスは唯一無二で、買い替え不
可の「最重要資産」**であることを忘れないでほしい。
　壊れないよう大切にメンテナンスし続け、最高性能を維持できる
よう、しっかり資産管理をしよう。

　そして、あなたの「オーガニックデバイス」への投資は、大胆に
行うこと。人生における最初にして最大の投資先は、株や不動産で
はなく「あなた自身」だ。
　この投資は安全確実で、一切のデメリットがない。少額から投資
可能な上に、将来的なリターンは10倍どころか数千倍になる可能
性だってある。しかも、元本保証で「ノーリスク・ハイリターン」
というありえない超優良な投資案件。
　その投資のスタートは早い方がいいが、何歳になっても――たと
え高齢でも――遅すぎることはない。これも大きな利点だ。

　筆者は――詳しくはSTEP7〈お金と働き方の軽量化〉で述べるが
――お金の勉強をして金融投資や不動産投資も行ってきたが、これ
ほど割のいい投資は他に知らない。
「健康オタク」と揶揄され続けた筆者は、**人生を懸けて自身のオー
ガニックデバイスに出資し続けてきた長期投資家**とも言えるだろ
う。
　そして、ウェルビーイングを追求する意欲は、ニュージーランド

に移住してからさらに加速。「母の5つの教え」をほぼ完璧に実践し、我がオーガニックデバイスをよりいい状態で保つべく、ここで森の生活を送りながら仕事に従事している。

　誰もが「幸せに生きたい」と願う。だが多くの人が、幸せの鍵は体にあることを忘れてしまっている。

　その真理を思い出せば、誰もが「自分の体をもっと大切にしたい」と凛とした気持ちになるはず。

　これからも、このオーガニックデバイスを授けてくれた母と大地に感謝しながら使用期限（寿命）の直前まで、その性能を高めるべく努力していこう。

「肉体は一つの大いなる知性である」

　ドイツの哲学者ニーチェの名言で締めくくりたいと思う。

※1　アンデシュ・ハンセン『運動脳』サンマーク出版（2022）

超時短のための〝オーガニックデバイス〟活用法

「どうでもいいことに縛られたくない」
「大好きなことに夢中になって生きていきたい」
「そのための時間がもっとほしい」

　誰もが一度は、そう考えたことがあるはず。それ——【超ミニマル・ライフ3原則】の「②超時短して自由時間を最大化する」——を実現するための鍵も、やはりオーガニックデバイスが握る。

TO DOに追われないために

　暮らす上でも、働く上でも、どんなに面倒でも避けられない「最低限やるべきこと」というのは無数にある。歯を磨いたり炊事・洗濯したり、経費精算をしたり書類を書いたりetc.……挙げ出したらキリがない。

　遊びでも同じだ。筆者が愛するアウトドア活動では、細かいギアを管理したり、ウエアを修繕したり、道具をメンテナンスしたり——やるべきことはいくらでもある。

　現代人は、公私に関係なく日々発生する細かな**「HAVE TO DO＝やらなきゃ」に多くの時間を奪われている**。だから、いつも時間が足りない。

筆者は、人生で一度も「暇つぶし」をしたことがない。

なぜなら、**いつも目の前に「WANT TO DO ＝やりたいこと／好きなこと」があった**から。小学生の頃からずっと「暇だ」という人がうらやましかった。「その時間をぼくにくれ！」と思っていた（笑）。

動画やゲームが大好きな人は注意しよう。意識がハイジャックされ、脳は激しく疲労し、貴重な時間（命）が奪われるからだ

中学生になってから、**ささいな「楽しいこと」から「人生をかけてやり遂げたいこと」まで、大小さまざまな「WANT TO DO」をリストアップ**するようになる。

それから今日までの40年間、その「ドリームリスト」を軸に人生をデザインしてきた。だからこう考えるのが癖になった。

「HAVE TO DO をどう減らし、どう最短時間で完了するか」

筆者が、あくなき「時短追求の旅」を始めたきっかけは、「WANT TO DO」の時間を最大化するためだったのだ。

そうやって生きてきたからこそ、**「自分の時間を生み出す技術」**を蓄積できたといえる。

　生活するための最低限の「お金」はあった方がいいが、筆者はそれ以上は欲せず、常に「時間」を求めてきた。だから、**「お金をつくる方法」は教えられないが、「時間をつくる方法」なら詳しく伝授できる。**

　お金は生まれつき貧富の差があって不平等だが、時間は全ての人に平等に1日24時間ずつ与えられている。さらに、お金は増えたり減ったりするが、時間が増減することはない。

　だから自然に、「危ういお金よりも、確かな時間の方が信頼できる」と考えるようになった。

　それでも小学生の頃、マンガのように「時間を止める魔法」を使い、自分の時間を増やせないかと夢見たこともあったが（笑）、当然それは叶わない。

　あの頃は、夕暮れに友達がみんな帰って一人になっても真っ暗になるまで外で遊び、帰宅後も勉強せず「WANT TO DO」に夢中だった。それでも時間は足りない。とはいえ当時は睡眠を削るなんて発想はない。

　大学生になって、睡眠を削って「WANT TO DO」に費やしたこともあるが、翌日のパフォーマンスが悪すぎて何度も痛い目に遭う。その経験から、「睡眠カットは、むしろ大切な時間を無駄にする行為でしかない」と学ぶ。

オーガニックデバイス×デジタルデバイスの奇跡

　時短研究が始まったのは、その後から。

　勉強ギライなのに効率化や仕事術の本を読み漁り、その鍵は**タイ**

ムマネジメントとタスク管理、そして大胆な手放し術にあると知る。これら一般教養を習得し、日々の行動に落とし込んではブラッシュアップしてきた。

　だが社会人3年目で、どうしても越えられない壁に直面する。ちょうどその頃、個人向けのデジタルテクノロジーがハイスペック化してきた。

「この新しいテクノロジーをマスターすれば、ある種の魔法使いになれるかもしれない」と興奮し、必死になってデジタルハックスを勉強するようになる。

「健康オタク」という呼び名に、「ガジェットオタク」が加わったのはその頃から。ただ筆者にとって、**健康やガジェットはただの手段であり、目的はあくまで時短**にあった。

　前メソッドで書いた「オーガニックデバイス」に次ぐ有益な投資先だと考え、「デジタルデバイス」にもお金と時間を惜しまず投入。常に最新機器を入手して活用法を徹底的に学んだ。

　デジタルデバイスの能力を最大限に引き出して、あらゆる作業を効率化。そうやって飛躍的な時短が実現すると、30代でいよいよ仕事でいい結果が出るようになっていく。

　おもしろいことに──成果が出れば出るほど、仕事と遊びの両方で、「WANT TO DO」が心の奥から湧(わ)いてくる。どれも途方(とほう)に暮れるほど難しいが、ワクワクするものばかり。

　なんとしても挑戦したいと思った。そのためにはもっと作業効率を高めてより多くの時間を捻出し、それに投資しないといけない。

　それを実現する鍵は、脳と体の働きにあると気付き、意識がさらに自身の「オーガニックデバイス」に向くようになる。

　すると自然に、母の**「5つの教え～ちゃんと食べて、ちゃんと体を動かし、ちゃんと休み、ちゃんと寝て、思いっきり遊ぶ！」**を、

より徹底するようになっていく。現代社会においては生活習慣病が死因の大多数を占めることを知ったのも、ちょうどその頃だった。

定期的なエクササイズによって、全身の筋肉バランスが改善して、体脂肪率はアスリート並みになる。体は軽くなって、肩こりや肉体疲労はゼロに。脳疲労やストレスといったビジネスパーソン特有の症状も激減していく。

そうやって30代半ばとなり、生活習慣が確立して暮らしが整うと、際立った集中力と創造性を発揮できるようになった。決断力や問題解決能力も高まっていく。その結果、これまでとは比較にならないほど速く——しかもより高いクオリティで——仕事を完遂できるようになった。

奇跡だと思った。

まるで、与えられた1日の時間が増えたかのような感覚。この時、自分の中で時間に対する意識革命が起きる。**時間とは、与えられるものではなく「自分で創り出すもの」**だと。

そう、「デジタルデバイス×オーガニックデバイス」の組み合わせこそが魔法だったのである。業務によっては5〜10倍という超時短が実現するようになった。

　すると苦しかった仕事がどんどんおもしろくなり、遊びのスキルは目に見えて高まっていく。臆せず次々と新たなチャレンジができるようになる。

　音楽の仕事で連続ヒットを出せるようになり、大好きで続けていたフライフィッシングや登山ではメーカーからサポートを受けるようになった──それはまるで、人生がバージョンアップしていくような感覚──。

「この感動を1人でも多くの方に味わってほしい」

　本書と『超ミニマル主義』にはそんな想いが詰まっている。その気持ちを改めて伝えておきたいと思う。

身体能力を極限まで高め〝タイパを最大化〟する

すぐ成果に表れず誰にも評価されない
「非効率で非生産的なこと」こそが
Quality of Life（人生の質）を高める

「オーガニックデバイス」の能力を最大化できて初めて、タイムパフォーマンスは最大化する。

すると、定時に退社できるようになって毎日の「セルフケアタイム」は充実し、週末や祝日をより楽しめるようになる。『超ミニマル主義』で伝授した**休み方の技術とバカンス取得術**を実践でき、多くの自由時間を手にできるようになっていく。

何のための時短術か

だが、それは本書が提案したい到達点じゃない。その先に待つ、素晴らしき世界を目指してほしい。

最小限まで減らした「HAVE TO DO＝タスク」を、高性能のデジタルデバイスと、最高の状態のオーガニックデバイスで最速処理できれば、情熱を注ぎたい「WANT TO DO＝ドリーム」に着手できる。

そして、**創出した自由時間の全てをドリームに投入する**のだ。

それは、**時を忘れて夢中になれる「非効率で非生産的な」美しき時間**のこと。

そうして生み出した**ドリームタイム**は、「何よりも好きなこと」「誰よりも大切な人との時間」「あなたにしかできない最高の仕事」に捧げよう。

これぞまさに、本書の冒頭で紹介した「**Live Small, Dream Big**」の**真骨頂**である。

それは決して、「動画やSNSやゲームに意識を奪われる時間」「どうでもいい人付き合い」「サービス残業」じゃないのはもちろんのこと──「与えられた業務」「誰かに求められた仕事」「やらなきゃと思い込んでいる作業」でもない。

レコード会社時代、嵐のような「HAVE TO DO」に追われながらも──『超ミニマル主義』と本書のメソッドを実践することで──大幅な時短を成功させて得た自由時間を、次のようなことに注ぎ込んだ。

営業部や宣伝部にいた若い頃は、上から指示されるものではなく**心から惚れ込んだ作品を本気で売り込んだ**。

プロデューサーとして独り立ちしてからは、**音楽や広告の非効率な制作フローを刷新したり、前例がないメディア戦略やPRプランを立案・実行していた**。

プライベートでは人付き合いを最小限にし、**フライフィッシングの練習、登山のための体力づくり、移住のためのニュージーランド研究と英語学習、そして環境学・生態学の勉強に励んだ**。

誰でもない自分のための勇気

こういった筆者の**心が求める試みのほぼ全てが、難易度は高くて時間がかかり、仕事では常に反発され、知人からは理解されなかった**。孤独だったが心の奥は満たされていた。

こういった**すぐ成果に表れず誰にも評価されない「非効率で非生**

産的なこと」こそがQuality of Life（人生の質）を高める。これらに時間を投資すればするほど大きなリターン——もっと言うと「壮大なギフト」が巡ってくる。

それは、**震えるほど感動する「出来事や人」との出会い、人生が劇的に好転する「幸運」**といった、感謝しきれないほどありがたいギフトのこと。

筆者も実際に、こういったギフトに導かれて15年来の夢が叶ったり、死ぬまで続けたいと思える「ライフワーク」を見つけたり、自分の意志で人生をデザインできるようになった。

この人生経験から学んだ真理がある。

タイパ（タイムパフォーマンス）を高めるだけでは「働きがい」は得られず、生活習慣を整えるだけでは「生きがい」を感じることはない。
「やらされている＝HAVE TO DO」じゃなく、「挑戦したい＝WANT TO DO」という自発的な気持ちで「やりがい」があることに取り組んで初めて、生きる喜びを実感できるようになる。

すると人生の幸福度が高まり、自分らしさが自然に際立つようになる。それがさらに、あなたの「オーラ」や「オリジナリティ」となって人を惹きつけ、想像を超えた成果を創出してくれるのだ。

マネタイズより大切なこと

行きすぎた資本主義に毒された日本では、常に「経済性」が最優先され、寝ても覚めても「効率性と生産性」が求められる。

しかし、人生にはそんなことより大切なことがある——そう、**「非効率で非生産的」なドリームタイム**だ。

筆者が愛する**釣りやカヤックや登山**なんて**「非効率で非生産的」な行為の最たるもの**だ。

　詩を詠む、旅をする、スポーツをする、リベラルアーツを学ぶ、音楽を奏でるetc.——誰の目も気にせず夢中になれて、脳がハッキングされなければ何でもいい。他者や自然を著しく傷つけたり、倫理や法律に反してなければ何だっていい。

　その時、効率性や生産性なんて無視だし、**「お金になるか」「人の役に立つか」なんてことも一切考えない**。「マネタイズ」や「貢献」を意識した途端、せっかくのドリームがつまらなくなり、美しき時間が苦役になってしまうからだ。

「できる限り多くの〝非効率な時間〟を生み出すために〝効率化〟を徹底する」
「〝非生産的な時間〟こそが心身をリカバリーさせ、結果として〝人生のパフォーマンスと幸福度〟を高めてくれる」
　この２つは本書が伝えたい大切な人生哲学である。

歴史を見ても、世界を変えてきた偉人の多くが、この「非効率で非生産的なドリームタイム」に人生を捧げている。生涯をかけて一つの数式に挑む数学者、全身全霊でキャンバスに向かう画家、自身の限界点を目指すアスリートetc.……。

　そういった探求者たちが意図せず、結果として人類に大きく貢献してきたことは説明不要だろう。

　あくなき知的探求、創造的探求、肉体的探求という**「ドリームに生きる＝本気で遊ぶ」**――つまり**「Dream Big」**な――**人生に振り切った人**を見て、「自分もそう生きたい」と願うのは筆者だけじゃないはず。

　自分の人生を取り戻すためにタイパを極め――つまり「Live Small」に徹し――可能な限り多くの「非効率で非生産的な時間」を創り出そう。そして、その美しきドリームタイムを最優先し、守り抜いてほしい。

　繰り返すが、「短命で華々しく散る生き方」は推奨しない。伝えたいのはあくまで、**サステナブルな働き方であり、持続可能な幸せ**――つまり「太く長い人生」をデザインする流儀である。

　そんな人生を目指し、淡々と生活習慣を整えて「オーガニックデバイス」をアップグレードし続けるのだ。

スロートレーニングと
〝動的メディテーション〟
（ヨガ）

「動的メディテーション」は、短時間で
「リラックスと集中の共存」という、脳が最も
喜ぶとされる状態に持っていくことができる

「生活習慣5つの教えの重要性は理解できた。休む、寝る、食べる、遊ぶはできそう。でも、仕事や家事でヘトヘトなのに、運動はやれる気がしない」

きっとそう言う方は多いだろう。

だが、安心してほしい。ここから複数のメソッドを通して伝授するのは、筆者が実践していて、**誰にでもできる「ゆるい運動＝スロートレーニング」**だ。

無駄を削ぎ落としたシンプルな運動だが、体と脳と心に総合的に効くメニューとなっている。そして、本書では「回数」や「距離」より「体を動かす時間」と「体への負荷」にフォーカスしていく。

人間は運動しないとダメになる

筆者は昔から、体を動かしていないと心身が不調になりがちだった。それは「自分の体質」だと思い込んでいたが、本書を書くにあたっていくつかの文献を読み、それは**「ホモ・サピエンス（現生人類）の体質」**であると知る。

内省的な性格から1人で自然の中に入ることが多く、釣りやキャンプをしながら、いつの間にか自己流でメディテーション（瞑想）

的なことを行っていた。それは心身にとって非常に有益だったと、後に学ぶことになる。

　子どもの頃からスポーツやアウトドア活動に明け暮れ、好きが高じてそれが仕事になった。ヨガスタジオの全国チェーン「スタジオ・ヨギー」の社外取締役を務めたり、日本初の瞑想スタジオのプロデュースをしたこともある。

　10年近く夢中で取り組んだ野球の練習が辛すぎたこともあり、大人になってからは激しい運動が大の苦手になった。

　ゆっくりなら何時間でも歩けるが、激しい筋トレやハードなランニングは続いたためしがなく、**瞑想を兼ねた「ゆるい運動」が習慣**となった。

瞑想と運動の融合

　瞑想はマインドフルネスと名を変え──シリコンバレーやウォール・ストリートのエリートが生産性向上のために始めたことで有名となり、今や世界中のエグゼクティブやアスリートが実践する──**パフォーマンスを高める科学的な解決策**として市民権を得ている。

　米イェール大学医学部の精神神経学科で先端脳科学を研究し、日米で25年の臨床経験を持つ久賀谷亮氏いわく、瞑想はもはや〝東洋の神秘〟ではなく、「脳によい変化をもたらすことが実証的に確認されている」という。

　筆者が行っている**スロートレーニングは、有酸素運動と瞑想それぞれの効能を同時に得られる「動的メディテーション」**だ。

　開始後すぐに呼吸は深くなって脳と体の血流が改善する。手足の先がポカポカして「副交感神経優位（くつろぎモード）」になり、脳波が理想的な状態で安定──ここまでわずか数分。

　言うなればこれは「安静と覚醒の間」にいるような状態──心は

平静なのに生体機能は高まっている「ほどよい集中モード」のこと。絶妙なバランスで――トップアスリートがよく言うゾーンに入った状態に近く――これ以上に覚醒すると心は乱れ、これより安静に寄ると眠気を感じて注意力が急降下する。

坐禅のように動かずに行う、通常の「静的メディテーション」でこの状態を得るのは簡単じゃない。

ある程度の修行を重ねるか、そうでない場合はいい先生のガイドを受けない限りなかなか難しい。しかも、この状態は――繊細ゆえかなり深く入らないと――ネガティブな考えがよぎったり、不快な匂いや騒音によっても瞬時に失われてしまう。

僧侶が行う厳しい修行によって、そういった内的・外的な要因に左右されず持続が可能となるというが、1万時間以上の瞑想経験（毎

日1時間で25年以上）が必要とされ、ハードルが高い。

「動的メディテーション」では、そういった修行をせず短時間で「内外の要因に左右されないリラックスと集中の共存」という、脳が最も喜ぶとされる状態に持っていくことができる。

　習慣化すれば、瞬時にストレスを解消してポジティブ思考にシフトできるようになり、運動後もメンタルをいい状態で維持しやすくなる。

　本書では複数の「動的瞑想スロートレーニング」を紹介していくが、ヨガが最も瞑想効果が高い。そもそもヨガとは、古代の僧侶たちが瞑想に入りやすい手法を追求する中で生まれたと言われているほどだ。

低強度〜中強度のゆるいヨガ

　まずは、低強度ながらも体幹を鍛えられる上にストレッチ効果もある、ゆるいヨガを解説しよう（監修＆写真提供：スタジオ・ヨギー）。

　瞑想効果を得るためには、ゆっくりとした動作に呼吸を合わせていくことが最重要となる。さらに、「半眼状態」で眼の焦点を合わせないようにして行うとより瞑想に入りやすい。

【ヨガ】15〜30分。鍛える場所：全身のインナーマッスル

①椅子のポーズ
両手を上に伸ばし、膝を曲げながらお尻を後方へひく。そのまま両膝を伸ばし、両手を下ろす

②英雄のポーズ

左足を後ろに引き足先を外側に向ける。右膝を曲げて両手を頭上にあげる。続けて反対側を行う

③体側を伸ばすポーズ

脚を開き、右つま先を90度外に向ける。右膝を曲げ、右腕を右ももの上に置き、左腕を伸ばす。続けて反対側も行う

④三角のポーズ

右つま先を90度外に向けて両手を広げ、右手を右足首に置く。上体と顔を天井に向け、左腕を伸ばす。続けて反対側も行う

⑤1つ足の鳩の王様のポーズ

両手と両ひざを床につける。右膝を外側に開きながら前に出す。背骨を伸ばしながら上体を倒す。続けて反対側も行う

⑥コブラのポーズ

うつ伏せで、手のひらを開いた両手を胸の横に置く。両手で床を押し、上半身を起こす

⑦座位ツイストのポーズ

左膝を曲げ、左足を右足の外側へ置き、右膝を曲げる。右腕を左膝の外側にあて、上体を左側へねじる。続けて反対側も行う

ヨガは、精神性に特化したものから、アクロバティックなものまでいくつかある。もしあなたがヨガ初心者なら、簡単なポーズが多数ある「ハタヨガ」をベースにするといい。まずは、P74〜76のハタヨガ推奨ポーズから始めるといいだろう。

　動画が最もわかりやすいので、動画サイトで「ハタヨガ ベーシック」と検索してみよう。

　脳神経の4分の3は視覚と結びついていて、視覚情報が最も記憶として定着しやすい（※1）と覚えておこう。

　1つのお気に入りポーズをひたすら5分間続けてもいいし、20分で7つのポーズを連続で行ってもいい。ルールはなく「気持ちよく感じる」ことが重要。まずは「3〜7つのポーズを15〜30分ほど」かけて、じっくり行うといいだろう。

　ヨガの世界はとても深く、本気で探求すると一生かかる。だが、本書が推奨するのは難易度の低いポーズなので、体が硬くても問題ない（実は筆者もまだまだ硬い！）。

　あくまでも低強度トレーニングなので、普段あまり使わない関節や筋肉に、心地よさを感じればOK。とにかく楽で自由なエクササイズだと思ってもらっていい。ただし、ノンストップで流れるように20分以上続ければ、心拍数が上がって中強度のワークアウトになる。筆者は、その日の気分で強度と時間を変えている。

　より「瞑想効果」を得てもらうために、4つのポイントを伝えておこう。

①なるべく全身を動かせるポーズを選ぶ
全身運動になるよう、複数のポーズを組み合わせてみよう。1つで全身に効くと感じるポーズをひたすら反復してもいい

②深い鼻呼吸を続ける

口を軽く閉じ、舌先を上の前歯の付け根くらいにそっと触れる。その状態で、鼻から「長くゆっくり息を吐いて、深く吸う」を繰り返し、決して呼吸を止めないこと

③フローとリズムを意識する
ゆっくりした動作で「流れるよう」に「リズミカル」に、止めることなく続けよう。手足や指先を動かす時、体を曲げたり伸ばす時、ポーズとポーズをつなげる時、大小全ての動作が優雅になるよう意識して

④自然を感じ、意識を内へ
外の光、鳥の声や街の喧騒を感じながら（もしくは心地いい音楽を聴きながら）新鮮な空気で体内を満たそう。酸素を体の末端まで送り込むイメージで呼吸に集中すると、体内から呼吸音が聞こえるようになり無心になっていく。頭が空っぽになれば完璧

瞑想は——脳を「OFF」でも「ON」でもない——第3のモードとも呼ばれるニュートラルな状態に導いてくれる（※2）。
　どんなに忙しくても、一日の中で必ず「動的瞑想」の時間を確保しよう。たとえそれが、24時間のわずか1％程度の15分だとしても、間違いなく人生のパフォーマンスアップに直結するから。

　瞑想の鍵を握るのは呼吸だ。
　人の内面は呼吸に表れる。焦ったり怒っている時は浅くなり、幸せを感じたり感謝している時は自然と深くなる。逆に、呼吸法で内面をコントロールすることだって可能だ。
　忙しい日中に15分の時間が取れない時、4秒かけてお腹いっぱいに息を吸い、4秒止めて、ゆっくり8秒かけて吐き出してみよう。すっと心が落ち着いていくから不思議だ。
　ハーバード大学の根来秀行教授によると、この**「4・4・8呼吸法」を4回**（つまりわずか1分程度）**続けるだけで、リラックスモードの副交感神経のスイッチが入る**という（※3）。経験上、頭に血が昇って

いても、1回だけでクールダウンできるほど劇的に効く。

　なお、本書で紹介する全ての動的瞑想で、呼吸法の重要性を説いている。**口で呼吸する哺乳類は人間だけで「非常時以外は基本、全て鼻呼吸」**と覚えておこう。口で呼吸している時は、体が苦しい時か心が乱れている時なのだ。

　そして「呼吸を制する者は人生を制する」という言葉を胸に、読み進めていただければより理解が深まるだろう。

※1　デイブ・アスプリー『シリコンバレー式超ライフハック』ダイヤモンド社 (2020)
※2　茂木健一郎『脳を鍛える茂木式マインドフルネス』世界文化社 (2017)
※3　根来秀行『ハーバード&ソルボンヌ大学根来教授の超呼吸法』KADOKAWA (2018)

スロートレーニングと〝動的メディテーション〟（ジョグ）

瞑想的なスロートレーニングを
習慣にできれば、精神的ストレスに
強くなり、脳疲労は減っていく

　近年、欧米の大学や研究機関で瞑想の科学的なリサーチが進み、脳機能を高める複合的な効果が報告・示唆されている。

　次にリストアップしたものはその一部にすぎない（※1）。

・脳疲労の原因を抑える効果が高い
・疲れづらい脳になる
・ストレスに強い脳になる
・記憶力が高まる
・感情調整力の向上
・自己コントロール力の向上
・集中力の向上

　さらに瞑想は、メンタルを整えることもわかっている。そして、ここで紹介している動的瞑想は運動でもあるから、次から述べていく「運動による効能」も同時に得ることができる。

ゆるい有酸素運動の利点

　しかし、疲弊するほど激しい運動をしてしまうと「交換神経」が過度に優位となり、瞑想効果を得られなくなる。

激しい運動は、体内の活性酸素が急増して細胞や遺伝子を損傷したり（※2）、免疫力低下（※3）、脳の血流が減る（※4）などいいことがない。長距離マラソンやトライアスロンといった過酷な有酸素運動は、脳と体の老化を進めることもわかっている（※5）。

　あくまで、苦しすぎない中強度の有酸素運動を心がけよう。これこそが——三日坊主に終わらず——エクササイズを習慣化して効果を最大化するためのコツでもあるのだ。

　スロートレーニングを習慣にできれば、脳疲労は減る上に、精神的ストレスは軽減して、基礎体力と持久力は向上して心肺機能と免疫力は高まり、末端の毛細血管は増え、自律神経のバランスが整っていく（※4）。

　さらに、運動のたびに血流量が増大して全身に行き渡って、疲労物質と老廃物が取り除かれる。体温上昇と発汗によって細胞や肌の代謝が促進され、毒素や化学物質が効率的に排出されるなど、その効能は枚挙にいとまがない。

　さらに劇的な効能がある。運動がメンタルヘルスを改善することに加え（※6）、「副作用のない抗うつ剤」と呼ばれるほど、うつの予防や治療に優れた効果を発揮するというのだ（※4）。

　つまり、「**動的瞑想スロートレーニング**」**を継続するだけで「脳・神経・内臓・筋肉」の機能**——あなたのオーガニックデバイスの性能——**はどんどん高まっていく**ことになる。

　そしてそもそも——運動不足は「死ぬ」原因になる——これは、膨大な数の最新エビデンスを元に構成された『健康になる技術大全』（ダイヤモンド社）の著者で公衆衛生学者の林英恵さんの言葉だ。

　この本によると、**運動不足は日本人の死亡原因4位で、世界の死亡の9%は体を動かすことで解消でき、運動習慣があれば死亡リスクが何と 約2〜4割も低くなる**という。

　ここで紹介するのは、歩くくらいのスピードで走る超スロージョグだ。これも理想的な「ゆるい有酸素運動」であり「動的メディテーション」だ。ただ歩くよりも心拍数が上がる中強度のトレーニングとなるので、より多くの運動効果を得られる。

　体力に自信がない人は、まず前メソッドの低強度のゆるいヨガから始めるといい。一定期間を経て、体が運動に慣れてきたら超スロージョグに移行しよう。

　ヨガと同じ4つのポイントを押さえつつ説明していきたい。

【超スロージョグ20〜45分】鍛える場所：下半身の筋肉と全身のインナーマッスル
①足だけで走ろうとせず全身運動を心がけよう
　　一歩一歩は小幅でいいので、太ももを上げるよう意識し、両腕は肩甲骨から大きく振ること。全身で気持ちよさを感じながら走ることがポイン

ト。走る前後に必ず軽くストレッチして筋肉をほぐすこと

②走りながらも、深い鼻呼吸を続ける
　通常のランニングだと、苦しくてつい「口呼吸」になるが、この走法は
　違う。走りながら人と会話できるほどのスローペースなので、常に深い
　鼻呼吸ができる

③フローとリズムを意識する
　手足の動作がぎくしゃくしないよう、全身をリズミカルにスムーズに動か
　そう。信号で立ち止まったり、苦しくなった時に歩くとフローが途切れて
　しまう。その時は、その場で足踏みするか、さらに小股にしてペースダウ
　ンするといい

④自然を感じ、意識を内へ
　五感を通して風景や環境音、またはお好みの音楽を聴きながら、自分
　の内側に意識を向けて走ろう。そうやって、心を鎮めつつ呼吸に
　フォーカスして超スロージョグを続けると、不思議なくらい気持ち良く
　なっていく

途切れないリズミカルな動作が続くスロージョグは瞑想状態に入
りやすく、「動的メディテーション」の理想系だ。

スロージョグによる複合的な効能

　無理せず楽なペースを保つことで、関節や筋肉を痛めるリスクを
低減できるから、体力に自信がない人でも走り続けることができ
る。

　走るのが苦手という方はウォーキングから始めてもOK。その際
は、**通常の歩行よりもエネルギー消費率（代謝率と体脂肪の燃焼率）が
高い「早歩き」を心がけよう**（※5）。

　ちなみに、スロージョグのエネルギー消費率は、歩くよりもだん
ぜん高いが、速く走るのと同じという（※7）。そして、**歩くより走**

る方が、脳が「ドーパミン」を分泌して気分と集中力を向上させ、運動後も高い状態を維持するという（※8）。

だから、とにかく焦らずゆっくり走ろう。

なお、**体脂肪の燃焼とドーパミン効果を考えた場合、最低20分は走った方がいい**が、理想は30分以上というのが最新のスポーツ科学の見解である。

さらに、脳の老化防止にもなるというから素晴らしい。**運動によって、脳の古い細胞が遺伝子レベルで若返り、加齢による脳の萎縮の進行が食い止められる**からだという（※4）。

この若返り効果を得るためには、**心拍数をある程度上げる必要（＝中強度）があるが、やはりハードな運動は不要**だ。60人の成人グループが「週3回40分間の早歩き」を1年続けた結果――記憶や感情コントロールを司る重要な脳の部位――「海馬」が2%大きくなったというのだ（※4）。「海馬」は25歳を境に年に約1%縮み続けるというから、この調査結果は劇的である。

著名な精神科医・樺沢紫苑先生によると「多少息が上がるくらいの有酸素運動を30分以上続けると脳内でエンドルフィンが分泌される（※8）」という。しかも、走り終えた後にもエンドルフィンが出続ける（※4）。運動で得られるあの爽快感、言葉にならないリフレッシュ感はここからくるのだろう。

　エンドルフィンは、別名「脳内モルヒネ」と呼ばれるほど高い高揚感と、多幸感をもたらすホルモン（神経伝達物質）のこと。

　大げさでなく、運動は人生の幸福度の鍵を握るのだ。

　『運動脳』（サンマーク出版）著者の精神科医アンデシュ・ハンセンいわく、脳を最高のコンディションに保つためには、**筋トレよりも有酸素運動の方が効果的で理想は45分以上のランニング**（週3回以上）**を習慣にすること**だという。

　さらにこう続ける。「半年ほど続ければ、目覚ましい変化を実感することだろう」と。

　ここでいったん、これまでの情報をまとめる形で、本書が推奨する運動習慣を伝えておこう。

・毎日：20分以上のヨガ
・週3回：45分以上の超スロージョグ（もしくは早歩き）

※1　久賀谷亮『世界のエリートがやっている 最高の休息法』ダイヤモンド社（2016）
※2　オムロン「活性酸素を減らす生活術」（2003）
※3　日本経済新聞「運動もハード過ぎると免疫機能低下 コロナ感染に注意」（2021）
※4　アンデシュ・ハンセン『運動脳』サンマーク出版（2022）
※5　デイブ・アスプリー『シリコンバレー式超ライフハック』ダイヤモンド社（2020）
※6　小田切優子「運動・身体活動とストレス・メンタルヘルス」日本公衆衛生雑誌 57（1）, 50-54, 2010-01-15、「運動によるストレス・心疾患に及ぼす効果をとりまとめて報告」栄養スポーツWeb（2019年10月1日）
※7　田中宏暁「本当に痩せたいなら『速く』走ってはいけない」東洋経済オンライン（2017年2月26日）
※8　樺沢紫苑『精神科医が見つけた 3つの幸福 最新科学から最高の人生をつくる方法』飛鳥新社（2021）

ベアフットシューズと
〝中強度ワークアウト〟

筆者は**超スロージョグ**を、「ベアフットラン」方式で行っている。かかと部分がなく全体がフラットで薄いソールの専用シューズを使い、裸足に近い状態で走る走法だ。

これは5本指タイプの特殊なベアフットシューズ
（ビブラム・ファイブフィンガーズ／片足140g）

超軽量ベアフットサンダル。これでフルマラソンを走る強者もいる
（ルナサンダル・Venado MGT／片足96g）

効率的かつ合理的な裸足走法

ベアフットランのポイントは、「かかとから」ではなく「前方寄りの足裏全体（指の付け根から真ん中あたり）」で着地する点にある。

この「前方への重心移動」を推進力として使うため、蹴り出す脚力が不要となって驚くほど楽に走れる。さらに関節や筋肉への負担も少ないという、とても合理的な「省エネ走法」なのだ。

なんとも妙な走り方に聞こえるかもしれないが、これこそが本来の人間の走り方。試しに砂利の上を裸足で歩いてみてほしい。足裏と体への負担を軽減しようと——誰もが自然と——先に説明した足の運び方になる。

人類は元々、誰もが裸足で歩き、裸足で走っていた。つまり**人類は誰もが元々は「ベアフットランナー」**だったのだ。

250万年近く続けてきた、この原始的な走法を——産業革命以降の靴の進化と共に——人間はわずかこの200年で（つまり「数分前」に！）やめてしまった。その「かかと部分が厚いソールの靴」を履いての不自然な走り方によって、人間は過去にはなかった体の不調に苦しむようになった。

人の体は環境に合わせて進化するが、それには万単位の年数が必要とされる。数百年という短期間では適応できないため、体が悲鳴をあげるのは当然のこと。

人間本来の走法に戻すことで、体幹が正しく鍛えられる。

骨格も整うから姿勢はよくなり、各筋肉や内臓のバランスが整っていく。お通じがよくなったり、持病が治ったり、集中力が高まったりといいことばかりが起きる。

ただし、我々は一般的なシューズに慣れてしまっているため、本来の走法を忘れている。ベアフットで急に長距離を走ると、ふくらはぎやアキレス腱を痛めるリスクがある。最初は無理せず、3週間ほどかけて徐々に慣らしながら、身に付いてしまった悪い走行習慣をアンラーンしていこう。

1時間完結タイムマネジメント

「超スロージョグ×ベアフットラン」。現時点では、**この組み合わせは最強**だと思っている。

筆者は、これを**遅い午後に45分ほど行う**のだが、**着替えやシャワーなどを合わせて1時間で全て完結できるように仕組み化している**。この「全てを1時間以内」という運動習慣は、会社員時代に構築。オフィスと自宅それぞれから徒歩3分の2つのスポーツジムの会員になり（バッグに超軽量コンパクトな靴と着替えを常備し）、「1時間のスキマ時間があればジムへ」と決めていた。

人の気分とは不思議なもので、1時間だと気軽に行動に移せるが、1時間半だと途端に気が重くなる。

　オフィス近くのジムは会社の福利厚生施設で格安、自宅近くは自腹だが——人生への投資だと考えると、両方のジムに費やした実費の数百倍のリターンを獲得できている。

　その方式を導入するまでは、忙しいとつい運動の優先順位を下げていた。その理由を自己分析してみると、「運動前の準備と後の手間」が面倒に感じ、つい後回しにしていたことに気付いた。

　この小さな「つい」の積み重ねが、気付かぬうちに運動習慣の大きな壁となってしまうと知っておこう。

　同じような理由で「運動が面倒」と思い込んでいる方も多いはず。この思考法が身に付けば、忙しくても定期的な運動を習慣化できるので、ぜひスケジュール術に加えてみてほしい。

超スロースイム

　「平泳ぎ・クロール・背泳ぎ」を気分で自由に切り替えながら泳ぐ**「超スロースイム」も体への負荷が少なく、理想的な全身運動なので**おすすめだ。

　全身を伸ばすようにゆっくり泳ぎ、「いいフロー」と「深い呼吸」を意識できれば、極上の動的瞑想にもなるので、近くにプールがある幸運な方は、ぜひやってみてほしい。

　ちなみに筆者は、瞑想効果が非常に高い、自宅前の冷たい湖でのスロースイムが最も好きだ。

　これに加え、**畑仕事やカヤック、フライフィッシングを日々行っているが、これらも全て立派な「中強度の運動」であり動的瞑想だ。**

中強度の運動と心拍数

　これまで解説してきた動的瞑想を兼ねたスロートレーニングは「低強度〜中強度ワークアウト」となる。

　例えば、**短時間のゆるいヨガや平地の散歩などの、息がほとんどあがらない運動が「低強度」で、通常の長距離ランや筋トレ、テニスなどの息が苦しくなる運動が「高強度」**にあたる。

　そして、これまで紹介してきた**瞑想と運動によるあの多大なる効果は、「中強度」で最も得ることができる。**

　ポイントは心拍数で、低すぎると効果が期待できず、高すぎると前メソッドに書いた数々のデメリットが生じてしまう。さらに「高強度」ではメディテーション効果を得づらく、運動後に疲労感が残りやすく、続けるにはかなりの精神力を要するという弱点もある。

　腕時計や指輪型のウエアラブルデバイスを使えば、心拍数が正確に把握できて便利だが、体感でもわかる。「少し息があがる」程度の運動が「中強度」だと考えてもらえばいい。

筆者はいつも、**家事や育児も「動的瞑想スロートレーニング」に**
カウントしている。

　例えば、**風呂掃除や床拭きや掃除機かけ、子どもと遊んだり布オ**
ムツを手洗いする時間は「低強度～中強度」となる。呼吸を意識す
れば瞑想効果は驚くほど高い。

　だから、**家庭でこそ積極的に動きまくろう。そうすれば多くの時**
間を「中強度」にできる。家事も育児も「面倒な作業や義務」では
なく「心と体を整える動的瞑想スロートレーニング」だと考え、毎
日ポジティブに取り組もう。

　米国での大規模調査では「より動く人がより幸せを感じ、ストレ
スが少ない」という結果も出ているのだから（※1）。

　先出の『健康になる技術大全』著者・林英恵さんは〝「動く物＝
動物」という言葉があるように、もともと人間は「動く物」の一種
です〟〝健康のためにやらなければいけないことは「運動」ではな
くて、「体を動かすこと」なのです〟と語っている。

　最近では、生活の全てを瞑想化すべく、いくつかの試みをしてい
て、素晴らしい効果を感じている。本書のテーマからそれるので詳
しくは書かないが、興味ある方は、筆者のポッドキャスト番組
〈noiseless world〉を聴いてみてほしい。

※1　デイブ・アスプリー『シリコンバレー式超ライフハック』ダイヤモンド社（2020）

3分で全身を鍛える
〝超ミニマル・エクササイズ〟

命を浪費する3分にするか、
人生を変える3分にするか

　運動は、いつ行うのが理想だろうか。

　我々の体は、太古から必然的に、太陽の上昇に合わせてパフォーマンスが上がるよう進化してきた。そして原野では、日没後の活動はリスクが高いため体と脳は休止モードに入る。

　つまり夜明けから日没までということになる。

　筆者はまず毎朝、**体への負荷が小さく低強度の「ヨガ」か「湖でのフライフィッシング」**に加え、当メソッドで解説する「超ミニマル・エクササイズ」を朝陽を浴びながら行っている。

　そして、深部体温が最も高まって**体が一番活性化する遅い午後**に、負荷が高めで中強度の有酸素運動──「スロージョグ」「スロースイム」「カヤック」「畑仕事」──を行う。

　リモートワークや在宅勤務、フリーランスの方は迷わず「朝の低強度の運動」と、仕事の集中力が落ちる時間帯の**「午後の中強度の運動」**を習慣にしよう。

　フルタイム出勤の方は、出勤前の軽いスロートレーニングは毎朝行い、（定時で仕事を終わらせて）週2～3回はジムに直行して走るか泳ぎ、もしくは真っ直ぐ帰宅して長めの「ヨガ」や、2～3セットの「超ミニマル・エクササイズ」を行おう。

朝のスロートレーニングの利点

　日光を浴びながらスロートレーニングを行うことで集中力ホルモン「セロトニン」の分泌が増強されて持続し、それが夜には睡眠ホルモン「メラトニン」に変換される（※1）。

　さらに適度な運動は、「脳疲労」を解消して睡眠の質を高めてくれる。しかも後に疲労を残さない上に、高まった集中力が継続するから（※2）、やはり仕事前の朝に行うのが理想だ。

　ただし、朝に激しい運動をすると疲労が残る上に、脳の血流が悪くなって逆に集中力が低下する（※2）ので注意しよう。

　「朝の中強度の有酸素運動は生産性と睡眠の最高の友」なのだ。

　次に解説するのは、どんなに忙しい朝でも実践できて、**体の全筋肉を動員するスロートレーニング**。個人的にはこれを、超多忙な主婦／主夫やビジネスパーソンに贈りたい。

省スペース・道具不要・短時間で全身に効く

　畳一枚のスペースで行えて、道具は一切不要。しかも、3つのワークアウトを計3分行うだけで、全身をバランスよく鍛えられる。まさに超ミニマルで総合的なエクササイズ。

　これまでご紹介した運動よりも筋肉への負荷がかかるため、短時間でも体全体に効く。ただし、体力や筋力がない人は最初は、瞑想効果を得づらいかもしれない点だけ伝えておきたい。

　息が少しあがる程度の回数なら「中強度」の有酸素運動になるし、瞑想にも入りやすい。息が乱れるほど回数やセット数を増やせば――動的瞑想になりにくくなるが――無酸素運動に近い「高強度」の筋トレとなる便利な代物なのだ。

　当メソッドの監修をお願いした、全国でスポーツクラブを展開す

る東急スポーツオアシスさんの協力を得て考案したものなので、生体学とスポーツ科学の裏付けは取れている。

　瞑想効果を得るために、スローな動作に呼吸を合わせること、「半眼状態」で眼の焦点を合わせずに行うことをお忘れなく。

①体の一部ではなく全身を使う
②ゆっくり深く鼻で呼吸する
　　（当エクササイズは、苦しければ口呼吸でもOK。息を止めないことが重要となる）
③流れるようなフローとリズムを心がける
④意識を体の内側へ向けて無心になる

　朝にこの**スロートレーニングを行う際は、必ずカーテンと窓を開けて外気と光が少しでも入るようにしよう。**たとえ直射日光を得られなくても、脳は太陽光を認知して目覚めのメカニズムを発動させるからご心配なく（※2）。

　この後説明する3つのワークアウトはどれも、誰もが知るオーソドックスなものだ。しかし、正しいフォームでゆっくり行おうとすると実は難しい。筆者も東急スポーツオアシスのプロトレーナーに直接指導されるまではやり方を間違えていた。

　どのワークアウトも**「反動を使って勢いよく」**はダメで、**「正しいフォームを意識しながら息を止めずにスローに」が基本**。間違ったフォームで数をこなしても効果は半減する上に、怪我のリスクは数倍となる。非効率極まりないのでやらないように。

【3つの超ミニマル・エクササイズ／1セット】
①スクワット（6〜10回）
　↓
②バックエクステンションW（6〜10回）
　↓

③プッシュアップ（6〜10回）

　全身を素早く温めてスムーズに動けるよう、筋肉の動員数が多い順になっている。あくまで推奨なので、自分が気持ちいい順番に変えてもらっていい。最初の目標は、1セット6回。

　筆者は「6」という数字を、ラッキー7ならぬ、継続のための「イージー6」と呼んでいる。

　「まず2回やる」と考えれば気軽に臨めるだろう。3回できれば早くも目標の半分達成。4回目で後わずか1/3だから気が楽になる。5回目では「残り1回だけ！」と頑張れる。そして、最後の力を振り絞って6回完了だ。

　6回と10回の差はわずかのようで大きい。肉体的な負担以上に、精神的な負担を著しく軽減してくれるから続けられる。体が慣れてきたら、1回ずつ増やして10回を目指せばいい。

　全てのワークアウトに共通するルール「動作にかける秒数」と「呼吸法」を以下にまとめておきたい。

【1回の動作に約10秒かける】
①4秒かけて上げる/下げる
②2秒止める（息は止めない！）
③4秒かけて下げる/上げる

【呼吸の方法】一気に息を吸ったり吐いたり、止めたりしない！
・上げる時はゆっくり息を吐きながら
・下げる時はゆっくり息を吸いながら
（例外→「バックエクステンションW」は上体を上げる時に胸が広がるため吸いながら行うこと）

　さあ、それぞれのワークアウトを個別に解説しよう（写真提供：東急スポーツオアシス）。

①スクワット

　全身の筋肉の約7割を動員する、最も効率的で優秀なワークアウト。これなくしては、この超ミニマル・エクササイズは誕生しなかった。一見簡単そうだが、正しいフォームでゆっくり行うとこれがとても難しい。

◆スクワット　6〜10回（慣れてきたら2セット→3セットと増やす）

ポジション	ポイント
・足は肩幅より若干広めで立つ（①） ・つま先は若干外側に開く（①） ・重心は親指、小指、踵の3点の真ん中やや踵寄り（①´） ・手は腰または、頭の後ろにして肘を張り胸を張る（①´）	・しゃがむ際、膝からではなく股関節から始動すること 　※椅子に座るイメージで ・しゃがんだ際、つま先と膝の向きが同じになるように（②） ・膝はつま先より出すぎない（少しなら出てもOK②´） ・太ももの前面のラインが床と並行までしゃがむ（②´） ・前傾姿勢を保つが背中が丸まらないよう肩甲骨を寄せて胸を張る（②´）

 呼吸　吸いながら4秒かけてしゃがみ、2秒静止し、4秒かけて吐きながら膝を伸ばす

②バックエクステンションW

　これは背筋だけではなく、現代人の多くが使わなくなった肩甲骨
周りを含めた「上半身の裏側全体」を鍛えられるようになってい
る。このポイントをクリアするには「引っ張る動き」が必要だっ
た。だがどれも道具やマシンを要したため、考案に最も苦労した
のがこのワークアウトだ。

◆バックエクステンションW　6〜10回 (慣れてきたら2セット→3セットと増やす)

ポジション

・腕の幅は肩幅よりやや広め(①´)
・足の幅は腰幅ほど(①´)

ポイント

・上体を起こす際、胸が床から離れる
　まででよい(②)
　※起こしすぎると腰が反り、腰痛のリスクが高くなる
　　ため

・上体を起こしながら、肘を曲げ脇につ
　けるイメージでWの形にする(②②´)
　※肩甲骨を寄せる意識も忘れずに(②´)

・肩甲骨がしっかり動いていることを意
　識しよう(②´)

吸いながら4秒上体を起こし、2秒静止し、4秒かけて吐きながら上体をおろ
す

ベーシックスキル ── ● ── STEP 3 体の軽量化

③プッシュアップ

通常の腕立て伏せだと、腕と胸だけを使いがちになる。おへそ下に意識を集中させて行うことで、腹筋に効く「プランク」の機能を果たし「体幹と上半身の表側全体」をトータルで鍛えられる。筋力に自信がない方は、膝を床に付けて行うといい。

◆**プッシュアップ**（腕立て伏せ）　**6〜10 回**（慣れてきたら 2 セット→3 セットと増やす）

・腰を反らしすぎないよう、身体を一直線に保つ（①）
・手は肩の真下についた位置から手のひら1つ半外（①'）

・肘は脇を締めすぎないよう自然体で曲げる（②）
・肘を曲げた際、肩甲骨を寄せ、その状態をなるべくキープ（②②'）
・寄せた肩甲骨をキープしたまま肘を伸ばす（①'）
・常に身体を一直線に保つ（①②）

4秒かけて吸いながら肘を曲げ、2秒静止し、4秒かけて吐きながら胸を意識しながら床を押すイメージで肘を伸ばす

　道具を使わず、自分の体重だけを負荷として行う動作を「自重トレーニング」と呼び、マシンやダンベルなどを使う筋トレと比べると怪我のリスクはかなり低い。

　とはいえ、このエクササイズは筋肉の各部位に、それなりに強い負荷がかかる。全身の筋肉をフル動員するため、普段使っていない筋肉にとっては大きな負担となる。

　まずは毎日ではなく、1〜2日おきから始めよう。翌日に筋肉痛が残る場合はさらに1日空ける。

　ちなみに、筋肉痛とは「鍛えられた結果」というより、「筋肉の微細な損傷」なのでご注意を。そして、関節痛には細心の注意が必要だと覚えておこう。

　逆に言えば、やり方によってはかなりの筋力アップにつながる。しかも、全身くまなく鍛えられるので、いわゆる「細マッチョ」を目指したい人や、女性らしい体型のまま全身を引き締めたい人はセット数を増やしていくといい。

　最初は、**1セットを継続して正しいフォームを体に覚えさせること。体が大丈夫そうなら3週間後に2セットに、可能な方はさらに3週間後に3セットに増やしてみよう。**

　なお、セットを増やす際は、以下のようにそれぞれのワークアウトを連続で行い、同じワークアウトの間には60秒のインターバルを入れること。なお、ワークアウトに瞑想状態を得られなくても、インターバルには深く瞑想に入れるのでご安心を。

【3つの超ミニマル・エクササイズ／3セット】

①スクワット（6〜10回）
　　↓インターバル60秒
①スクワット（6〜10回）
　　↓インターバル60秒
①スクワット（6〜10回）
　　↓
②バックエクステンションW（6〜10回）
　　↓インターバル60秒
②バックエクステンションW（6〜10回）
　　↓インターバル60秒
②バックエクステンションW（6〜10回）
　　↓
③プッシュアップ（6〜10回）
　　↓インターバル60秒
③プッシュアップ（6〜10回）
　　↓インターバル60秒
③プッシュアップ（6〜10回）

人生を変える3分と
人生の鍵を握る筋肉

　ちなみに1セット6回だと、単純計算でたった3分だ（「10秒×6回＝60秒」を3種目で計180秒）。3セットだとしても、インターバルを含めてわずか15分。

　3分なんて、スマホを開けば一瞬で消える（15分だって一瞬だ）。命を浪費する3分にするか、人生を変える3分にするか——そう考えれば答えは明快だろう。

　前著『超ミニマル主義』で紹介した、25分の超集中と5分の非集中を繰り返す、集中力ハック「ポモドーロテクニック」の5分の脳の休憩時に行える気軽さだ。実際に筆者は、これを休憩時に実践するようになってから仕事の生産性が劇的に高まった。

400人以上の専門家、世界中の研究からの知見をまとめたベストセラー『シリコンバレー式超ライフハック』（ダイヤモンド社）によると「筋肉」が加齢の鍵を握るという。

　筋肉は、30歳から10年ごとに3〜5％も失われていくが、「低〜中強度の有酸素運動」に「筋トレ」を組み合わせることで、筋肉を増やすことができる。加齢を遅らせ、がんなどの致命的な病気の原因となる体の炎症を抑え、骨を強くするというのだ。

　さらに2020年、世界保健機関（WHO）が長年の研究成果をまとめた運動ガイドライン（※3）を全世界に向けて発表。

　そこでは、成人は**「週に2日以上、全ての主要筋群を使用する中強度以上の筋力向上活動（つまり筋トレ）を行うこと」**を推奨している。そう、超ミニマル・エクササイズこそが最適解なのだ。

　ここまでの全ての運動メソッドで紹介してきたデータから導き出した、理想の1週間スケジュールを最後にまとめておこう。

・毎日:20分以上の「ヨガ」と「超ミニマル・エクササイズ」1セット
・週3回:45分以上の「超スロージョグ」「早歩き」「超スロースイム」のいずれか（またはヨガ）
・週2回:「超ミニマル・エクササイズ」2〜3セット
・週1〜2回:1時間以上の「家事や育児」や「体を使った遊び」

　みなさんの健康向上、筋力増強、若返り、そして人生のパフォーマンスUPを願い、古代ローマの詩人ユウェナリスの有名な言葉を贈りたい。

　「健全なる精神は、健全なる身体に宿る」

※1　樺沢紫苑『ストレスフリー超大全』ダイヤモンド社（2020）
※2　アンデシュ・ハンセン『運動脳』サンマーク出版（2022）
※3　WHO「身体活動・座位活動ガイドライン」（2020）

09

肉体疲労が消える
〝デジタルデトックス術〟
（休日）

「デフォルトネットワーク」「感謝」
「幸福」というのは、
人間にとっては自然な状態

「週末は何をしていましたか？」

　こう聞かれて、明快かつ前向きに答えられるだろうか。

「特に何も。ゲームや動画視聴くらいかな」

「何をしていたかよく覚えていない」

　なんて場合は注意が必要だ。せっかくの休暇を「不明時間（※1）」にするなんてもったいない。じっくり体を休めていたわけでも、活動的になっていたわけでもない、文字通り「時間（命）の無駄遣い」をしていた可能性が高いからである。

常時接続したスクリーンデバイスの異常さ

　なぜなら今日（こんにち）においては、そういったケースのほとんどが、スマホを筆頭とするネット接続したスクリーンデバイスによって、脳がハッキングされているからだ。

　忘れがちだが、ケータイ電波をはじめとするインターネット網が地球を覆い尽くして「常時オンライン状態」になってから実はそんなに経っていない。長い人類史において、ネットの普及は「数秒前（※2）」の出来事なのだから。

　常時接続できることで、「それ以前はどう生きていたか」を思い

出せないほど利便性は高まったが、高速ネット網がもたらす「情報ノイズ爆撃」によって平穏な時間が奪われ、生活が侵食されるようになってしまった。

人体にとって異常事態であることを自覚しているだろうか。

ネットから離れて肉体疲労を軽くする

そんな情報ノイズ社会に生きる我々に必要なのが**「デジタルデトックス術」**だ。

この言葉が示す通り、**意図的にネットを遮断して過剰な情報ノイズをデトックス（解毒）する行為のこと**。

別名**「ドーパミン・ファスティング」**とも呼ばれる。これは、スクリーンと情報ノイズによって、過剰に分泌させられる興奮ホルモンをファスティング（断食）するという意味。

前著『超ミニマル主義』では、スマホによる脳ハッキングの恐ろしさを詳説した上で、それを回避しながら「スマホとネットをうまく活用する技法」を解説した。

ここから4つのメソッドを通して伝えていくのは、その応用編。**「スクリーンデバイスとネットから距離を置く方法」**であり、**「適切な脳の休ませ方」**だ——後述するが——その**目的は「肉体疲労の軽減」**にある。

筆者が暮らすニュージーランドの湖畔は基本ケータイ圏外なので、衛星アンテナ経由のルーターを切ればオフラインだ。

ネットを使う時間を午前中に限定しているから、毎日一定のデジタルデトックス時間を確保できていることになる。

さらに**定期的にオフライン期間を持つようにしている——短い時で丸1日、長い時で1週間ほど。**

そして小さな田舎街から20km離れた辺境なので、人の干渉や喧

騒でペースが乱されることはない。それだけに、「たった1日」の
デジタルデトックスによって、いかにネットによって自分のリズム
が狂わされていたかを痛感する。

脳の一部を酷使する実行ネットワーク

　冒頭で「週末」に関しての問いかけをしたが、念のために言って
おくと「溜まった疲れを取るべくゆっくり休んだ」と即答できたな
ら、それは「命の無駄遣い」にはならない。正当な時間の使い方で
あり、一つの効果的な休日の活用法だ。
　ただし、たとえベッドやソファーで横になってのんびり過ごした
としても、常時オンライン状態のスマホを使ったり、スクリーンデ
バイスを眼にしている限り脳は休めない。
　本人は、SNSやゲーム、動画や友人とのチャットで、ストレス発
散した気になっているかもしれない。だが、それは一時的な感覚。
その行為はただ脳を激しく疲れさせるだけ。

　では一体、なぜスマホなどのスクリーンデバイスは脳を疲れさせ
るのか。その答えは脳科学が明快に教えてくれる。
　何かに注意を向けたり、目の前のことに集中する時、脳全体では
**なく特定の領域のみが強くアクセルを踏む「実行ネットワーク」と
いう活動状態に入る**（※3）。まさに、何かを意識的に実行すべき時
や、仕事の場面で最も求められるモードである。
　誰もが体験しているからわかると思うが、このモードは脳への負
担が大きいため長くは続かない。
　ちなみに、「怒り」や「エゴ」に頭が支配されている時も似たよ
うな現象が起きる。一部の領域だけが活性化して、つながりに欠け
た状態となる。
　共に、脳を著しく疲弊させるという（※4）──不思議としか言い

ようのない共通点である。こういったことから、「実行ネットワーク」「怒り」「エゴ」というのは、人間にとって不自然な状態なのだろうと想像している。

調和的なデフォルトネットワーク

一方、**脳がアイドリング状態に入った状態のことを「デフォルトネットワーク」**と呼ぶ。デフォルトという名が示すように、意識していないと脳はこの状態に立ち戻るという。

「実行ネットワーク」で酷使した部位の回復モードであり、緊急時に再び「実行ネットワーク」へ移行してパフォーマンスを発揮すべく、脳が待機している状態だ（※3）。

この時、**脳の一部ではなく全体が活性化している**のだが、人生に感謝したり、深い幸福を感じている時も、同じように**脳全体がバランス良くつながっている**ことがわかっている（※4）。

筆者は、「**デフォルトネットワーク**」「**感謝**」「**幸福**」というのは、人間にとっては自然な状態で、「**潜在意識**」との関わりが深いのではないかと考えている。

体をも疲れさせるスマホの仕掛け

「ただ画面を見ているだけ」とはいえ、脳は広大なネット世界から送られてくる情報ノイズの嵐にさらされる。ドーパミン（興奮ホルモン）が過剰分泌して、交感神経優位（緊張モード）になり、意識が奪われてしまう。

たとえ寝転んでいても、リラックスしようとしても、脳内で「実行ネットワーク」が勝手に起動して脳は休めない。

「でも、体は休めたからいいのでは？」

そんな声が聞こえてきそうだが、間違っている。STEP5で解説するが——**「肉体疲労の大半は脳疲労が原因」**となっているため、残念ながら実質的には、体の疲労感の解消にもならない。

ベッドで長時間スマホを使った後に立ち上がろうとしたら、「頭と体が重い……」という経験は誰もがしたことがあるだろう。その原因はここにあったのだ。

視点を変えれば次のことがわかる。**「脳をしっかり休ませれば、肉体疲労を軽くできる」**ということに。むしろ、体を適度に動かした方が、体の慢性疲労を解消できることも忘れないでほしい。

改めて念を押しておきたい。休日の過ごし方として最悪なのが、目的なくスマホをいじったり、ゲームや動画サイトなどに意識を奪われる行為であると。

この絶対ルールに関して、もう一つ付け加えておきたい。

おわかりだろう——日々の過ごし方においても同じであると。

次のメソッドでは、家事や仕事に追われる平日においてのデジタルデトックス術について解説していく。

※1　本田直之『レバレッジ時間術』幻冬舎新書(2007)
※2　人類史250万年を単純化した時間軸。「昨日」まで狩猟採集生活を送り、「数時間前＝1万2000年前」の農耕革命をもって定住し、「数分前＝200年前」の産業革命から物質的な豊かさを獲得し、「数秒前＝10〜30年前」からネット＆スマホ社会となった
※3　フローレンス・ウィリアムズ『NATURE FIX 自然が最高の脳をつくる 最新科学でわかった創造性と幸福感の高め方』NHK出版(2017)
※4　岩崎一郎『科学的に幸せになれる脳磨き』サンマーク出版(2020)

肉体疲労が消える
〝デジタルデトックス術〟
（平日）

ここで注目すべき研究をご紹介したい。

脳全体がバランスよく稼働する「デフォルトネットワーク」で は、「**判断力**」「**記憶力**」**を担う領域が特に活性化していた**というのだ（※1）。さらに何と **「創造力」「洞察力」「共感力」までもが向上する**という（※2）。これらは、**人が生きる上で最も重要な5大能力**だと言っても言いすぎではないだろう。

クリエイティブになれる時間

例えば、会議室やデスクでは問題解決の答えは出ず、いいアイデアは浮かばなかったのに──トイレやお風呂、身動きできない満員電車や運転中に突然ひらめく。

この誰もが経験している不思議な現象は、脳科学が解明した「デフォルトネットワーク」によって説明できるのだ。

つまり **「創造性」を高めたければ、「頭が空っぽになる非生産的な時間」を持つべき**だということ。さらに、仕事で求められる「判断力・洞察力」、生活に必須の「記憶力」、人間関係で重要な「共感力」も同様ということになる。

つまり、スマホ依存症、ゲームや動画サイト中毒の方は、これら

5大能力を低下させてしまうことになるのである。

脳の可能性を最大化する方法

「人間は脳の2割しか使えていない」

　一度は聞いたことがあるだろう。今の脳科学では否定されているが、多くの人がこの言説を信じていた。

　何を隠そう、筆者も長年そう思い込んでいた一人。

　厳しい生存競争を勝ち抜くために進化してきた人体が「脳の2割しか使わない」なんて非合理なことはしない。当然、脳も体も余すことなく全て使い切っている。

　その事実を知ってから、こう思うようになった。

「せっかく授かった、地球上で（身体比）最大クラスの脳の可能性を100%引き出したい」

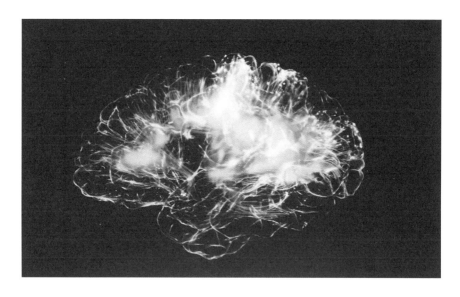

　それを実現するための第一歩が、脳全体がバランスよく稼働する「デフォルトネットワーク」の時間を、人生でできる限り多く持つ

ことなのではないだろうか。

そして、ここでも「メリハリ」が鍵だと考えている。

脳の一部を集中的に稼働させる「実行ネットワーク」と――脳全体が調和的に活性化する「デフォルトネットワーク」を――交互に繰り返すことで、脳のパフォーマンスを最大化できる。

これは個人的な考察だが、直感的な確信がある。

脳の使い方もメリハリ

週末と平日のメリハリだけでなく、忙しい日におけるONとOFFのメリハリも重要となる。休日を丸1日オフラインにするのが不安なら、まずは細切れでいいので1日に何度か意識的にネットを断ってみよう。トイレ、入浴、駅までの道のりなど探せばいくつもある。

本STEPのMethod 05と06の「スロートレーニングと〝動的メディテーション〟」を完全オフライン状態で過ごせば、理想的なデジタルデトックスとなる。

前著『超ミニマル主義』をお読みの方は、理想的な「デフォルトネットワーク」の時間を、1日に何度も確保できることをすでに知っている。

前著の〈スケジュールの軽量化〉で提案した、朝と夕方それぞれの**「身を整えるルーティン」**と**「セルフケアタイム」**、そして夜の**「キャンドルタイム」**だ。

「夜を軽くする」に書いた**「帰宅してから翌朝まで」の時間全てをオフラインにできれば、翌日は休暇明けのようなパフォーマンスを得ることができる。**

さらに、仕事中にもその時間はある。「最強の集中力ハックス」で紹介した**ポモドーロテクニックの「5分休憩」**やハーバード式の

「**15分休憩**」がそれにあたる。

　温かいお茶で一息ついたり、窓から景色を眺めたり。
　目を閉じて心地いい音楽を聴いたり。
　深呼吸して体を伸ばしたり。
　同僚と何気ない会話をして笑ったり（ちなみに、会議の前後に雑談をすることで、会議が効率化したり組織の結束が高まることがわかっている）。
　以上全て効果的だが、最も推奨したいデジタルデトックス術は、スマホを持たず手ぶらでただ散歩すること。
　体がなんとなく重かったり、心がザワザワする時、5分でもいいのでスマホも何も持たず手ぶらで散歩してみよう。それだけで驚くほどスッキリする。

　ちなみに「**歩行瞑想**」は**最も古い瞑想の一つとされ、体とメンタル両方の健康に効く**。だからぜひ習慣化してほしい。
「一歩を踏み出すなり、私の中には海のような思索があふれ出す
――As soon as I had stepped from the platform, an ocean of thought began to heave and surge up within me」
　19世紀最高の思想家で、名著『ウォールデン　森の生活』の著者ヘンリー・デイビッド・ソローもこんな格言を残しているくらいだ。

　仕事中に可能な限り数多くのオフライン時間をつくりだすべく努めてほしい。それから得られるギフトは、気分転換やリラックスだけじゃないことはもう説明不要だろう。
　そして忘れないでほしい。それらの効能以上に重要なのは、肉体疲労が軽減することである。
　細切れでもいいので――1日の中に何度もオフライン時間を確保

できれば、「倒れるように帰宅する」なんてことはなくなると約束
しよう。

そして、**「平日に溜まった疲れは週末に解消」ではなく、「その日
の疲れはその日のうちに」が可能**となる。

すると──平日や週末に関係なく──常に体は軽く、クリアな頭
を維持できる。すると自然に、暮らしの質も、仕事の生産性も高
まっていく。

その爽快感と充実感が、人生の幸福度を押し上げるのだ。

余談だが、1日の中で「オフライン時間」が強制的に設定された
職場がそろそろ登場すると思っている。いやすでに世界のどこかで
実践し、組織全体のパフォーマンスUPを実現している経営者がい
るかもしれない。

※1 Raichle, MacLeod, Snyder, Powers, Gusnard, & Shulman「A default mode of
　　brain function」(2001)
※2 フローレンス・ウィリアムズ『NATURE FIX 自然が最高の脳をつくる 最新科学でわかった創
　　造性と幸福感の高め方』NHK出版 (2017)

〝ノイズレスな場所〟が
体にもたらす驚くべき効能

「仕事で成果を出せたことより、しっかり休んでいたことの方が誇りに思える」

どんなに忙しくても必ず余暇を確保してきた筆者が、冗談まじりに言ってきた言葉だ。

前著『超ミニマル主義』では、「毎月の3連休」と「季節ごとの4連休」の取り方から、「9連休以上の長期休暇」を獲得する技術を徹底的に伝授した。

会社員時代は、その技術によって得たオフライン時間を——ノイジーな人間社会から逃れて心と体を軽くすべく——釣り・キャンプ・登山といった大自然への逃避行に費やした。

消えゆくオフライン空間

幸運にも、日本に住んでいた頃に通っていた、湖や山やキャンプ場のほとんどがケータイ圏外だったので、そこに行けば自動的にデジタルデトックスができた（15年以上前のことだが）。

だが今では、人里離れた温泉宿はもちろん、キャンプ場でも高速Wi-Fiが飛び交うようになり、ケータイ電波が海・山・湖の大半を網羅してしまった。

象徴的なのは、北アルプスのどの登山口からも歩いて2日以上かかる日本最後の秘境・雲ノ平でも、あるポイントで電波が入るようになったという。安全面においてはいいことだが、大好きなオフラインスポットだっただけに複雑な気持ちだ。

　もはや日本では、デジタルノイズから逃げるのは不可能なのだろうか。もちろん方法はある。

　全デバイスをOFFにしてしまえばいいのだ。

　狩猟時代から変わらぬ脳と体を持つ現代人は、常時オンラインという異常事態に全く適応できない。**デジタルデトックス習慣を身に付けることは、「ドーパミン過剰×情報ノイズ爆撃」時代における生存戦略**といってもいいだろう。

ノイズレスな自然空間に身を置く戦略

　ただし、言うのは簡単だが実践は難しい。

　今や誰もが「ドーパミン依存症」「デジタル情報中毒（※1）」となっていて、それを断つ行為は、脳の要求に抗う行為となるため、かなり強い意志が必要となるからである。

　そんなあなたに本書が提案したいのは、**「デジタルデトックスできる自然豊かな場所」を見つけだすこと**。半ば強制的に、そこに滞在したり、そこで体を動かすのだ。

　ネット網に全包囲されつつある日本だが、辺境の山間や森林エリアには電波が届かない場所がまだ残されている（海辺は電波が届きやすく、車で行ける場所は壊滅状態）。

　最近では、デジタルデトックスを売りにするキャンプ場や、ドーパミン・ファスティングを掲げる緑豊かなリトリート（心身を癒やすための宿泊施設）もできているので探してみよう。

　人間関係が苦しい時、仕事がうまくいかない時、一つのことに集中できない時——何をやっても改善しないのに——オフライン状態で自然の中にしばらく身を置くだけで、あっさりと気持ちが落ち着いていく。

　実は、この現象の理由は科学で明らかになっている。

　自然の中にいるだけで、脳の「デフォルトネットワーク」が勝手に優位になるというのだ。

　さらに次のような驚くべき効果を得られるという（※1）。

・心拍数が安定する
・脳波がアルファ波になる（リラックス状態）
・ビタミンDの体内生成量が増加する
・免疫力が高まる
・睡眠の質が改善する
・感情をコントロールしやすくなる
・幸福感が向上する

我々は、長い人類史において「昨日」まで、自然と共に生きていた。そんな人間にとって、**「文明社会や都会のリズム」**より**「自然のリズム」**、**「デジタルノイズ」**より**「ノイズレスな大自然」**の方が**心地いい**のだろう。

考えれば当たり前のことである。

一昔前は、ケータイ圏内がよいとされていたが、これからは「圏外こそが豊か」という価値観が主流になっていくだろう。なぜなら、地球上からそういった場所が恐ろしいスピードで消滅しているからである。

自宅から通えて、定期的に滞在できる自然豊かな「オフラインプレイス」を探してみよう。もし、おすすめの場所があるならば、「＃私のオフラインプレイス」を付けてSNSでシェアしてほしい。

日本にもまだ、そういった宝のような場所が埋もれているはず。だから一緒に見つけだそう。

※1　フローレンス・ウィリアムズ『NATURE FIX 自然が最高の脳をつくる 最新科学でわかった創造性と幸福感の高め方』NHK出版（2017）

〝15分〜3日間の自然体験〟
という健康戦略

1ヶ月に最低5時間、
（都会の大きな公園などの）自然に
身を置くことで大きな効果を得られる

「歩くことは人間にとって最良の薬」

これは古代ギリシャの医学の父、ヒポクラテスの名言。

そして、現代の研究者が教えてくれるのは次の言葉だ。

「自然こそが人間にとって最良の薬」

近年、運動と自然が人体に与える影響の研究が急速に進んでおり、どれくらい自然の中にいるべきか、自然の中でどう体を動かせ

ばいいかを明快に提示してくれている。

自然の中にいるだけ、歩くだけでいい

まず、緑豊かな場所に「15〜20分」いるだけで次の効能を得られるという。

①ストレス値が低下する
②気分がポジティブになる

ヒポクラテスの教えに習い、森や林を「15分」ほど散策すると、こうだ。

③血圧が高い人は下がり、低い人は上がる

そして、その散歩を「45〜50分」できれば、こんなギフトを得られることがわかっている。

④認知機能が改善する
⑤思考力が向上する

わずか15分から1時間弱でこの効果は驚きとしか言いようがない（以上全て※1）。

理想的な自然体験ルーティン

そして、フィンランド政府がサポートする研究では、こういう結果が出ている（※1）。

「1ヶ月に5時間、自然の中で過ごすと最大の効果を得られる」

なお、都会の大きな公園でも大丈夫だというから、近くに木々が多く繁る公園を見つけよう。

　このノルマを実現すべく、**木が多い公園での「15分の散歩」を、平日の毎日の習慣にすることで月5時間となる**。これだけで先の①②③を得ることができる。

　仕事や子育てが忙しく、平日は2回くらいしか「15分の散歩」を確保できない場合は、追加で**週末に公園で45分ほどウォーキング**すればいい。そうすれば①②③に加え④⑤も手にできる。

　さらに、その**研究チームは「月10時間」を推奨している**。これを達成したければ、**月に一度だけ木々に囲まれたキャンプ場で1泊すれば簡単にクリア**だ。

自然体験がもたらす驚異的な効能

　さらに、2つの驚くべき実験結果がある。

　一つは、**自然深い場所で「3日間」過ごすことで創造性が50%も**

向上したというもの（※2）。

　もう一つは、**2〜4時間の森のハイキングを3日続けるだけで、がんやウイルスから人体を守るナチュラルキラー細胞が40%も増大した**というもの。この40%増はその後7日間も維持され、1ヶ月後も15%増を維持したという（※1）。

　上に列挙した実験の被験者が「オフライン状態」だったことは言うまでもない。

　そして、全ての研究結果に共通しているのは、自然の中にいるだけでさまざまな効果があるが、そこで**体を動かすことで、さらなる効果を得られる**ということだ。

【本書推奨の自然体験プランまとめ】

月5時間
○平日に毎日、木々が多い公園で「15分の散歩」
or
○平日2回木々が多い公園で「15分の散歩」＋「毎週末に45分の散歩」

月10時間
○平日に毎日、木々が多い公園で「15分の散歩」＋「土曜日と日曜日に45分の散歩」
or
○月に一度だけ山や森で「1泊2日のキャンプ／トレッキング」

自然深い場所で3日間過ごす
○3連休を確保して自然の中にある「リトリート施設／キャンプ場」に滞在

2〜4時間の森のハイキングを3日続ける
○2泊3日のトレッキング

　たったこれだけの時間を、自然の中でデジタルデトックスするだけで心身は劇的に健康になる。

　さらに歩くなどして体を動かせるならば、これまで述べてきた以下全てのギフトを得られるのである。

・脳のデフォルトネットワークが優位になる
・心拍数が安定する
・脳波がアルファ波になる
・ビタミンDの体内生成量が増加する
・免疫力が高まる
・睡眠の質が改善する
・感情をコントロールしやすくなる
・幸福感が向上する
・ストレス値が低下する
・気分が前向きになる
・認知機能と思考力が改善する
・創造性が向上する
・ナチュラルキラー細胞が増大する

　さらに、Method 05 と Method 06「スロートレーニングと〝動的メディテーション〟」でまとめた、理想の運動習慣「毎日：20分以上のヨガ」＋「週3回：45分以上の超スロージョグか早歩き（またはヨガ）」を意識すれば、絶大なる効果を得られることだろう。

　なお、「2泊3日のトレッキング」の提案だけハードルが高いかもしれないが、拙著『バックパッキング登山大全』では、誰でも2泊3日の山旅ができるようナビゲートしているので、よかったら手に取ってみていただきたい。

　さらに喜ぶべきことに、日常生活に戻った後の「ネット接続時間が減った」という研究報告があることもお伝えしておこう。

　総合的な見解として──**「自然の中で過ごす時間が長ければ長いほど、ウェルビーイングが改善する」**（※1）というから、自然の力に頼らずに生きるなんてもはや考えられないだろう。

スマホではなく自然に依存しよう

　ご存じだろうか。日本人が太古から「森林浴セラピー」を実践していたことを。「SHINRINYOKU(森林浴)」という言葉が、欧米でも使われるようになったのは、このジャンルの研究を日本がリードしてきたからである。

　さあ今日から、我らが先人に倣い、日々の生活の中に「自然とのつながり」を取り戻すべく意識改革してみよう。

　自然豊かなキャンプ場や広い公園を探すのも大事だが──どこかに行かずとも、いつでもどこでもつながれる「3つの大自然」が、常に身近にあると気付かれただろうか。

高層ビル街だとしても**見上げれば「大空」があり**、分厚いアスファルトの下にも**「大地」がある**。そして、**毎日体に入れている「食べもの」**も大自然からの恵みだ。

つまり、呼吸し、歩き、食べることに感謝し、意識するだけで誰もが大自然とつながれるということ。

小さいからといって、スマホをあなどってはいけない。

その中には世界最高峰の頭脳によって計算し尽くされた、恐ろしいほどの仕掛けが施されているからだ。

「自然の中で過ごすオフライン時間」こそが心身を健康にし、人生を豊かにする。この「非生産的で非効率な時間」をどれだけ多く持つかで、あなたの生き方が決まる。

でも難しい話じゃない。これこそが人間本来の生き方だ。

「休みの日は何をしていますか？」への問いに対し、**「自然の中へ出かけています」**と即答できるようになった時、あなたの人生は絶対に大丈夫。そう断言できる。

※1　フローレンス・ウィリアムズ『NATURE FIX 自然が最高の脳をつくる 最新科学でわかった創造性と幸福感の高め方』NHK出版（2017）

※2　Ruth Ann Atchley, David L.Strayer, Paul Atchley「Creativity in the Wild: Improving Creative Reasoning through Immersion in Natural Settings」PLOS ONE（2012）

STEP **4**

食事の軽量化

Method 01　パフォーマンス向上のための〝食事学の基礎〟
Method 02　パフォーマンス向上のために〝避ける〟
Method 03　パフォーマンス向上のために〝最小限にする〟
Method 04　実利のための〝ミニマルな仕組み〟構築術
Method 05　最大のリターンをもたらす〝食事への投資〟
Method 06　〝安価で安全〟最軽量の飲料水ソリューション
Method 07　〝1日30品目〟不要論とミニマル食材のすすめ
Method 08　世界一〝ミニマルで合理的な〟料理法（食材）
Method 09　世界一〝ミニマルで合理的な〟料理法（調味料）
Method 10　サプリメントを不要にする〝脳〟のための腸活術
Method 11　ファスティングは究極の〝食事戦術〟

パフォーマンス向上の ための〝食事学の基礎〟

「あなたは食べたものでできている」

これは、「You are what you eat」という有名な英語のことわざである。今日、何を飲み食いするかで、あなたの「オーガニックデバイス」のパフォーマンスが決まり、人生が決まるということ。

とはいえ現代は、飲食物に多種多様な「化学物質」が使われている上に、複合的な「環境汚染物質」が混入する。これらの物質を避けることは、もはや不可能に思えるかもしれない。

だが対策はある。その方法論は次のようにシンプルだ。

【飲食学の基本3ルール】
①セレクト:摂取するものは選び抜く
②ブロック:安易に体に入れない
③デトックス:悪いものはすぐ排出する

「③デトックス」に関しては、前STEPのトレーニングやエクササイズのメソッド群を通して伝授済み。「②ブロック」に関しては、この次のメソッドで詳説する。

当メソッドでは「①セレクト」に特化して解説していく。

日常的に摂るものはなるべく「無添加やオーガニック（有機栽培）」

を選ぼう。

　いきなりハードルが高いと感じたかもしれないが、後述する「ミニマルな仕組み」さえ構築できればとても簡単なので、安心して読み進めてほしい。

無添加やオーガニックで避けられる物質

○化学合成された農薬・肥料・添加物
○遺伝子組み換え(GM)作物
○重金属
○家畜と養殖魚用の薬品(抗生物質やホルモン剤)

　人体は、化学物質と重金属を分解できないため体の外に出そうとする。摂取量が多いと全てを排出し切れず、運動不足や体調不良によって代謝機能が下がることで、より蓄積してしまう。

　そうやって体内に残留した有害物質は、さまざまな健康被害をもたらすことが報告されている。

　日本が、世界で最も「遺伝子組み換え（以下GM）作物」の認可数が多い国で、その全てが輸入作物（※1）ということはご存じだろうか。

　しかも、そのほとんどが「表示義務のない加工品」「家畜の飼料」として使われているから、我々が知る手立てはない。日本の食料自給率が低いことを考えると憂慮すべき事態である。

　そして、ほぼ全ての「家畜飼料」に、GM作物が使われているという。GM作物が使われている「表示義務のない加工品」の一部をリストアップしてみよう。

　○食用油　○ケチャップ　○醬油　○マヨネーズ
　○アイスクリーム　○清涼飲料水　○スイーツ

　これらは、一般的なスーパーやコンビニなどに流通するものの大半が該当すると思ってもらっていい。我々は知らないうちに、リスクのある飲食物を日常的に摂取しているのだ。

　では、GM作物とはどういうものなのか。

　今や多様なものが存在するが、その代表例は「除草剤に耐性」がある遺伝子と、「害虫に毒性がある」遺伝子が組み込まれた作物である。

「除草剤で枯れず、虫を寄せ付けない作物」を誰も食べたいと思わないだろう。

　2023年4月から、豆腐・納豆・味噌・スナック菓子などの主要な加工食品と、大豆やジャガイモなどの農作物で表記ルールが複雑化したが、次だけ知っておけば大丈夫だ（※2）。

【GM不使用の表記】
・GM使用率0%:「遺伝子組み換えでない」という表記
・GM混入の可能性5%以下:「遺伝子組換え分別」「遺伝子組換え混入防止管理」などの〝GM混入を避ける姿勢〟を伝える表記

薬物が濫用される食の裏側

GM問題はセンセーショナルなので報道されやすい。だが、見逃されがちなのが「工業型の畜産・水産業」で大量使用されている薬物だ。

世界に存在する抗生物質の50〜80%が「畜産」に活用され（※3）、さらに「魚の養殖」でも使われているという。

そして残念ながら、日本の畜産業と養殖業のほとんどが工業型だ。本来は「病気の予防と治療」のための抗生物質が「ホルモン剤」と一緒に成長促進剤としても投与されるようになり（※3）、使用量が右肩上がりで増えているという。

オーガニック食材は、「合成農薬」「化学肥料」に加えて、これら「抗生物質」「ホルモン剤」「GM技術」も禁止されているから安心なのだ。

さらにオーガニック農法は、合成農薬と化学肥料を使う「工業型農業（慣行農法）」に比べて、カドミウムのような有害な「重金属」の摂取リスクが低いこともわかっている（※4）。

ケミカル大国ニッポン

そして、日本が世界有数の「（合成）農薬大国」であることはご存じだろうか。2014年までは単位面積あたりの使用量はワースト3の常連だった（※5）。

直近の2019年の調査でも7位（※6）と上位にいて、農薬使用量

そのものは、中国の「1haあたりの使用量は13kg」に対し、日本は「11.4kg」と若干少ない程度。

　主要国と比較すると、インドの30倍、スウェーデンの20倍、デンマークの10倍も使っており、米国の5倍、スペインやブラジルの3倍だ（※7）。

　そして、日本のオーガニック認証を取得した農地の割合はわずか0.2％と――イタリアやスペインの足元にも及ばず、中国の0.4％よりも低い（※8）。

　ちなみに、「化学肥料」と「合成添加物」に関しても、使用量が際立って多いグループに属するので、残念ながら日本は「ケミカル大国」と言わざるをえない。

　だが希望もある――工業型農業を推進してきた農林水産省が方針を変え、2050年までにオーガニック農業を農地全体の25％まで引き上げると発表した（※9）。

ニュージーランドでの自給自足ライフを支える自宅庭のオーガニック菜園

昔は全てが自然でオーガニックで無添加だった

歴史を見ると、「（化学合成された）農薬と肥料」「抗生物質」が使われるようになったのは1930〜50年頃からで、「（合成）添加物」の歴史はもう少し古くて1850年頃。日本で見ると、これらが一般に普及したのは戦後だから70年ほどしか経ってない。

つまり、約1万年前の農業革命が起きてから99.3％の期間ずっと、日本の全農地がオーガニック栽培か自然農法で、全食物が無添加だったということ。

人類史で見るならば、わずか「数分前」から化学物質を摂り始めたばかりで、人体にとって「無農薬・無化学肥料・無添加」は、当たり前のことなのである。

「オーガニックなんて特別なのじゃなく普通でいいよ」

時々そんな声を耳にするが、本来は「オーガニックこそが普通である」と強調しておきたい。

とはいえ、合成農薬と化学肥料を使う「工業型農業」は、大量生産を容易にし、飢餓対策の一役を担ってきた側面もある。だから、これらの発明は決して悪ではない。

だが、合成農薬と化学肥料の過剰使用は、環境と土壌を汚染するだけではなく、生産者の健康被害まで引き起こす（※10, 11, 12, 13）。自然の摂理に反する工業型農業がもたらす代償は、非常に大きいと知っておいてほしい。

簡単な安全食品の見分け方

お店で選ぶ際は、**日本の「有機JAS認証」か海外の「オーガニック認証」がついた食材や飲食物、もしくは「自然栽培」の作物を選**

ぶこと。

これで、前述したさまざまな危険物質を避けることができる。

日本ではこれまで、これらの認証マークの商品を販売するのは一部の専門店だけだった。今や流れが大きく変わり、「AEON」や「成城石井」を筆頭に、大手スーパーが積極的に販売するようになってきた。フランスの有名オーガニックコンビニ「ビオセボン」も関東を中心にチェーン展開している。

農林水産省が2020年に発表したレポート「有機農業をめぐる事情」によると、実際に過去10年で日本のオーガニック市場は1.4倍、世界では約2倍の伸びを見せている（※9）。

この潮流は本物で、間違いなく今後も続くだろう。日本が、欧米の水準に追いつく日も近いと確信している。

お店ですぐ見つけられるよう、日本で流通している公的基準を表すマークと、民間基準のマークの有名どころを並べておくので、スマホで撮影しておいてお店で活用していただきたい。

【公的基準マーク】

日本

EU

アメリカ

【民間基準マーク】

グローバル

フランス

イギリス

ドイツ

スイス

カナダ

オーストラリア

ニュージーランド

※1 ISAAA「年度遺伝子組換え/ GM 作物商業栽培の世界状況」(2017)

※2 NHK「遺伝子組み換え食品の表示 4月の改正で何が変わった?」(2023年4月19日)

※3 Cully, M., 「PUBLIC HEALTH The politics of antibiotics」Nature, 509(7498): p. S16-S17.(2014)

※4 Barański M, Srednicka-Tober D, Volakakis N, Seal C, Sanderson R, Stewart GB, Benbrook C, Biavati B, Markellou E, Giotis C, Gromadzka-Ostrowska J, Rembiałkowska E, Skwarło-Sońta K, Tahvonen R, Janovská D, Niggli U, Nicot P, Leifert C. Higher antioxidant and lower cadmium concentrations and lower incidence of pesticide residues in organically grown crops: a systematic literature review and meta-analyses. British Journal of Nutrition, 112(05): p. 794-811. (2014)

※5 Industry reports, Analysis by TATA Strategic(2014)

※6 FAO「Pesticides use, pesticides trade and pesticides indicators 1990-2019」(2019)

※7 竹下正哲『日本を救う未来の農業—イスラエルに学ぶICT農法 』ちくま新書(2019)

※8 農林水産省「平成24年度 食料・農業・農村白書:単位面積当たりの化学肥料・農薬使用量の国際比較」(2012)

※9 農林水産省「有機農業をめぐる事情」(2022)

※10 Ruijten, Marc W. M. M.; Sallé, H. J. A.; Verberk, M. M.; Smink, M. Effect of Chronic Mixed Pesticide Exposure on Peripheral and Autonomic Nerve Function. Archives of Environmental Health: An International Journal, 49(3), 188-195. (1994)

※11 Sharma, A.,Mahajan, V., S. Mehta, K., S. Chauhan, P., Sharma, V., Sharma, A., Wadhwa, D., Chauhan, S. Pesticide contact dermatitis in agricultural workers of Himachal Pradesh (India). Contact Dermatitis. (2018)

※12 Whorton D, Krauss RM, Marshall S, Milby TH. Infertility in male pesticide workers. Lancet. Dec 17;2(8051):1259-61.(1977)

※13 Hameed DA, Yassa HA, Agban MN, Hanna RT, Elderwy AM, Zwaita MA. Genetic aberrations of the K-ras proto-oncogene in bladder cancer in relation to pesticide exposure. Environ Sci Pollut Res Int. Aug;25(22):21535-21542. (2018)

パフォーマンス向上
のために〝避ける〟

　母親の方針で幼少期から——高糖質で合成添加物まみれの「炭酸飲料」や「清涼飲料水」などをほとんど飲まず、「栄養ドリンク」の類（たぐい）は匂いだけで気分が悪くなる。

　タバコは吸ったことがなく、40代までお酒がダメ。つまり、いわゆる「（健康リスクのある）嗜好品（しこうひん）」をほとんど摂ってこなかった——これが「健康オタク」と呼ばれた所以（ゆえん）だ。

　50代となった現在、摂取している嗜好品は、朝のコーヒー2～3杯と、会食で飲む少量のワインのみ。これらは「少量でも体に悪い vs 少量ならば体にいい」といまだ科学的な決着が着いていないが、飲みすぎが健康を著しく害することは言うまでもない。

全ては裏に書いてある

　ここから2つのメソッドで解説する「有害物質」と「健康リスクのある食材」の約7割を40年近く避け続け、約9割を摂取しないようになって15年近く経つ。

　そのおかげで、我が「オーガニックデバイス」は引き続きいいパフォーマンスを発揮してくれている。直近の人間ドックでの精密検査でも「全項目、一切の問題なし」という結果が出た。

もちろん科学的根拠も列挙していくが、当ステップは自身の体験から得られた知見もシェアしたい。

　そんな筆者にはある習慣がある。**食材のパッケージ裏の「原材料表示」をチェックすること**である。
　これぞ誰にでもすぐに実践できて、大きなリターンをもたらす──前メソッドで紹介した「飲食学の基本3ルール」の──**②安易に体に入れないブロック術**である。

　原材料表記は使用量が多いもの順に並んでいる。そして、「／（スラッシュ）」の後に書かれているものが添加物だ。「／」がなく、それ以降に記載がなければ無添加ということになる。
　表側に「無添加」「〇不使用」などの表記があっても、裏側に合成添加物が列挙されていることが多々あるので注意。さらに2024年4月から、横行する「無添加」「不使用」などの不正表記を正すために表現が規制されることになった──とにかく裏を見るしかないのだ。
　添加物は種類が多すぎて、全ては記憶できない。避けるべき添加物が見やすくまとめられている、『生活クラブ』の「要注意食品添加物リスト12」をお借りできたので添付しておく。スマホで撮影しておき、いつでも見られるようにしておこう。

気になる食品をチェック！ 要注意食品添加物リスト 12

安全性確認が不十分なもの、表示からわかることが少ないもの。中村幹雄博士の指摘する12の「要注意食品添加物」をリストにしました。冷蔵庫などに貼って、気になる食品の原材料をチェックしましょう。
※生活クラブの消費材で使っているものについては、使用目的を限定し、すべて公開しています。

亜硝酸ナトリウム（亜硝酸Na）

使用目的	発色剤
問題点	肉や魚のアミンと反応して発がん物質に変化。
使用例	ウインナー、ハム、たらこ、明太子など
生活クラブでは	禁止

甘味料 アスパルテーム

使用目的	ダイエット甘味料
問題点	動物実験で白血病、リンパ腫など安全性に疑問あり。
使用例	低カロリー飲料、ゼリー、チューインガム、チョコレートなど
生活クラブでは	禁止

安息香酸ナトリウム（安息香酸Na）

使用目的	防腐剤、防カビ剤
問題点	ビタミンCと反応して発がん物質ベンゼンを生成。
使用例	栄養ドリンク、炭酸飲料
生活クラブでは	禁止

カラメル色素

使用目的	着色料
問題点	カラメルIからカラメルIVまで4種類あり、製造方法により危険性が異なるが表示では区別がつかない。
使用例	ソース、菓子、飲料
生活クラブでは	発がん性が疑われるカラメルII〜IVは禁止。Iのみ許容。

加工デンプン

使用目的	増粘剤、安定剤、乳化剤
問題点	11種類中2種類*がEUでは乳幼児向け食品に使用を禁止。安全性情報の不足が理由。
使用例	スナック菓子、ドレッシング、生菓子など
生活クラブでは	許容。ただし問題の2種類は乳幼児向け食品（粉ミルク・離乳食・ベビーフード）への使用を禁止。

グリシン

使用目的	日持ち向上剤
問題点	食塩の過剰摂取につながる。
使用例	弁当、サンドイッチ、おにぎりなど
生活クラブでは	禁止

酵素

使用目的	触媒
問題点	酵素の一部に発がん物質の過酸化水素を発生させるものあり。
使用例	和菓子など
生活クラブでは	4種類のみ許容。安全性が確認できない66種類の酵素は禁止。

コチニール色素

使用目的	着色料（赤）
問題点	原料のエンジ虫由来のたんぱく質がアレルギー症状の原因に。
使用例	漬物類、蒲鉾類、赤く着色されたお菓子など
生活クラブでは	禁止

タール系色素（赤色104、黄色4など）

使用目的	着色料
問題点	EUでは6種のタール系色素を大手メーカーが自社製品から除去（英国食品基準庁が子どもの注意欠陥・多動性障害との関連が疑われるとメーカーに自主規制を勧告）。
使用例	漬物類、蒲鉾類、着色されたお菓子など
生活クラブでは	禁止

ナイシン

使用目的	保存料
問題点	安全性データが少ない。海外で定められている許容量に比べ、日本での摂取量ははるかに多い。
使用例	チーズ、ソース、ドレッシングなど
生活クラブでは	禁止

防かび剤（OPP、TBZ、イマザリルなど）

使用目的	防かび剤
問題点	いずれも農薬。OPPは発がん性、TBZは催奇形性、イマザリルは繁殖と行動発達に異常が見られたとの報告あり。
使用例	輸入かんきつ類
生活クラブでは	禁止

リン酸塩、重合リン酸塩（リン酸Na、ポリリン酸Na、メタリン酸Naなど）

使用目的	結着剤、乳化剤、食感向上
問題点	腎臓機能低下の誘発、腎石灰症の発症率が高まるなどの報告がある。
使用例	練り製品、加工肉類、生菓子類など
生活クラブでは	練り製品や加工肉類には禁止。一部の消費材では製造上不可欠なため、用途を限定して許容。

★ヒドロキシプロピル化リン酸架橋デンプン　ヒドロキシプロピルデンプン
※「生活クラブ連合会」HPより引用（2013年制作）

さらに、知っておくと便利な「おおざっぱに見分けるコツ」なるものを伝授しておきたい。

危険な添加物の名前の多くが「①刺激が強そうな漢字」「②意味不明のカタカナ」「③謎の数字やアルファベット」で構成されているのだ。

例えば——左のリストにないものだと——①でいうと「亜硫酸塩」「臭素酸カリウム」「ソルビン酸」など、②だと「スクラロース」「アセスルファムＫ」「サッカリン」など、③は「DP」「pH調整剤」「青色1号」といったものだ。

なお、多くの加工食品に使われており、一見安全そうな響きの「調味料（アミノ酸）」というのは、工業的に抽出された「人工のうまみ成分」のこと。「健康によくない・味覚を狂わせる」というレポート、無害で安全だという食品メーカーからの声明もあり、論争が続いている（ちなみに、筆者は避けている）。

「全ての添加物は国が認めているのだから大丈夫」という考え方もあるかもしれない。だが「国の基準」なるものを盲信していいのだろうか。筆者は、国が定める全ての基準は、あくまで「現時点での国の見解」にすぎないと見ている。

まだわかっていないこと

おそらく、添加物や農薬などの自然界に存在しない化学物質を短期的に微量を摂る分には「体に備わった排出機能」によってデトックスできるだろう。ただ、これらの化学物質を「長期的に複合摂取」することによる、体へのダメージはまだ未解明だ。

ケミカル大国・日本で選ばず無自覚に飲食していると、「長期的な複合摂取」になるリスクが高いことは理解できるだろう。

そして現代史を見れば、国が「安全」として認可していたのに

名　　　称	ふくじん漬け
原材料名	だいこん（中国、国産）、きゅうり（中国、ラオス）、なす、れんこん、しそ、しょうが、なたまめ、ごま、漬け原材料〔砂糖類（水あめ、砂糖、ぶどう糖果糖液糖）、しょうゆ、アミノ酸液、食塩、本みりん、醸造酢、たんぱく加水分解物、香辛料〕／調味料（アミノ酸）、酸味料、増粘剤（キサンタン）、甘味料（アセスルファムK、スクラロース）、着色料（黄4、黄5、赤106）、香料、（一部に小麦・ごま・大豆を含む）

一般的な「ふくじん漬け」の裏表示

名　　　称	ふくじん漬け
原材料名	だいこん（国産）、なす（国産）、しょうが（国産）、きゅうり（国産）、れんこん（国産）、しそ（国産）、なたまめ（国産）、ごま（国産）、漬け原材料〔砂糖、しょうゆ、醸造酢、塩こうじ、食塩〕、（一部に小麦・ごま・大豆を含む）

無添加の「ふくじん漬け」の裏表示

「薬害」「公害」「原発事故」「食品被害」といった、数々の人災が繰り返されている。

　こういった惨劇はどれも、人命よりも経済効率や大国との関係性を優先しすぎたために起きている。「合成農薬・化学肥料・合成添加物」を大量に使う理由もきっと同じだろう。

　最後に驚きの報告があることを伝えておきたい。

　農薬メーカーが資金提供した研究が、残留農薬の公的基準に反映されていたというのだ（※1）。これは一例にすぎず、こういった信じ難い不正は多く告発されている。

　科学は文明の土台とも言えるとても有用な指標だが、大企業や国家の都合で悪用されるケースが後を絶たない。

「科学は便利なツール。しかし絶対ではない」

　この原理原則を忘れずにいたいと思う。

※1 Tweedale, T., Lysimachou, A,. and Muilerman, H. Missed & Dismissed - Pesticide regulators ignore the legal obligation to use independent science for deriving safe exposure levels. PAN Europe: Brussels, Belgium(2014)

パフォーマンス向上の ために〝最小限にする〞

「オーガニックデバイス」に
損害を与える可能性のある
「最小限にすべき6大食材」

　当STEPのMethod 01で紹介した「飲食学の基本3ルール」の②**安易に体に入れないブロック術**を引き続き伝えていこう。

　ここでは、あなたの**「オーガニックデバイス」に損害を与える可能性のある「最小限にすべき6大食材」**を解説する。

リスク食材の摂りすぎに注意

【健康リスクの高い6大食材】
①赤肉（牛・豚・羊など、鳥類以外の肉）
②乳製品（牛乳・バター・チーズ）
③小麦粉
④砂糖
⑤化学処理された油（トランス脂肪酸など）
⑥塩分過多な食品

　これらを摂りすぎると「体調不良」「生活習慣病」「致命的な慢性疾患」のリスクが高まるというリサーチが多数報告されている。

　次はその一部にすぎない。

【6大食材が原因になりうる主な疾病】
①赤肉:大腸がん(※1)
②乳製品:虚血性心疾患(※2)
③小麦粉:アレルギー(※3)
④砂糖:糖尿病(※4)
⑤化学処理された油:心臓疾患(※5)
⑥塩分過多な食品:血管の老化(※6)

　こういった疾病が社会問題化して、莫大な医療費が投入されている欧米では、①～⑥を避ける動きが盛んになっている。その結果この10年で、筆者が暮らすニュージーランドでもスーパーや飲食店でこれらが含まれない食品を選べるようになった。

　しかし日本での認知度は低く、完全に避けるのはまだ難しい。まずは①～⑥のうち3つを「食べすぎない」ように意識してみよう。それだけで明らかな体調変化を感じるはず。

リスク食材が危険な理由

　実は、これらに共通している点がある。「日本人が歴史的にほとんど食べてこなかったもの」である。

　これらは明治維新をきっかけに日本に入り始め、戦後にアメリカに食スタイルを押し付けられて大量流通するように。つまり、縄文時代から続く長い日本史においてはごく最近のこと。

　当然、人体の進化はこの急激な変化に追いつかない。これらの食材は日本人の体に合わないため、消化器官をはじめとする内臓に負担をかける。

　これらの「最小限にすべき食材」の、もう一つの共通点が「低コストで大量生産すべく、次のような不自然な方法で過度に手が加えられたもの」であること。

・劣悪な環境で育てられている
・抗生物質・ホルモン剤・農薬の過剰使用
・遺伝子組み換え(GM)リスクが高い
・行きすぎた品種改良がされている
・栄養価がなくなるほど精製されている

　これらの食材には「中毒性・依存性」リスクがある点にも注意しよう。例えば「砂糖の大量摂取は、薬物乱用と非常に似た作用を脳に与える可能性」を示唆する研究もある（※7）。

　依存症になってしまうと「食べないと不安」という禁断症状に陥らせるというから恐ろしい。

　その理由はやはり、長い人類史が教えてくれる。わずか「昨日」まで狩猟生活を送っていた祖先の体は常に、カロリー不足にさらされていた。

人間の生存本能との闘い

　特に足りなかった「糖質・脂質・塩分」を多く含む魅惑的すぎる食材を目の前にするたび、「次はいつありつけるかわからないから食い溜めしておけ！」と脳が命令を下す。

　これは、長い進化の過程で、人体にインストールされた生存本能だから抗うことがとても難しいのだ。

　ちなみに、これらの食材を避けることで原因不明だった不調やアレルギー症状が改善したという事例が続出している。

　そして死亡率は下がり健康寿命は長くなるという（※6）。

　地味に悪さをするのが、パンやパスタなどの原料③小麦粉に含まれるグルテンだ。小麦粉製品はハイカロリーなので誰もがつい食べてしまう。

　消費者庁の調べでは、アレルギーを引き起こす食品として「1位：卵」「2位：②牛乳」「3位：木の実」に続き、「③小麦粉」は4位となっている（※3）。さらに、③小麦粉を使った加工食品には中毒性があるという（※8）。

　これを避ける「グルテンフリーダイエット」とは、パンやパスタといった小麦粉製品を避けるだけで痩せるというもの（※9）。体質改善やアトピー軽減という現象が多発したため実践者が増えている。グルテンフリー食にしてパフォーマンスが高まり、テニス界の絶対王者となったジョコビッチ選手は有名だろう。

　なお、精製された白い③**小麦粉の栄養価は——精製された白米と同じで——とても低い。共に「食物繊維が入った白砂糖」と呼ばれる**ほどハイカロリーな高糖質で、血糖値を急激に上げるため注意が必要だ。

科学的根拠がない言説

　「①肉を食べないと筋肉が付かない」とか「②牛乳を飲まないと背

が伸びない」といった都市伝説を信じる人はいまだに多い。

これは、戦後のアメリカの酪農・食肉業界による国際市場拡大のためのプロパガンダの名残りと言われている。これは陰謀論でも何でもなく、実際にそういった資料が公開されている。

そもそも①赤肉と②牛乳のタンパク質の含有率は、魚介類や豆類、豆乳に比べて低い。「①肉食は成長に──②牛乳は身長に──無関係」という論文（※10, 11）があるなど科学的に否定されている。

そして、①赤肉とアレルギー食物1位の卵は、今や安全なものを見つけるのは難しい。異常な工業化が進み、9割以上が抗生物質と遺伝子組み換えの飼料を与えられているからだ。

オーガニック認証が付くものは、日本ではまだ希少で高価なため「①赤肉と卵の摂取量を減らした方が無難」というのが本書の提案である（ただし2023年3月現在、卵が重い疾病の原因になるかどうかの研究論争は決着していない※12）。

なお、①肉製品で最も危険なのが、ベーコンやソーセージ、ハンバーグなどの加工肉だ。世界保健機構（WHO）は「タバコと同等の健康被害がある」と断定している（※13）。

工業型の畜産・養殖に注意しよう

そして、今や全世界の家畜は約750億頭まで増えている。なんと全人口の10倍だ。

「アマゾン大規模火災」「毎分、東京ドーム2個分の森林が消滅」という報道は何度も耳にする。その原因の大半が、この異常な数の家畜を飼育する工業型畜産によるものとされる（※14）。

ちなみに、「魚介類」は日本の先祖が太古の昔から食べてきたものだから、我々の体に合うし消化器官への負担も少ない。

だが工業型の養殖魚には、前述した抗生物質の過剰投与リスクが

ある上に、周りの水域を著しく汚染している。

それを避けるためには、**オーガニック認証のものか、サステナブルな方式による養殖もの（ASC認証）**を選ぶといい。

家畜肉と工業型の養殖魚の摂取量を減らすことは、健康だけでなく環境にもいいと、覚えておいてほしい。

2021年、成長速度が2倍という「遺伝子組み換え種の養殖サーモン」がアメリカで販売開始され話題となった。この遺伝子組み換えサーモンはまだ日本には入っていないが、我々は絶えず注視しておくべきだろう。

消費者として知っておくべき日本独自の不思議な表記ルールがある。商品に「鮭」と書かれていれば天然だが、「サーモン」だとほとんどの場合が養殖なのだ。サーモン（Salmon）とは、鮭を意味する英単語なので多くの方が知らずに買っている。

なお天然魚では、マグロやカジキなどの大型魚は、食物連鎖の過程で水銀が濃縮蓄積されているため避けた方がいい。実際に、水銀の含有量を調べると際立って高くなっている。

おすすめの天然魚は、**持続可能な漁業（MSC認証）で獲られた小型魚**だ。最近では、「ASC認証」や「MSC認証」は通販やAEONを筆頭に、大手スーパーでの取り扱いも増えたので買いやすくなった。

安価な大量生産フードにも注意

「⑤化学処理された油」の代表格、安価な「マーガリン」「ショートニング」「サラダ油」も口にしないないよう努めよう。

「マーガリン」「ショートニング」は、**動脈硬化を引き起こす悪名高き「トランス脂肪酸」**が多量に含まれている。世界保健機構（WHO）が警告を発し根絶宣言したことで、欧米では続々と規制が進んでいるが、日本では野放し状態だ（※15）。

ちなみに体に良さそうな響きの「サラダ油」は、安価な海外の遺伝子組み換え（GM）作物を薬剤で混合させて大量生産されたものが大半を占める。

両方ともコンビニなどで売られる多くの安価な食品に使われているから注意しよう。例えば、インスタントラーメン、パン全般、スナック菓子、チョコレート、クッキーなど。

体の機能を高め、体に教えてもらう

スペースに限りがあるので全ては書き切れないが、食材に関する最低限知っておくべき注意点をまとめてみた。

ただし「食の常識」は、科学の進歩によって日々更新されているため、勉強を続ける必要がある。だがそれ以上に、**「体が違和感を覚えている」「舌や消化器官が拒否している」**といった、あなたの**「身体感覚」**に敏感になってもらいたい。

わずかな体の異変や不調を感じたならば、その食材は一度やめてみること。

我々のオーガニックデバイスは、生活習慣によっていくらでも健全化できる。それは優秀な装置となって、巷にあふれる言説などより正しい答えを教えてくれるのだ。

さらに、「一時的な摂取」であったり「少量」であれば、生まれつき備わった「デトックス機能」によって体外へ排出してくれる。運動習慣があって健康であれば、その機能はより高くなっているだろう。

　添加物だらけのコンビニ食、過剰な塩と不健全な油を使うファストフード、毒性の高いマグロや家畜肉、白砂糖やトランス脂肪酸が多用されたスイーツは——毎日の「主食」ではなく、「特別な嗜好品」や「緊急食」と考え——どうしても食べたい時や他に選択肢がない時だけ、ありがたくいただけばいい。

　「なにごとも過剰・行きすぎはダメ」というミニマル主義の理念と、【超ミニマル・ライフ3原則】の「①体の負担を最小化してパフォーマンスを最大化する」を忘れず、ここで紹介した食材の摂取はできる限り最小限にしよう。

　そして、たとえどんな食品だとしても、我々を生かしてくれている「命」だということを忘れず、「いただきます」と感謝しながら自分の命の一部にさせてもらおう。

※1 Aykan N. F.「Red Meat and Colorectal Cancer」Oncology reviews, 9(1), 288. (2015)

※2 H Du, M Kakkoura, K Tim, Z Chen, the China Kadoorie Biobank study, Dairy intake and risk of major cardiovascular events: a prospective cohort study of 0.5 million Chinese adults, European Heart Journal, Volume 42, Issue Supplement_1, October 2021, ehab724.2414 (2021)

※3 消費者庁「令和3年度食物アレルギーに関連する食品表示に関する調査研究事業報告書」(2022年4月)

※4 Wang, M., Yu, M., Fang, L., & Hu, R. Y.「Association between sugar-sweetened beverages and type 2 diabetes: A meta-analysis」Journal of diabetes investigation, 6(3), 360-366. (2015)

※5 Hu FB, Stampfer MJ, Manson JE, Rimm E, Colditz GA, Rosner BA, Hennekens CH, Willett WC.「Dietary fat intake and the risk of coronary heart disease in women」N Engl J Med. 337: 1491-1499. (1997)

※6 家森幸男『遺伝子が喜ぶ「奇跡の令和食」』集英社インターナショナル(2021)

※7 ロイター通信「砂糖に依存性あり、ラットで証明＝米研究」(2008年12月11日)

※8 Schulte EM, Avena NM, Gearhardt AN.「Which foods may be addictive? The roles of processing, fat content, and glycemic load」PLoS One. Feb 18;10(2) (2015)

※9 F.L.P. Soares, R. de Oliveira Matoso, L.G. Teixeira, Z. Menezes, S.S. Pereira, A.C. Alves, N.V. Batista, A.M.C. de Faria, D.C. Cara, A.V.M. Ferreira「Gluten-free diet reduces adiposity, inflammation and insulin resistance associated with the induction of PPAR-alpha and PPAR-gamma expression」Journal of nutritional biochemistry, 24, pp. 1105-1111 (2013)

※10 I Nathan, AF Hackett and S Kirb「A longitudinal study of the growth of matched pairs of vegetarian and omnivorous children, aged 7-11 years, in the North-West of England」Nature(1997)
https://www.nature.com/articles/1600354.pdf?origin=ppub

※11 Penny Rumbold, Nicola McCullogh, Ruth Boldon, Crystal Haskell-Ramsay, Lewis James, Emma Stevenson and Benjamin Green. The potential nutrition-, physical- and health-related benefits of cow's milk for primary-school-aged children. Cambridge University Press: 27 April 2021

※12 林英恵『健康になる技術大全』ダイヤモンド社(2023)

※13 ロイター通信「加工肉に大腸がんリスク、WHO専門機関が報告」(2015年10月27日)

※14 AFP BB NEWS「牛肉と大豆、アマゾン森林火災に関わるブラジルの2大産業」(2019年8月25日)
Greenpeace「アマゾン火災と『工業型畜産』」(2019年9月2日)

※15 農林水産省「トランス脂肪酸に関する各国・地域の規制状況」(2022)

実利のための
〝ミニマルな仕組み〟構築術

「オーガニック農法・自然栽培・減農薬の作物」
「天然の魚介類」「無添加の加工食品や調味料」
といった──安全な食材の入手ルートを確保してしまう

　Method02に書いた「危険な添加物探し」は、もはや筆者の特技になっている。慣れるとパッと見つけられるようになり、ゲームみたいに楽しめるようになった。

　だが、これらの化学物質は、日本の一般的なスーパーやコンビニに並ぶ加工食品の大半に入っている。買い物のたびにパッケージの裏側とにらめっこしていると嫌になるかもしれない。

　本書の提案は──「**オーガニック農法・自然栽培・減農薬の作物**」「**天然の魚介類**」「**無添加の加工食品や調味料**」といった──**安全な食材の入手ルートを確保してしまう**こと。

　しかし面倒だと続かない。だから、手間がかからない仕組みを構築する必要がある。

安心・安全な食材ルートの多様化

　誰にでも、お気に入りのカフェが1つか2つはあるはず。そんな楽しい気分で探索してみるのだ。

　幸いにも近年、直売式のファーマーズマーケットが全国で急増していて、各地のオーガニック農家さんや漁師さんが続々と直売所や

通販ショップを開設している。

　流通経路をカットできて安く買えるし、市民の生活を支えてくれている生産者さんの収入が増えるのもいい。

　さらに、**「無添加の加工食品と調味料」の専門店、安全な「食材・加工食品・調味料」全てを網羅した総合ショップ、さらにオーガニック飲食店も増加傾向**だ。

　今や、ネット検索すれば15分ほどでいくつも見つかるだろう。でもやっぱり、いつの時代も口コミが一番。

　あなたの周りにも自然派の人がいるはず。そういった人は、安全な食材の入手源や飲食店をいくつも知っている。もしくは、小さな子を持つ健康志向のママがいれば聞いてみよう。大切な子どもを守るために誰よりもいい情報を知っている。

生産者さん直売と、
こだわりの総合ショップ

　一番おすすめしたいのは、**安全な「野菜・果物・魚介類・米」な**どの新鮮な食材を、それぞれの**生産者さんから直接購入する方法**だ。そして、**安全な「加工食品と調味料」は専門店や通販ショップを利用**する。

「食材ごとの入手チャンネル」を開通するイメージで、以下のように5つのルートを固定して、常に同じところから購入するのだ。

【生産者さんが出店する直売所・ファーマーズマーケット・通販ショップ】
①お米：水田の農家さん
②野菜：菜園の農家さん
③果物：果樹園の農家さん
④魚介類：漁師さん
　　＋
⑤加工食品と調味料：専門店や通販ショップ

　この形が理想だが、多忙な方のためにもっとミニマルな仕組みを提案したい。

「無添加の加工食品と調味料」「安全な野菜・果物・お米」「安全な天然の魚介類」がそろう総合セレクトショップを身近で見つけたり、これらオールジャンルの安全食材を扱う通販ショップを確保してしまうのだ。

　前述の「生産者さん直売」よりも割高になるが、理想的なところが1つあれば、四季を通して栄養バランスのとれた安全な食料を簡単に入手できる。

　こういったところなら、オーガニックなどの安全認証が付く食材や調味料が多く並ぶので、飲食学の基本3ルールの「①セレクト：摂取するものは選び抜く」もあっさりクリアとなる。

健康意識の高い仲間たちが活用しているお店と、当STEPを監修してくれたオーガニック専門家・レムケなつこさん運営のスクールのおすすめを掲載しておくので、ご活用いただきたい。

【安全な食料品取り扱い通販ショップリスト】(2023/2現在)
・『らでぃっしゅぼーや』radishbo-ya.co.jp
・『大地を守る会』takuhai.daichi-m.co.jp
・『Oisix』oisix.com
・『イケベジ』ikevege.base.shop
・『ハミングバード』8dori.org
・『坂ノ途中』on-the-slope.com
・『ココシーズンズ』coco-seasons.com
・『太陽食品』taiyo-shokuhin.com
・『雨ニモマケズ』amenimomakezu.shop
・『楽天ファーム』agriculture.rakuten.co.jp
・『生協・生活クラブ(全国)』www.coop-takuhai.jp
・『コープ自然派(近畿)』shizenha.ne.jp
・『ビオ・マルシェ』biomarche.jp
・『食べチョク』tabechoku.com
・『ポケットマルシェ』poke-m.com

　これで──買い物ルーティンの手間は最小化され──安全な食料入手のための「ミニマルな仕組み」が完成する。ルート開拓まで少し手間はかかるが、その時間投資は後に大きなリターンをもたらすことになるのは説明不要だろう。
　こうやって厳選した入手ルートさえ構築できれば、後は「最安値の旬のものだけ」を購入するだけなので、迷う時間もエネルギーも節約できてとても楽だ。
　なお、旬の食材のさまざまなメリットは後のメソッドで解説するが、ここではまず「季節外れのものは全てが高価で、季節のものは常に最安値」と覚えておいてほしい。

「食料品の買い物」という、お金も時間もかかるタスクを仕組み化すれば、あらゆるコストを軽減できるということである。

そして何といっても、あなたのオーガニックデバイスの性能を高められるという「実利」こそが最大のメリットであることも忘れないでいただきたい。

ちなみに、筆者が親子3人で日本に長期滞在する時は——安全基準が厳しいことで有名な——『らでぃっしゅぼーや』を活用する。

旬の食材ばかりの「めぐる野菜箱Mサイズ（畑応援プラス／果物＋平飼い卵付き）3803円」がお気に入りだ。これに「ふぞろい魚介」を追加する（これで栄養バランスは完璧！）。

スーパーでオーガニック食材を買うより安く、新鮮かつ安全な食材が届くので「出費／選ぶエネルギー／買い物に行く労力と時間」を抑えられる。さらに、美味しくて幸せな気持ちになれるから【超ミニマル・ライフ3原則】は全てクリアとなる。手を合わせて拝みたくなるほど、ありがたいサービスだ。

最大のリターンをもたらす
〝食事への投資〟

まずは、「調味料とオイル類を無添加かオーガ
ニック」にし、主食の「お米をオーガニックか
自然栽培」に変更することから始めよう

　安全な食料品を通常より安く買えるようになったとしても、工業的に大量生産された作物の方が安いこともあり、ついそちらに手を伸ばしたくなるもの。

　そんな時のために、オーガニックや自然農法の作物には、さらに複合的なアドバンテージがあることを伝えておきたい。

栄養価と味の違い

　オーガニック作物には、病気や老化を抑える「抗酸化物質」の含有量が最大69％多いという報告がある（※1）。

　味に関しても——あくまで個人的な感覚だが——両方を食べ比べると、工業型作物よりもオーガニック農法や自然栽培の作物の方が味が濃厚だ。その理由を次のように考察している。

　前者が、合成農薬と化学肥料によって生物多様性が失われた「死んだ土地育ち」なのに対し、後者の畑には多種多様な微生物や虫が元気に生息している。

　つまり、「生きた土壌育ち」だから味わい深いのではないか——それは、プロローグでも書いたように「自然の一部である人間」の体が「自然なもの」を求めているから——という推論は、決して飛

躍的ではないはず。

　こういった個人的な体感を確かめてみたいと思い、小さな実験を
したことがある。エビデンスにはならないが、一つの参考として
シェアしておきたい。
　2012年、六本木のあるシェアハウスで「食とパフォーマンス」
に関する講演をした。その際、工業型農法とオーガニック栽培のニ
ンジンを食べ比べてもらったのだ。もちろん、どちらがどの農法か
わからない完全なブラインドテスト。
　正直言うと結果がどうなるか怖かった。
　そこは、若手のテック系ギークやクリエイターが集うシェアハウ
ス──かつ六本木という立地もあって──コンビニ弁当やジャン
クフードばかり食べていると聞いていたからだ。多くの人が、食べ
慣れた工業型のニンジンを選ぶだろうと予想した。

　驚きの結果が出た。
　シェアハウスのメンバーとその友人たち二十数名のほぼ全員が、

オーガニックの方を「美味しい」と回答したのだ。

あるニンジン嫌いの女性は、オーガニックのものを「こんなに甘いなら食べられる」と喜んだ。当然、誘導する行為はせず、鮮度も見た目も、ほぼ同じニンジンを食べてもらった。

「工業型農業とオーガニック栽培、どちらの方が味がいいか」

多くの研究機関が証明しようと試みたが、この長年の議論は決着していない。それぞれ片方に軍配をあげるリサーチもあれば、「栽培方法で味には差は出ない」という報告もある。

デトックス能力を高めてくれる

ここで、飲食学の基本3ルールの「③デトックス：悪いものはすぐ排出する」を後押ししてくれるデータを紹介したい。

オーガニック食品を摂取することで、有害物質が体から短期間で排出されるという複数の報告が出ているのだ。

2020年発表の学術論文によると、オーガニック食を摂取することで農薬グリホサートの体内残留量を大幅に減らせることがわかった（※2）。さらに別の調査では、わずか3日以内にこの残留濃度が体内から70％以上減少した（※3）。

ちなみに、グリホサートというのは、世界で最も使用される除草剤の主要成分。世界保健機関（WHO）傘下の権威ある「国際がん研究機関」が、グリホサートを「恐らく発がん性がある」と発表（※4）したことで注目され調査研究が進んでいる。

また、日本の調査では、オーガニック食を継続すると、「5日後に50％以上、1ヶ月後には94％」のネオニコチノイド系の殺虫剤の体内残留量が減ることが明らかになっている（※5）。これは、脳障害などを起こす可能性を指摘され、EU各国で禁止された合成農薬である。

だが日本では、この農薬は禁止されず、使用量も減っていないため注意が必要だ。この殺虫剤がやっかいなのは、作物への浸透性が高いため洗っても取り除けない点にある。

体とメンタルのために投資する

さらに心の病であるうつ病でさえ、現代人の「悪い食事」が原因であることを示唆するレポートもあるほどだ（※6）。

「体とメンタルへの影響」「価格」「栄養」「味」といった項目を総合的に見れば、安全な食材は「決して高い買い物ではない」ことがわかるだろう。

いきなり全てを安全食材にするのが予算的に難しい場合は、普段からよく食べるもの、よく使うものから変えてみよう。

まずは、**「調味料とオイル類を無添加かオーガニック」**にし、主食の**「お米をオーガニックか自然農法」に変更することから始めるのが本書の提案**である。

長年そう仲間にアドバイスしてきたが——それだけで、慢性の体調不良やアレルギーの軽減や、体質が改善したという報告が多数寄せられている。だから、やってみる価値はあると約束しよう。

体のポジティブな変化を実体験すれば、他の食材もどんどん安全なものにしたくなる。あなたにもこの喜びを知ってもらい、人生のパフォーマンスを高めていただきたい。

当STEPで提案してきた無添加やオーガニックな食生活は、セレブの娯楽やファッションでもなく、意識高い系のこだわりやイデオロギーでもない。

あくまでこれは、あなたの「オーガニックデバイス」の性能UPという「リアルな実利」を得るための手段にすぎない。それが、暮らしの質と仕事の生産性の向上という「大きなリターン」をもたら

してくれることはもう説明不要だろう。

　さらに環境負荷を小さくできて海や土壌の汚染も減らせる。つまり「地球にとっての実利」もあるということ。それは、あなたの未来に「最大のリターン」をもたらしてくれる。
　何より、こういう暮らしを続けていると、この星に生きる者としての「根源的な喜びと気持ちよさ」をもたらしてくれるので、高次の幸福感をも手にできる。
　もはや実利しかないからもう迷うことはない。さあ、今日からすぐに始めてみよう。

※1 Barański M, Srednicka-Tober D, Volakakis N, Seal C, Sanderson R, Stewart GB, Benbrook C, Biavati B, Markellou E, Giotis C, Gromadzka-Ostrowska J, Rembiałkowska E, Skwarło-Sońta K, Tahvonen R, Janovská D, Niggli U, Nicot P, Leifert C. Higher antioxidant and lower cadmium concentrations and lower incidence of pesticide residues in organically grown crops: a systematic literature review and meta-analyses. British Journal of Nutrition, 112(05): p. 794-811.(2014)

※2 Hyland, C., Bradman, A., Gerona, R., Patton, S., Zakharevich, I., Gunier, R. B., & Klein, K. (2019). Organic diet intervention significantly reduces urinary pesticide levels in U.S. children and adults. Environmental research, 171, 568–575.

※3 Fagan, J., Bohlen, L., Patton, S., & Klein, K. (2020). Organic diet intervention significantly reduces urinary glyphosate levels in U.S. children and adults. Environmental research, 189, 109898.

※4 WHO(International Agency for Research on Cancer)「Monograph on Glyphosate」(2015年3月)

※5 福島県有機農業ネットワーク「有機農産物を食べることで、殺虫剤ネオニコチノイドへの曝露を低減できる」(2019年3月28日)

※6 溝口徹『【最新版】「うつ」は食べ物が原因だった!』青春出版社(2018)
　　溝口徹『心の不調の9割は食事で治る』フォレスト出版(2021)

〝安価で安全〟最軽量の
飲料水ソリューション

さあいよいよ、最も重要なテーマに入ろう。

人間と全生物にとって「命の源」である水について解説したい。

プラスチックのリスク

まず、ペットボトルの水は、有害な「環境ホルモン」や「マイクロプラスチック」が溶け込んでいるので今すぐやめよう（※1）。

「環境ホルモン」はがんやアトピーなど20以上の生体異常を起こすと懸念されている。

「マイクロプラスチック」による人体への影響はまだ充分に検証されておらず、長期間にわたって摂取した際の安全性は確認されていない。

「日本人1人あたり、年13万個のマイクロプラスチックを摂取している可能性あり」という報道がなされたのは2021年（※2）。

　日本学術会議も、「人体に影響を与える懸念があるが健康リスク評価が行われていない」と環境省へ提言している（※3）。

恵まれた日本の飲み水

　日本は幸運なことに世界的に見ても美味しく飲める淡水が豊富で、上水道のシステムは世界一。**家庭用の浄水フィルターを使って、水道管の雑菌やいくつかの有害物質さえ取り除いてしまえば、ペットボトルの水よりも安全で、安価な飲料水となる。**

　筆者が営むニュージーランドの森の生活では、冷たい湧き水をポンプで汲み上げて飲んでいるが――仕事で日本に滞在する時は、コンパクトな「蛇口直結型の浄水器」を持ち歩き、長期滞在のアパートメントやAirbnbで使っている。外出時は、水筒にその浄水を入れて飲んでいる――とてもシンプルな仕組みだ。

　次のミニマル主義「7つの観点」からみても、現時点ではこの蛇口直結型がベストだと断言できる。

①手軽さ
②安全性
③性能
④価格
⑤環境負荷
⑥軽量性
⑦コンパクト性

ポット型の浄水器もあるが、それ自体が大きなプラ製品なため、環境負荷はどうしても大きくなる。その多くが「BPA（有害物質）不使用」とうたっているが、プラ製ポットから流れ出すマイクロプラスチックと環境ホルモンの摂取は避けられない。

メリットしかない蛇口直結型の浄水器

　蛇口直結型は軽くて小さいのがいい。ポット型の平均重量450〜600gに対し、蛇口直結型は250〜350gと半分近い。必然的に本体で使われるプラも少なく、見た目もミニマルで美しい。

　ポット型の浄水器と違い、ポットに水を入れたり、ポット本体を洗う労力も不要。ポットを収納するスペースもいらない。

　ただし値段は幅広く、ポット型浄水器と同じくらいの3000円という安価なものから、水量メーター付きで2万円を超える上位モデルまである。前者は、カートリッジ（フィルター）の寿命が2ヶ月と短く、後者は12ヶ月以上と長くなっている。

　どんな価格だとしても、次の4点をクリアしていれば問題なく使えるので覚えておこう。

【蛇口直結型の浄水器｜4つのポイント】
①「活性炭×中空糸膜フィルター」であること
②浄水スピードが「ろ過流量1.5L／分」以上あること
③国内の「信頼できるメーカー製」であること
④塩素や農薬、アルミニウムやトリハロメタンといった有害物質、鉛などの重金属を含む「15項目以上の微量不純物を除去・軽減」してくれること

　さてここでは、ロングセラー2機種の性能とランニングコストをまとめておくので参考にしていただきたい。

① 三菱ケミカル「クリンスイ」MD101-NC

筆者が愛用する浄水器。知る限りこれが
最小・最軽量／カートリッジの寿命は
3ヶ月

本体価格	約4000円 (カートリッジ付き)
替カートリッジ価格	約2000円
カートリッジ交換	3ヶ月ごと
カートリッジ1本あたりの浄水量	約900L (2Lのペットボトル450本分)
フィルター種類	活性炭・中空糸膜・イオン交換繊維
除去性能	17物質
ろ過流量	1.6L／分
重量	260g

② パナソニック「ミズトピア」TK-CJ12

筆者調べでは最もコスパがいいモデル／
カートリッジの寿命は12ヶ月と長い

本体価格	約10000円 (カートリッジ付き)
替カートリッジ価格	約4500円
カートリッジ交換	12ヶ月ごと
カートリッジ1本あたりの浄水量	約4000L (2Lのペットボトル2000本分)
フィルター種類	活性炭・中空糸膜・不織布・セラミック膜
除去性能	17物質
ろ過流量	1.8L／分
重量	310g

　それぞれのランニングコストを、市販の2Lのペットボトルを基準に比較してみよう。

①カートリッジの寿命3ヶ月タイプ
　　2Lあたり:約4.4円（月々のコスト:約667円）
②カートリッジの寿命12ヶ月タイプ
　　2Lあたり:約2.5円（月々のコスト:約417円）

　ペットボトル2Lのミネラルウォーターの単価と比べても、勝負にならないくらいコスパがいい。

　ぜひ、ペットボトル購入に費やしている月額費を計算してみてほしい。浄水器本体を購入する初期費用を加味しても、劇的な節約になることがわかるだろう。

　最近は、サブスクリプション型の家庭用ウォーターサーバーが普及しているが、ランニングコストを考えると、蛇口直結型の浄水器を購入した方が割安になることは言うまでもない。

　そして、サーバー本体自体が巨大なプラ製品であり、水タンクもプラ製品であることをお忘れなく。さらに、場所は取るし存在感も大きいから全くミニマルじゃない。

　蛇口直結型の浄水器がもたらす最大のメリットは、手間と労力を最小化できる点だ。

　重いペットボトルを家に持ち帰ったり、届けられる重量級ウォー

ターサーバーを受け取って格納する必要もない。使用後に分別ゴミに出したり、定期購入を忘れないよう努めたり、水がなくなって夜遅くコンビニに走らなくてもいい。

つまり、暮らしのタスクを劇的に減らせるということ。これぞまさに【超ミニマル・ライフ3原則】の「②家事を超時短化して自由時間を最大化する」である。

さらに、在庫をストックするために、狭い部屋の貴重なスペースを犠牲にしなくて済む。

そして、もう一つ注目すべき点がある。使い捨てペットボトルを劇的に減らせるのだ。

蛇口直結型の浄水器を使えば、単純計算で1年あたり2Lのペットボトルを1800〜2000本、500mlのペットボトルなら7200〜8000本も削減できる。これは圧巻の数字だ。

無自覚に「ペットボトルで飲料水を買う生活」から「蛇口直結型浄水器ライフ」にシフトするだけで、立派な環境活動になるということである。

体にもいい、気分もいい——人間とは感情の生き物なのだから——間違いなく人生の幸福度を高められるだろう。

※1 第28回環境化学討論会「ネオニコチノイドの母子間移行の実態と移行メカニズムの解明」
　　（2019）、毎日新聞「みんなのごみ 健康脅かすプラ製品の添加剤」（2021年1月26日）、マック
　　ス・ルガヴェア「万全な体調のための『脱プラスチック』のすすめ」東洋経済オンライン（2021
　　年7月8日）
※2 日本経済新聞「微小プラ、世界の魚介類に　日本は1人年13万個摂取か」（2021年4月5日）
※3 日本学術会議「マイクロプラスチックによる水環境汚染の生態・健康影響研究の必要性とプ
　　ラスチックのガバナンス」（2020）

〝1日30品目〟不要論と ミニマル食材のすすめ

「地元産で旬のもの」を食べるだけで、
あなたの「オーガニックデバイス」の
性能は高まっていく

「身土不二」という美しい言葉がある。

直訳すると**「体と大地、体と風土は切り離せない関係にある」**という意味。食の文脈では「地元産の食材や、その土地の伝統食が最も体にいい」と解釈される。

この仏教の古い教えは、昨今のスローフード運動や地産地消ブームで脚光を浴びるようになった。

正義のローカルフード

それぞれの土地や気候に合う旬の野菜や果物は本来、特殊な栽培方法も、過剰な農薬や肥料も必要としない。不自然なことをせずとも力強く育ってくれるから栄養価も高く、味も濃厚で生命力にあふれる。

余計な手間をかけず豊かに実るから、生産コストは下がり当然コスパは良くなる。もし顔が見える近隣の生産者さんから直接、旬のものを買うことができれば驚くほど安く手に入る。

逆に、遠い外国から長い時間をかけて運ばれるものは、どうしても防腐剤・保存料が増える。小麦のように、輸送と貯蔵中に防虫剤

や殺虫剤がかけられる食材も多い——体質によってはこの化学物質がアレルギーの原因になることもあるという。

海を越えての輸送や長期貯蔵によって鮮度は下がり、栄養分も失われる（※1）。

例えば、輸入ブロッコリーのビタミンＣ含有量は、地元産の半分になることがわかっている（※2）。

しかも安すぎる食品貿易は、途上国からの搾取によって成り立っていることが多く全くいいことがない。

しかし、産地が近ければ近いほど「防腐剤・保存料」「防虫・殺虫剤」は不要となる。輸送コストも温室効果ガスの排出も少なくて済む上に、みずみずしく新鮮な食材となる。

そう、「ローカル産で旬のもの」に悪い点は一切なく、いいことずくめ。「身土不二」というシンプルな言葉は多くのことを我々に教えてくれるのだ。

でも日本のスーパーには四季を通して、いつも同じ食材が並ぶから、この「自然の摂理」を忘れてしまいがちになる。

例えば、冬に売られる季節外れのトマト。それはビニールハウスという人工的な温暖環境で育てられた国産か、季節が逆の南半球からはるばる届けられたものだ。

ちなみに季節外れのトマトは、旬のものに比べてビタミンCや他の抗酸化物質が少なくなっている（※3）。

以下を見ていただければわかるように、他の野菜でも高価なのに栄養価が著しく下がるから全くいいことがない（※4）。

【季節外れの野菜の栄養価の割合】
○ばれいしょ:1/5
○ほうれん草:1/3〜1/4
○ブロッコリー:1/2
○他の作物の平均値:1/2〜1/3

マイナス面はこれだけではない。

トマトなどの「夏野菜」は、体を冷やす強い作用がある。夏の猛暑にはありがたいが、冬に食べもので体を冷やす行為がご法度であることは女性ならわかるだろう。

体を冷やすと代謝機能が低下して万病の原因となり、体のデトックス能力が下がるなど、オーガニックデバイスへの悪影響は甚大となる。

さらに、この「季節を無視した食事」による体へのダメージは想像以上に大きく、旬じゃない野菜や果物を食べるだけで頭痛がでた

り、アトピーが悪化するという人も多数いる。

　これは難しい話ではない。プロローグで触れたシンプルな原理
で、「不自然なもの」を体が喜ぶことは決してないということ。

偉大なる保存食と旬の効能

　料理が好きな人向けの興味深いエビデンスがある。**旬の作物を保
存食にすることで栄養価が高まる**というのだ。

　例えばトマトを調理して保存食にすると、抗酸化物質やβ-カロ
テンなどの栄養素は、生のトマトよりも人体に利用されやすくなる
という（※4）。

　つまり、冬に季節外れのトマトを生で食べるより、夏の間に保存
食にしたトマトを冬に食べる方が何倍もいいということ。そして、
ご存じの通り日本は、各地に伝統的な野菜の保存食レシピが無数に
ある「保存食大国」だ。改めて、保存食を発明した祖先を心から尊
敬する。

　逆に、カブや小松菜といった「冬野菜」の多くが体を温めてくれ
るというから自然の力は偉大なのである。

　つまり安くて美味しくて、新鮮で栄養価が高く、それぞれの季節
に合った効能をもたらしてくれる**「地元産で旬のもの」を食べる**だ
けで、あなたのオーガニックデバイスの性能は高まっていくという
こと。

　「医食同源」という言葉が示すように、しっかり食べる行為こそ
が医療の根本だ。ちゃんとした食事は病気を防ぎ、「医者いらずの
ミニマル・ライフ」を可能にしてくれる。

　──病院や薬局に頻繁に行ったり、薬を定期的に飲むような、出
費が多くて煩雑な人生は誰もが避けたいだろう。

季節ごとの旬の食材だけを選べばいい

　とはいえ、大手スーパーの「色とりどりで豊富な品揃え」に慣れ
ていると、こういった考え方に物足りなさを感じるかもしれない
（筆者は目がくらくらするが）。とにかく、「四季も産地も関係ない」過剰
な食材が並ぶ姿は「不自然なこと」だと心に刻んでほしい。

　Method 04で選んだ「安全な食材の入手ルート」を、メニューが
季節で変わる「地元の定食屋」に例えるならば──「大手スーパー」
は、メニューが年中ほぼ同じ「全国チェーンのファミリーレストラ
ン」と思ってもらえばいい。

　あなたならどちらに入る？　筆者なら迷わず前者だ。

　確保してある**「安心安全な食材ルート」には必ず、「季節ごとの
旬の食材」が前面に並ぶ。そこから、「安い地元産または国産の食
材」を選ぶだけでOK**。とても簡単だ。選ぶエネルギーも手間も時
間も、最小限で済む。まさにミニマル・ライフ。

「でも、1日30品目は食べないと栄養が足りないはずじゃ？」

そう思った方もいるはず。それは40年近く前の古い情報だ。

1985年に当時の厚生省が指針として「1日30品目が必須」と発表。インパクトがあったためか──その情報がテレビ、新聞、ラジオ、雑誌で大きく取り上げられたという。

しかし、それだと明らかに食べすぎで、生活習慣病や肥満を引き起こすことが判明して後に撤回（※5）。

「主食・主菜・副菜を基本に食事のバランスを」

これが新しい指針になったが──この情報が地味すぎたためか──正確に報道したのは一部のマスコミのみ。

そのせいで、いまだに多くの人たちが「1日30品目」という間違った常識に縛られ、調理や食事に苦心している。

健康に生きるために、そんな多品目は不要であると最新の栄養学や数々の研究が立証しているが、筆者の体験からもそれは事実であると確信している。

ニュージーランドで営む自給自足ベースの生活は、自分で獲る魚介類、庭で育てる野菜と果物とハーブ、周りの森からのいただきもので成り立っている。

足りないものは、村のコミュニティガーデンやご近所さんから巡ってきたり、ファーマーズマーケットや無人販売所で生産者さんから直接買わせてもらう。

当然、季節外れのものは手に入らないから食材の種類は限られていて、食べるのは1日5〜10品目ほど。日本から来る料理名人たちは「得意料理を再現できない」と困ってしまう。

　さらに、年によっては——ミョウガが食べきれないほどできたり、鯛の大漁が続いたり、キウイを大量にいただいたり。逆に、毎年うちで多く採れるキュウリやプラムが不作になったり、ヒラマサが不漁だったり。

　時に1ヶ月ほど毎日、同じ食材を食べ続けることもあれば、ある食材を全く食べられない年もある。「食材の種類」はアンバランスかもしれないが、「栄養」バランスには細心の注意を払っている。

　こんな暮らしを14年近く送ってきたが、健康問題は一度も起きていない。体重は変わっていないのに、感覚的には体はどんどん軽くなっている。ありがたいことに健康診断はずっと「オールA」だ。

　湖畔の森での「自然と共に生きる」生活は、「自然に依存して生きる」ことであり、「自然に振り回されて生きる」ことでもある。大変なことが多いが心地よくやめられないのは、人間とは自然と切り離せない生き物だからだろう。まさに「身土不二」である。

「便利ではないが豊かで、豊かだけど過剰じゃない」

　引き続きそんなミニマル・ライフを求めて生きたいと思う。

※1 Goldberg G, MacEvilly C, Peltola K. The Effect of Agronomy, Storage, Processing and Cooking on Bioactive Substances in Food. Plants: Diet and Health: The Report of a British Nutrition Foundation. (2008)

※2 Wunderlich SM, Feldman C, Kane S, Hazhin T. Nutritional quality of organic, conventional, and seasonally grown broccoli using vitamin C as a marker. Int J Food Sci Nutr. Feb;59(1):34-45. (2008)

※3 Liu T., Zhu W., Huang J., Chen H. H., Nie R. Z., Li C. M. 「Comparison of the nutritional as well as the volatile composition of inseason and off season Hezuo 903 tomato at red stage」Eur. Food Res. Technol. 243 203-214. (2017)

※4 辻村卓「野菜の旬と栄養価～旬を知り、豊かな食卓を～」独立行政法人農畜産業振興機構 (2018)、KAGOME「野菜の栄養価と価格、旬と旬以外の時期でどれくらい違うの?」(2017)

※5 牧田善二『医者が教える食事術2』ダイヤモンド社 (2019)、井出ゆきえ「1日30品目神話は過去の話に、米国心臓協会が声明」ダイヤモンドオンライン (2018年10月4日)

世界一〝ミニマルで
合理的な〟料理法（食材）

　ここで紹介するのは——**「旬のもの」だけを食材とし、使う調理具と食器はわずかで最小限の手間しかかからない**——ミニマルかつ**理想的な栄養バランスの調理術**だ。

　複雑なレシピは不要で、季節ごとの食材をただ選ぶだけ。

　ちなみに、「レシピから食材を選ぶ」から**「旬の食材ありきの料理」**にシフトできれば、四季折々の変化を感じられるようになる。大自然の中で暮らさずとも、「自然と共に生きる」という人間としての根源的な喜びを得られるようになる。

　「レシピ至上主義」になる前、本来の料理とは「そういうものだった」ということを忘れないでいたいと思う。

日本人のためのミニマル健康食

　そしてこのスタイルを実践するのに、いちばん最適な調理法が——「健康食」として欧米で高く評価されている——我らが伝統的な和食である。

　「自然の美しさや季節の移ろいを表現する食事」としてユネスコ無形文化遺産に登録されたこともあり、近年、世界中の注目を浴びるようになった。

伝統的な和食は、日本人の体に最適化されているだけではなく、そもそも和食古来のコンセプトが「旬の食材を美味しく調理するため」であることを多くの日本人が忘れている。

我が家のビーガン一汁一菜。野菜は全て庭のオーガニック野菜

　筆者のように（食べるのは好きだが）料理が苦手な人には、**旬の食材だけでつくる「一汁一菜」**をおすすめしたい。

　一般的な言葉として「一汁三菜」があるが、おかずを4種類（一汁＋三菜）も準備するにはそれなりの手間がかかる。

「一汁一菜」とは、尊敬する料理研究家である土井善晴氏のベストセラー『一汁一菜でよいという提案』（新潮文庫）で紹介された調理法。土井氏が実践している**「お米＋具だくさん味噌汁＋α」**だけ、**というシンプルな食事スタイル**で、ご飯が炊飯器にあれば味噌汁をつくるだけなので20分もかからない。

　筆者は「一汁一菜」が、日本人に最適化された世界一ミニマルかつ合理的な料理法であり、理想的な長寿食だと思っている。

一人暮らしが長かったことと、母に仕込まれたことで家事全般が得意になったが、なぜか料理だけは上手くならなかった——端的に言うとセンスがないということだが（汗）。

　とはいえ自炊していた一人暮らし時代、常にこう考えていた。

　「調理の手間を最小化しつつも、体のパフォーマンスを最大化してくれる、栄養バランスのいいミニマルな料理はないか」

　試行錯誤を続けるうちに自然と「一汁一菜」に行き着く（当時はこの言葉は知らなかったが）。そして時々、「鍋料理（ご飯も入れてしまう！）」と「丼料理」もつくっていた。簡単につくれて後片付けが楽で、さまざまな食材を盛り込めて、食べ飽きないのがとてもいい。

栄養価の高さと手間の最小化の両立

　ここでは、筆者が日本にいた頃に実践していたミニマル・ライフ的「一汁一菜」スタイルを紹介したい。

①ご飯｜全3品（お米＋胡麻＋海苔）

　炊くまでに若干の手間がかかるが、栄養価は白米の何倍も高い

「発芽玄米」を主食としていた。玄米を、約16時間浸水して発芽させてしっかり洗い大きな炊飯器で炊いておく。

食べる時は必ず、黒胡麻と白胡麻を混ぜた「すり胡麻」をかけていた。「焼き海苔」も好きで常備していた。

ただし、高栄養の玄米とはいえ、ふりかけだけで食べても——お腹はふくらむが——栄養が足りないので「一汁」と「一菜」を加えていた。

②フリースタイル味噌汁（一汁）｜全7〜8品（旬の食材＋豆腐＋乾物）

ポイントは、**定番の具材に縛られずに自由な発想でつくること。旬の食材をざっくり切って鍋で煮るだけ。**

2〜3種類の「旬の野菜」と1種類の「旬の魚介類」、そこに「豆腐」「乾燥ワカメ」「乾燥シイタケ」を加えて味噌を溶かせば完成だ。

ポイントがある——脳細胞や筋肉や皮膚の原材料となるタンパク質をしっかり摂るために**「豆腐」は必ず潤沢に入れる**こと。

具材を雑に切っても、定番に縛られず何を入れても美味しく食べられる点がフリースタイル味噌汁の最大の利点だ（トマトやズッキーニなどの洋食系の食材も激ウマ！）。冷蔵庫の余りものだって放り込める（レシピ至上主義だと、どうしても食料廃棄が多くなってしまう）。

具だくさんにできれば、「一汁」が「一菜」を兼ねてくれて、もう一つのおかず（一菜）は不要となる。まさにミニマル。

そして土井氏が言うように、この「一汁」は毎日食べても飽きない。筆者は、お気に入りの大きな器に味噌汁をよそっていたが、それだけで——センスのいい食器を豊富に使う高級フレンチに負けないくらい——心が満たされていたのはやはり日本人ゆえか。

我が家の一汁一菜。湖で釣ったニジマスの身とそのお腹に入っていたイクラを
酵素玄米にのせ、庭のオーガニック野菜の一菜と自作の味噌汁を添える

③おかず（一菜）｜全1〜4品（発酵物＋果物）

　漬物、納豆、キムチといった日韓の伝統的な「発酵食」を買って
常備するといい。あくまで「一菜」なので、どれか一つでも大丈
夫。ただし、漬物やキムチは塩分過多なため一度に食べすぎないよ
うに注意しよう。

　食器洗いを考えると瓶のまま食べるのが楽だが、粋な小皿に並べ
るだけで「プチ旅館料理」の気分になれる。筆者は、洗いものを最
小限にすべく、ご飯の上にのせて丼風にしていた。

　具だくさんの味噌汁が「一菜」を兼ねると書いたが、発酵物を足
せば、それが文字通りの「一菜」となり、「一汁一菜」の完成度は
より高まることになる。

　さらに、デザートに「旬の果物」があれば完璧だ。具だくさんの
味噌汁に、発酵物の「一菜」と「一果物」を加えれば栄養バランス
はより良くなる。

世界一〝ミニマルで合理的な〟料理法（調味料）

前メソッドで紹介した具材を使った「一汁一菜」であれば――胡麻や海苔、漬物や果物などを含めると――最少の手間でトータル11〜15品も食べられる。

手間と思考エネルギーを最小化する

そして、調理と後片付けを時短できて、自炊が面倒ではなくなるからいい。しかも一度作ってしまえば翌日からは、冷蔵庫から発酵物を出して、炊飯器からご飯をよそい、味噌汁をコンロで温めて器に盛るだけ。だからどんなに疲れて帰宅しても大丈夫。

食器は最小限だし、大きなスペースを取って掃除が面倒な電子レンジだって不要となる――モノが減らせるのも利点の一つだと強調しておきたい。

ちなみに料理家の土井さんは、いい味噌を使えば出汁は使わなくてもいいと明言されている。実際、具だくさんの味噌汁は、食材そのものの風味が出汁代わりとなってくれる。これぞミニマル調理術の真髄であり、新鮮な旬の食材から染み出す毎回違う味こそが、一汁一菜を飽きさせない要素なのだ。

筆者は、**大きな炊飯器と大型鍋を使っていたので、「発芽玄米＋具だくさん味噌汁」を週末につくり、平日はそれを食べるというルーティンだった**（暖かい季節は、食事が終わって味噌汁が冷めた後に、鍋ごと冷蔵庫に入れていた）。

　もう一つの利点は、「今日何を作ろうか」と悩まずに済み、限りある脳のリソースを他の大切なことに使うことができること（スティーブ・ジョブズが毎日同じ服を着ていた理論と同じ）。まさに、【超ミニマル・ライフ3原則】の「①脳の負担を最小化してパフォーマンスを最大化する」である。

　あなたが調理を担当しているなら、ぜひ実践してほしい。もし、家族の誰かが調理を担当されているなら、土井氏の名著を紹介しつつ「一汁一菜でいいんだよ」と提案してみてほしい。

調味料をどうするか

　「一汁一菜」スタイルだけを考えると——極端な話、塩コショウさえ不要で——最低限必要なのは「味噌」だけとなる。

　しかし時には、違う料理を味わいたくなるかもしれない。そんな方のために、ミニマルな調味料の選び方を書いておきたい。

　まず、以下5つだけあれば和食に対応できる。

①昔ながらの製法による「味噌」
②昔ながらの製法による「醤油」
③精製されていない「天然塩」
④精製されていない「きび糖か黒糖」
⑤低温圧搾法による「太白胡麻油」——熱耐性と抗酸化作用が高くて無色無臭の、あらゆる調理に使える万能オイル（中華料理に使われる胡麻油とは違う）

さらに、洋食ならば「⑥黒コショウ」、中華ならば「⑦焙煎胡麻油」を加えればOK。つまり、たった7つの調味料で、和洋中の料理に対応できるということ。

ちなみにニュージーランドでは、いい「太白胡麻油」が買えないため、オーガニックの「エキストラバージン・オリーブオイル」を和食と中華にも使っているが問題はない。太白胡麻油と同じく、高温調理でも酸化しにくいという優れた特徴を持つ。

ちなみに周りの一流の料理家たちは、食材を活かすことが最重要で、調味料を使いすぎないミニマルな味付けこそが料理の本質であると口々に語る。

つまり、新鮮な旬の食材を使う調理においては、調味料の種類も量も最小限でいいということ。だからこそハイリターンな投資だと考え、少々高価でも必ず「無添加」のものを使おう。

世界一の長寿食7つのポイント

ここで告白したいことがある。

この本を書くまで、日本が「長寿世界一」だと思い込んでいた。実際、1980年代から20年以上もトップだった。

しかし、最新のデータによると5年連続で香港が1位となっている。男女別に見ると、女性は2015年まで首位を守り続け、今でも2位と健闘しているが、男性は2000年に入って香港に追い抜かれ、今やスイスに次いで3位だ（※1）。

京都大学名誉教授・家森幸男氏によると、日本が首位から転落した理由に食生活の変化があげられるという。

日本の食卓から伝統的な和食が消えつつあり、ファストフードや糖分過多の清涼飲料水、家畜肉と乳製品を多用する洋食とモダン和食の摂取量が急増しているからだと（※2）。

彼はWHO（世界保健機関）のもと、30年かけて世界各地の食習慣の

調査をした結果、こんな結論に至る。

　最も健康寿命を長くする食事スタイルは「伝統的な和食」である
と。

　家森氏の研究を参考にしつつ、改めて和食の特性を分析してみ
た。そして、和食の次の7つの特徴こそが「長寿食」たらしめてい
るというのが本書の見解である。

1　肉・乳製品・卵の使用量が少ない（伝統的和食では不使用）
2　主たるタンパク源が豆類と魚介類
3　海藻類と野菜が多い
4　旬のものを食べる
5　小麦ではなく米が主食
6　出汁を使うため味付けが塩分控えめ
7　多様な発酵物（これに関しては次のメソッドにて詳説）

　さらに家森氏は、「毎日の1食だけ」を伝統的な和食にするだけ
で、健康は明らかに改善するという研究結果を発表されている（※

2)。1日に1食だけを「一汁一菜」にする——これならハードルは高くないだろう。

　ちなみに、伝統的な和食とは一部の貴族や富裕層が食していた豪華な和食や会席料理のことではない。庶民がずっと食べてきた家庭料理のことである。

　まさに「一汁一菜」こそが、その代表例だ。

　ご存じのように欧米では長年、和食が大ブームになっている。世界に愛される、美食と長寿食のハイブリッドな国に生まれた幸運に感謝しながら——そして楽しみながら——あなた独自の「一汁一菜」をクリエイトしていただきたい。

※1　厚生労働省「令和4年簡易生命表」「平均寿命の国際比較」、UNFPA（国連人口基金）「世界人口白書2023」、香港経済新聞「香港、平均寿命は男女共5年連続世界一に　厚労省のデータは香港をランクから除外」（2021年10月5日）
※2　家森幸男著『遺伝子が喜ぶ「奇跡の令和食」』集英社インターナショナル（2021）

サプリメントを不要にする 〝脳〟のための腸活術

　最初に削る時間が「睡眠」で、最初に削る出費が「食費」という傾向が現代人にはある。

　だが、この判断は完全に間違っている。

　睡眠の重要性については次のSTEP5で詳説するが、どんなに安くても「悪い食事」にお金を使うことは「ハイリスク・ノーリターン」という最悪の投資となってしまうからだ。

リターンを最大化する食事投資術

　ここでは、投資すべき食事の中でも、**最もハイリターンな「体内酵素」と「善玉菌」を増やす腸活術**を伝授したい。

　まず「酵素」とは、生命維持に欠かせない**「生物の細胞内でつくられるタンパク質触媒」**の総称のこと。体にとってなくてはならない存在なのに、50〜60度の加熱で死んでしまうほど弱く、不摂生や加齢でもあっさりと量が減ってしまう。

　酵素は、新鮮な「生の野菜・果物」「魚の刺身」、納豆や味噌といった「発酵食品」に豊富に含まれる。酵素の中で最も重要な「消化酵素」は、胃と腸内でつくれられる量に限界があり食事からどう摂るかがポイントになる。

食事の際「よく噛んだ方がいい」と言われる理由は、唾液に含まれる「消化酵素」が噛めば噛むほど分泌され、食べものと一緒に消化器官に送られるからだ。

　この「酵素」が不足すると、生体活動の基本である「消化と排泄の機能」や、有害物質を排出する「デトックス能力」が低下し、深刻な生活習慣病の原因にもなってしまう。

　だからこそ「酵素を増やす食生活」を心がけるべきなのだ。

ゼロコストの健康法とは

「腸にいい」と宣伝される食品をやみくもに食べるより、「ただよく噛むだけ」の方が、お腹の調子がよくなることを強調しておきたい。これこそが「最もお金がかからず超ミニマルな健康法」と言えるかもしれない。

　ちなみに、「30回以上」噛んだ方がいいとされるが、忙しいとつい忘れがちになるもの。筆者も同様で、それを避けるために**毎回の食事の最初の一口を「100回」噛むようにしている。**

これは、主宰する会員制コミュニティの仲間で発酵のプロが教えてくれたメソッド。「最初に100回」というのが強烈なためか、その後は自然によく噛むようになるから不思議。この狙いは成功し、会社員時代に染み付いて何年も直らなかった「早食い癖」から遂に脱却することができた。同じ悩みをお持ちの方は——笑わずに——ぜひお試しあれ。

さらに、こうすることで食事のたびに心が落ち着いていくからおもしろい。まさに**「食事瞑想」**である。

体の細胞より多い腸内細菌

あなたの腸内には数百兆から1000兆もの「腸内細菌」が生息している。全身の細胞の数が37兆個だから（※1）、それよりもだんぜん多く銀河系の星の数と同じくらいという。凄まじい数である。

しかし、現代人の体内の微生物の多様性は、50年前に比べて30％も減少しており、その原因は家畜肉・加工食品・農薬残留作物などの摂取にあると言われている（※2）。

ここでも活躍するのがオーガニック食だ。2019年にオーストリアで行われた調査では、オーガニックのりんごの細菌種は、工業型農法によるりんごの1.5倍も多様だったことが証明された。オーガニック食品を摂取すると人体の微生物の多様性が改善することが、欧州の最新の研究でも明らかになっている。

ウイルスや病原菌と戦ったり、消化を助けたり、食べものを栄養物質に変換したりと、「腸内細菌」は、その地味なネーミングからは想像もできないくらいの重要な役割を担っているのだ。

腸内には、「善玉菌」「悪玉菌」「日和見菌」の3つが存在する。
発酵食に豊富に含まれる「善玉菌」は、免疫力や代謝力、有害物質の分解・排出能力を高め、腸内環境を整えてくれる。

一方、大腸菌などの「悪玉菌」は腸内の消化物を腐敗させ、ガスや悪臭の原因になるだけではなく、発がん物質を形成する可能性も示唆されている（※3）。「悪玉菌」の割合が増えると、口臭を悪化させることもあるという。

　ちなみに「日和見菌」はその名のとおり、バランス次第で善玉にも悪玉にもなる。だから、多量の「善玉菌」を腸に届けてくれる上質な「発酵食品」を積極的に摂るべきなのだ。

善玉菌　　　悪玉菌　　　日和見菌

赤肉のさらなるデメリット

　赤肉（豚肉や牛肉）は、消化に多大なエネルギーを要するため体に大きな負担をかける。特に多くの日本人の消化器官は、肉食に慣れていないこともあり内臓を疲弊させてしまう。

　さらに消化のいい野菜や果物と比べて、赤肉は消化器官に2〜4倍長く滞留するので腸内で腐敗しやすく「悪玉菌」を増加させてし

まう。それが、便通不良や強い体臭を引き起こす原因となるという。

　日本列島は、家畜を飼う土地が少なく海産物に恵まれ──さらに宗教上の理由から──日本人は歴史上、動物の肉をほぼ食べなかった。古代の狩猟生活でも、肉食の割合は現代人とは比べものにならないほど低かったことがわかっている。

　懐石料理に肉が加わったのは明治の開国以降で、庶民が肉食になったのは戦後しばらく経ってからだから、ほんの最近のことなのだ（※4）。

　こういった健康面での理由に加え──動物愛護の観点と、工業型畜産がもたらす環境負荷の大きさを憂慮して──筆者は10年以上、家畜肉を食べないようにしている。

ビーガン食がもたらす複合的メリット

　我が家の食卓は、**腸内菌サポートのために、半分以上を「ビーガン＝植物性のみの食事」**にしている。

　例えば、胃腸が重いと感じると、しばらく完全な「ビーガン」にしてみる（自給自足ライフなので魚が釣れないと強制的にそうなるが……）。

　すると、穀類や野菜、キノコや果物の豊富な食物繊維が、良質なエサとなって「善玉菌」を活性化させて腸を綺麗に掃除してくれるからやめられない。

　こうするだけで便通が快適になり、臭いさえも改善するから「食べもので体は変わる」と実感できて嬉しくなる。ちなみに「ビーガン食」を数ヶ月続けると、便は美しくなって無臭に近づいていく。昨今、多くの人が「ビーガン」になっている理由の一つに、これもあるだろうと推測する。

　気持ちいいし、体は軽くなるし、腸内環境にもいい。

炭素を大量に出す工業型畜産（※5）に加担せずに済むし、動物を殺傷しないから良心も痛まない――つまり、脳のパフォーマンスを低下させる認知的不協和（※6）も回避できるということ。

そう、「ビーガン食」には多大なメリットがあるのだ。

腸 が 整 う と 脳 が 活 性 化 す る

腸とは、単なる消化器官ではなく「第2の脳」と呼ばれるほど、あなたのパフォーマンスに大きな影響を与える。

腸は、無数の神経を通して脳と連動しており、お互いに多大な影響を与え合っている。だから腸内環境を整える努力は、そのまま脳機能の向上に直結する（※7）。

順天堂大学医学部教授の小林弘幸先生いわく、「セロトニン」の95％が腸内でつくられているという。ご存じのようにこれは、脳機能を左右する「幸福と集中力のホルモン」だ。

まさに、「腸活＝脳活」なのである。

母の子宮で受精卵が胎児へと成長する際、まず腸から形になって

いくという現象も、腸の重要性を物語っている。

　それぞれの土地に伝統的な発酵文化があり、世界には多種多様な発酵食が存在する。だが前述の「身土不二」の言葉通り、日本人の体にはやはり日本古来の発酵物がベストだ。

　例えば、海外の発酵物であるヨーグルトの善玉菌は、その多くが胃液で死んでしまい、腸まで届くタイプは「カスピ海ヨーグルト」など一部のみ。特に砂糖入りの通常のヨーグルトは、健康食というより単なるデザートだと思った方がいい。

身近にあった世界最強の発酵物

　筆者は、この発酵という「微生物たちのアート」を心から愛していて、長年かけて世界中の発酵物を試してきた。有名どころをあげておくと、コンブチャやリジュベラックといった発酵ドリンクや、豆乳ヨーグルトや野草酵素など。常にこれら複数の発酵物を自作しては、ある一定期間ずっと摂取し続けた。

家でつくる愛しの発酵物たち

試した多様な発酵物はどれも、大なり小なりの効果があったが、結局は「①味噌」と「②納豆」がダントツで効いた。次に続くのが「③ぬか漬け」だ。

　あと、日本と同じ発酵大国である韓国の「④キムチ」も、食べるとお腹の調子が良くなる。お隣の国だしDNAも近いから日本人にも合うのだろう。

　ただし、①味噌、③ぬか漬け、④キムチは塩分が多いので「少しずつ」と覚えておこう。塩は、日本人の死亡率を上げる食品1位だと知っておいてほしい（※8）。

　なお、日本で働いていた頃はできる限り無添加の発酵物を買っていたが、ニュージーランドに移住してからは自作するようになった。

　ちなみに、①味噌と②納豆は、世界最強の発酵物と称されるほど体にいい。②納豆の栄養価は①〜④の中でダントツに高く、①味噌の善玉菌は強力で、共に大半の菌が生きたまま腸に届き、腸内環境の改善に大きく寄与してくれる。

　筆者の健康の秘密は、ズバリ「1日1回の納豆＋2回の味噌汁」だ。もし味噌の塩分が気になるなら、**市販の塩分不使用の天然出汁**を使い味噌を薄めにするといい（我が家ではしっかり出汁をとる）。

　②納豆、③ぬか漬け、④キムチを常備しておくことで、前メソッドの「一汁一菜」を「一汁二菜」や「一汁三菜」へと軽々とバージョンアップすることができる。

　これらの発酵物は安価な上に、あなたの体にとって「ゼロリスク・ハイリターン」という最高の投資となるので、添加物ゼロで良質なものを選ぶようにしよう。

　ある特定の栄養素が多く含まれる食品を「スーパーフード」と呼ぶが、それらのほとんどが遠い国から届けられる。我々にとって

は、母国日本やお隣の韓国の伝統的な発酵物こそが真のスーパーフードといえるだろう。

自家製の味噌は本当に美味しい

サプリメントは非常時のみとする

　この「無添加の発酵物4点」を、一汁一菜のレギュラーメンバーとして毎日食べるだけでサプリメントは不要となる。

　そもそも、コンビニやドラッグストアに並ぶサプリの多くは、原料に遺伝子組み換え作物が使われていたり、保存料といった合成添加物のオンパレード。だから筆者は日常生活では摂取せず、活用するのは「非常時」のみにしている。

　では「非常時」とはどういう時か——外食が多くなる旅では無添加の「スピルリナ」と「酵素パウダー」を、登山時は特定のサプリを摂る。もしくは医師の指示でサプリを処方される時のみ。

EARTHRISE社「スピルリナ ナチュラル」。
30億年前から存在する藻でタンパク質が豊富な上、ビタミン、ミネラルなど50種以上の栄養素を含む無添加錠剤（プラフリー容器）

万成酵素「スーパー酵素ファースト」。独自製法により50種以上の酵素を生きたまま摂れる。特別栽培（減農薬）の玄米を原料とした無添加の発酵自然食品（パウダー）

　旅と登山で、「サプリあり」と「サプリなし」それぞれで実験したが、旅では消化器官のパフォーマンスが違い、登山では疲労感や筋肉痛が違った。食が不規則となる旅やハードな登山では効果はあるが、ちゃんとした食事が日常の生活では——同様な実験をしたもの——効果を感じなかった。

　しかも、この「無添加の発酵物4点セット①〜④」には、通常のサプリには入っていない「生きた善玉菌」と「生きた酵素」が億単位で入っている。

　そして、**この「発酵物4点セット」のもう一つの魅力は、保存料が不要で長期保存が可能なところ**。これら数々の圧倒的なメリットが、どれほど有利な投資であるかは説明不要だろう。

「腸活」や「腸内フローラ」という言葉の認知度が、美容やダイエット市場で高まった。しかし残念ながら「腸内環境の状態」が人生のパフォーマンスを決めることを理解している人は少ない。

本書で紹介してきた、一汁一菜を軸とした腸内環境が整う食生活を続けると体調もメンタルヘルスも向上し続ける。

さらに集中力が高まって仕事の生産性が上がり、不思議なくらい日々の多幸感が増していく。この点も、腸が「第2の脳」と呼ばれるゆえんなのかもしれない。

この腸活術を知ったあなたは今、大きなアドバンテージを手にしている。あとは実行するだけ。まずは、手に入る最も良質な味噌の最大サイズを買ってしまおう。

ベーシックスキル —●— STEP **4** 食事の軽量化

※1 吉森保『LIFE SCIENCE 長生きせざるをえない時代の生命科学講義』日経BP（2020）
※2 Professor Tim Spector『The Diet Myth: The Real Science Behind What We Eat』
※3 Bonnet M, Buc E, Sauvanet P, Darcha C, Dubois D, Pereira B, Déchelotte P, Bonnet R, Pezet D, Darfeuille-Michaud A.「Colonization of the human gut by E. coli and colorectal cancer risk」Clin Cancer Res. Feb 15;20(4):859-67 （2014）
※4 中澤克昭『肉食の社会史』山川出版社（2018）
※5 GREENPEACE「なぜ時代はレスミートに？」（2019年6月18日）
　　国連大学WEBマガジンOur World「牛は気候キラーなのか？」（2013年4月12日）
※6 Leon Festinger『A Theory of Cognitive Dissonance』Stanford University Press（1957）──認知的不協和とは、心理と行為に矛盾があることで生じる強いストレスのこと
※7 日本経済新聞「腸活で認知機能や心の健康を守る　腸と脳の深い関係」（2020年3月4日）
※8 林英恵『健康になる技術 大全』ダイヤモンド社（2023）

ファスティングは
究極の〝食事戦術〟

「免疫力」「デトックス力」
「代謝力」「再生力」といった
生命力の根源を取り戻せる

　当STEP〈食事の軽量化〉を通して解説してきた、食事メソッドを実践できたとしても「たった一つの行為」が全てを台無しにしてしまう。それはズバリ**「食べすぎる」**ことだ。

　過食は、消化器官や肝臓などの重要な内臓に過度な負担をかけ、腸内の貴重な「消化酵素」を激しく消耗させる。さらに、体は余剰カロリーを内臓脂肪や中性脂肪、悪玉コレステロールといった「ある種の毒」として溜めてしまう。

　現代人が苦しむ**生活習慣病の、多くの原因が「食べすぎ」にある**とされるが、それは原理に立ち返ることで容易に説明できる。

　人類が「食べすぎる生活」を送るようになったのは、産業革命の後に農業・畜産業・水産業が工業化してからで、長い人類史で見るとわずか「数分前」の出来事。

　つまり、我々の「オーガニックデバイス」は「過食」への対応が全くできない構造になっているのだ。

　祖先は太古の狩猟時代から、気が遠くなるほど長い期間飢えと闘ってきた。その結果、人体には驚くべき機能がインストールされた。胃が空になって一定時間が経つと、体には次のような現象が起きるのである。

○感染症への抵抗力UP（※1）
○体全体の免疫力UP（※2）
○慢性の不調や疲労の改善
○美肌効果
○体脂肪を分解する（※3）
○体に溜まった各種の毒を排出する（※4）
○細胞をよみがえらせる（※4）

内臓を休ませるさまざまな断食法

　認知度が高まってきた**「ジュースクレンズ」や「プチ断食」は、とても理にかなった「オーガニックデバイス」のアップグレード術**なのだ。

　こういった**ファスティング（断食）を定期的に行うことで、日々の「食べて出す活動」——消化・吸収・解毒・排泄——で酷使してきた内臓を休ませることができる。**

　その間に、胃腸や肝臓といった主要器官が回復して生体機能が高まることで、**「免疫力」「デトックス力」「代謝力」「再生力」**といった**生命力の根源を取り戻せる**のである。

　これは、長い長い「空腹の時代」を乗り越えた祖先から受け継いだ最強の生存プログラムとも言えるだろう。

　このプログラムを起動して本来の野生を取り戻すべく、次のようなペースでファスティングを行うようにしている。

　半日のプチ断食を週１回ほど、丸１日のファスティングを月に１回程度、３日間のジュースクレンズ（コールドプレスジュースか酵素ジュースのみ摂取）を年に１度くらい。

　これは、自身の体と日々対話をしながら、**「必要性を感じたらやる」「感じなければやらない」**という、あくまでもゆるいルーティン。

過去に、1週間のファスティングをやったことがあるが、それは
「今やるべき」と体が教えてくれたので実行。

　このたった一度の断食によって、全身の細胞が入れ替わったかの
ような感覚になり、体は劇的に軽くなった。そして、この1週間を
境に「生きること」への意識に革命が起きた。

　それ以来、お腹が空くたびに「いま生命力が高まろうとしている
な」とその状態を楽しめるようになった。

　この先もきっと、体の声が聞こえたらまた長期の断食をやるだろ
う。ただし、**2日以上のファスティングは危険が伴うため決して安
易にやらないこと**。プロの指導の下か、しっかり勉強した上で行う
ようにしよう。

寝る前の飲食を避けるべき理由

　実は、こういった特別なことをしなくても我々は当たり前のよう
に毎日ファスティングしている。

　もうおわかりだろう──それは**「睡眠」**のこと。

　朝食にあたる英単語は「Breakfast(ブレックファスト)」だが、これ
は「Fasting＝断食」を「Breakする＝やめる」ことを意味する。つ
まり、7〜9時間何も食べない睡眠は、立派な「プチ断食」にあた
るのだ。

　**睡眠中に、脳と体がリカバリーするのは、熟睡中に分泌される
「成長ホルモン」による細胞・骨・皮膚の修復作用と、前述の空腹
がもたらす複合的な効能のおかげなのだ。**

　よって入眠の段階では、胃の中は空っぽの状態が理想。空腹で就
寝できれば胃が休まった状態で眠れるため、より深く熟睡できる。
さらに「断食効果」による相乗効果も得られる。

　とはいえ、ストレスや誘惑に負けて、「つい食べすぎちゃう」「つ

い夜遅くに暴飲暴食してしまう」という人は多いだろう。筆者も過去に、そういう時期があったから気持ちはわかる。

　しかし、その頃はずっと体調がすぐれずメンタルも不安定。「オーガニックデバイス」の性能は人生で最低レベル。

　当時の筆者のように、その状態にいて苦しんでいる方は、こう考えてみるとどうだろう。

「ただ食べすぎないだけで、高いパフォーマンスが約束されるなんて楽だな」と。これより簡単で、お金がかからずミニマルな方法があったら教えてほしい。

プチ断食がもたらす驚異的な現象

　体が重く感じたら、気軽に「プチ断食」を取り入れてみよう。

　例えば、「睡眠時間は充分なのに起床時の爽快感がない」という日が続いたら試してみてほしいことがある。

　その週の金曜か土曜（休みの前日）の夕食を「寝る4〜5時間前」に消化にいいものだけで軽く済ませ、お酒も飲まずに寝るのだ。

翌朝は、できれば白湯や水だけで何も食べず、厳しければ「具なし味噌汁」や「無添加の野菜100％ジュース」だけで我慢する。そして遅めの朝食（ブランチ）を食べるのだ。これは、筆者が「週1ペース」で実践している「半日のプチ断食」の方法である。

　最近、こういった断食スタイルは「断続的ファスティング」や「間欠的断食」と呼ばれ注目を集めている。そして、その効果の理由が科学的に明らかになってきた。

　口に入れた後、食べたものは食道を通って胃に入り、そこで消化されるのに「2〜4時間（肉などの高脂食材は4〜5時間）」。それを小腸が「5〜8時間」かけて栄養分の大半を吸収し、その後は大腸が「15〜20時間」かけて消化吸収する。

　そして、あなたが「16時間」何も食べない時、この一連の「消化・吸収」と並行して体内で劇的なことが起きている。

　まず、最後の食事から「約10時間後」に、体がエネルギーを求め、血中脂肪や体脂肪を分解し始める。そして、空腹になってから「約16時間」経った頃、「オートファジー」というシステムが発動するのである。

　これは、ノーベル賞を受賞した東京工業大学・大隅良典教授らの研究によって世界に衝撃を与えた生体機能で、「体内で不要となった細胞（タンパク質）を分解して、新たな細胞（タンパク質）をつくりだすリサイクルシステム」のこと（※5）。

偉大なる細胞の再生システム

　つまり、我らが「オーガニックデバイス」は、「外からの栄養補給なしに細胞が自ら生まれ変わるメカニズム」を持っているのだ。想像をはるかに超える高性能ぶりだ。

そして何より、このプログラムが秀逸なのは、「空腹が16時間以上」という飢餓状態になって初めて作動する点。まさに、生き残るための最終システムとも言える。

　先に説明した「半日のプチ断食」はまさに、この「16時間以上の空腹」のためにやっている。筆者が実践してる具体的なタイムスケジュールを記載しておこう。

　16時台に軽い夕食を食べて21時に就寝。普段なら翌朝4時に起きるが、この時は長めに寝て起床後ベッドでゆっくり過ごす。その間は白湯だけで過ごし、9時頃に遅めの軽い朝食を摂る。

　これを見るとわかるように、24時間を**「食べない16時間＋食事をする8時間」**に分けているのがわかるだろう。このことから**「16：8ファスティング」**とも呼ばれている。この「16：8ファスティング」を2〜3日続けることもある。

断食がもたらすさらなる効能

　ファスティングが有効とされる疾病は多岐にわたる。次はその一部にすぎない。

○肥満症　○糖尿病　○心血管疾患　○がん　○神経疾患

　そのメカニズムは完全には解明されていないが、「細胞ストレス耐性の強化」や「代謝の促進」が関与しているという（※3）。他にも、驚くべき効果を示唆する研究もある。

○寿命が延びる（※6）
○血管の老化を遅らせる（※7）
○若返り（※8）

体に隠された神秘にはいつも感動を覚えてしまう。偉大なる地球の一部である人体もまた偉大なのだ。圧倒的な大自然に誰もが感謝したくなるが、自分の内なる大自然にも感謝したくなるのは筆者だけではないはず。

だからこそ、それぞれに与えられたかけがえのない唯一無二の「オーガニックデバイス」をとことん愛しみ、人生をかけて大切にすべきなのだと思う。

人類が「自然の摂理」に抗えないのと同様、誰も「体内の自然の摂理」にも抗えない。社会ではたくさんのごまかしが存在するが、人間の体は絶対にごまかしが利かない。

ここまで読んでくださったあなたなら、このことを直感的に理解できるだろう。

※1 坪田聡「あなたの疲れがとれない本当の理由、睡眠専門医が指摘!」ダイヤモンドオンライン（2016年12月8日）

※2 西野精治『スタンフォード式 最高の睡眠』サンマーク出版（2017）

※3 Javanmard SH, Otroj Z. Ramadan Fasting and Risk of Covid-19. Int J Prev Med. May 25;11:60.(2020)

※4 Longo VD, Mattson MP Fasting: molecular mechanisms and clinical applications. Cell Metabolism 19: 181-192.(2014)

※5 東京工業大学「オートファジー――ノーベル賞を受賞した大隅栄誉教授の研究とは」(2016年10月13日)

※6 Mattson MP, Wan R. 「Beneficial effects of intermittent fasting and caloric restriction on the cardiovascular and cerebrovascular systems」. J NutrBiochem;16:129-37.(2005)

※7 Han, Young-min & Bedarida, Tatiana & Ding, Ye & Somba, Brian & Lu, Qiulun & Wang, Qilong & Song, Ping & Zou, Ming-Hui.「β-Hydroxybutyrate Prevents Vascular Senescence through hnRNP A1-Mediated Upregulation of Oct4.」Molecular Cell. 71. (2018)

※8 Teruya, T., Chaleckis, R., Takada, J. et al.「Diverse metabolic reactions activated during 58-hr fasting are revealed by non-targeted metabolomic analysis of human blood」Sci Rep 9, 854 (2019)

STEP 5

脳疲労と
ストレスの
軽量化

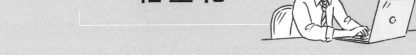

Method　01　〝心を軽くする〟ことから全てが始まる
Method　02　遊びが〝好循環ライフスタイル〟の鍵を握る
Method　03　〝最適な睡眠時間〟の把握が人生を決める
Method　04　DNAに刻まれた〝医者いらず〟の黄金サイクル
Method　05　〝太陽と神ホルモン〟を味方につける最新の睡眠学
Method　06　〝神秘のメカニズム〟を活用する起床ストラテジー
Method　07　〝神秘のメカニズム〟を活用する入眠ストラテジー
Method　08　〝脳ダメージ〟を回避するオフラインの技術
Method　09　〝高次のウェルネス〟をもたらす小さなハックス

˝心を軽くする˝ことから
全てが始まる

「心を軽くする」とは、
脳疲労と精神疲労（ストレス）を
最小化すること

　前著の『超ミニマル主義』では——7つのSTEPを通して——「モノ」「ワークスペース」「情報」「データ」「スケジュール」「タスク」「思考と習慣」のミニマル化メソッドを解説した。

　その70の技法全てが「心を軽くすること」につながっていたことに気付かれただろうか。本書でも引き続き「心の軽量化」にフォーカスしていることは言うまでもない（【超ミニマル・ライフ3原則】の「①心の負担を最小化してパフォーマンスを最大化する」である）。

　心は「精神やメンタルと同義」で扱われることが多く、「脳と神経系という体内器官に宿る」と言われている。

　つまり、「心を軽くする」とは、脳疲労と精神疲労（ストレス）を最小化することでもあるのだ。

　そして、脳疲労とストレスは同義に捉えがちだが本書の解釈は別だ。すぐに気付ける肉体疲労と違い、**ストレスは気付きにくいがなんとか自覚できるのに対し、脳疲労は自覚できない。**

　当STEPでは、「**ストレスと脳疲労マネジメント**」にフォーカスして、今日からすぐに効くメソッドを紹介していきたい。

　世界屈指の高ストレス社会の日本が、解決すべき最大の課題が

「精神的ストレス」だと言われている。

　ストレスが原因での自殺やうつ病、精神疾患による経済的損失が、約15兆円という試算もある（※1）。これがどれほどの規模かというと、2023年度の政府の国債発行額（つまり国の借金）35兆円の半分近くという莫大な金額だ（※2）。

　ストレスには「一時的なもの」と「蓄積型」があるが、よりダメージが大きいのは後者。長期間にわたる「慢性ストレス」は、恐ろしいほどに心身を蝕む。

　慢性ストレスがあらゆる疾患を引き起こし、DNAさえも損傷させることが最近わかってきた（※3）。さらに、感情コントロールと記憶を司る脳の重要部位「海馬」は、長期間にわたって過度のストレスにさらされると著しく縮むという（※4）。

　「ストレスの常態化」がいかに危険かおわかりいただけたはず。

　「ゆでガエルの法則」は聞いたことがあるだろう。

　カエルを熱いお湯に入れると驚いて逃げるが、水から少しずつ熱していけば気付かず、ゆで上がってしまうというものだ。

　身の危険を感じる「急激なストレス」には誰もが対処しようとす

るが、「じわじわと積み重なるストレス」には慣れてしまい、気付いた時はもう手遅れということをこの法則は教えてくれる。

昔から精神的プレッシャーに弱かった筆者は、社会に出ると自分のメンタルの弱さに失意してしまう。

「なんとかしなきゃ」と対策法を探すが、ストレスは可視化が難しく、医学的な根源治療は事実上できないとわかる。

以来、何をするにしても「どうすればプレッシャーをかわし、ストレスを軽くできるか」と考え試行錯誤してきた。30年近いトライ＆エラーから**「ストレスを制する者は、人生を制する」**という哲学に至った。

体と心はつながっていて、体調を崩せば情緒不安定になり、メンタルが悪化すると体も不調となる。「体が軽くなると心も軽くなった」という経験は誰もがしているはず。そして、**脳疲労が体の疲労に直結している**ことはSTEP3〈体の軽量化〉で述べた通り。

「心身という両輪」がそろって初めて、人は活発になれて幸せな人生をデザインできると覚えておいていただきたい。

※1 池上正樹「自殺や精神疾患による経済損失は年間約15.2兆円？ 対策を怠ってきた日本が被る"大きなツケ"」東洋経済オンライン（2010年9月30日）
※2 日本経済新聞「23年度予算案、過去最大114兆3812億円　政府決定」（2022年12月23日）
※3 Makoto R. Hara, Jeffrey J. Kovacs, Erin J. Whalen, Sudarshan Rajagopal, Ryan T. Strachan, Wayne Grant, Aaron J. Towers, Barbara Williams, Christopher M. Lam, Kunhong Xiao, Sudha K. Shenoy, Simon G. Gregory, Seungkirl Ahn, Derek R. Duckett & Robert J. Lefkowitz. A stress response pathway regulates DNA damage through β2-adrenoreceptors and β-arrestin-1. Nature volume 477, pages 349-353（2011）
※4 アンデシュ・ハンセン著『運動脳』サンマーク出版（2022）

遊びが〝好循環ライフスタイル〟の鍵を握る

いい成果を持続的に出せる人は、
「働く時間」を最小化して「遊ぶ時間」を
最大化すべく努める

「よく食べて、よく休んで、よく動き、よく寝て、よく遊ぶ!」

ここで改めて「母の生活習慣5つの教え」の重要性を伝えるため、生活のパターンが違うある2人を紹介しよう。

Yさんは「昇進したい、もっと稼ぎたい」と毎日残業して休みも返上し、人より長く働く。朝ギリギリに跳び起きて出社し、ボロボロになって深夜に帰宅してそのままベッドへ。

自分の時間なんてないし、睡眠時間も短い。時間が惜しいからと、食事はコンビニ弁当やファストフードばかり。時にスナック菓子で空腹をごまかしたり、暴飲暴食に走ったり。肉体疲労とストレスは溜まり続け頭はボーッとする。顔色は悪く体調もすぐれない。お腹はどんどん出てくる……。

それを改善しようと、「簡単ダイエット」「ストレス解消」「疲労回復」という宣伝文句に踊らされ、高価なサービスや商品に次から次へと手を出す。一時的な効果は感じるものの、何も改善してくれない。

さらに「自分へのごほうび」と称して、ストレス発散のために買い物をするからモノが散乱している。そんな部屋ではくつろげない

から、つい会社に長居する。貯金もないから「もっと稼がなきゃ」とひたすら長時間労働に……。

世に多くいる「健康・ダイエット市場」の典型的なカモだ。

Xさんは、「5つの教え」をコツコツ実践している。

朝陽を浴びながら気持ちよく目覚め、朝の「セルフケアタイム（※1）」でリラックスしてから会社へ。定時に退社して帰宅し、清潔な部屋で夕方の「セルフケアタイム」をゆっくり過ごす。軽いヨガをしてリフレッシュするのがルーティン。

夜はスマホをOFFにして早い時間からベッドへ。いつも7時間以上の深い眠りを確保して疲れを残さないようにしている。朝に時々、15分ほど近所を軽く走ることもある。

道具がいらず省スペースで行えるヨガや、明るい時間のジョギングなら安全でお金もかからない。楽なエクササイズだから気持ちよ

く続けられるし、体を動かすだけで頭がスッキリして、ストレスが消えていくのがわかる。

　食事は自炊が基本で、簡単につくれて低コストで栄養バランスもいい「一汁一菜（お米＋具だくさんのお味噌汁）」というシンプルスタイル（STEP4の『世界一 〝ミニマルで合理的な〟料理法』参照）。

　心身共に好調で心地よく暮らしているから、勤務中は高い集中力を維持でき、いい成果が半自動的に出るようになる。

　Xさんこそが、手間もお金もかからず、誰にでもできる**「暮らし」**と**「仕事」**がお互いに好影響を与え合い、**「自分」**にも**「環境」**にも**負担が少ない「好循環ライフスタイル」**の典型である。

　整った暮らしが心身の健康をキープし、持続可能な働き方を支える。継続的にいい仕事ができれば経済的な安定を手にでき、出費を抑えた暮らしがさらにお金の不安を消していく。そして消費の最小化は、環境負荷の最小化に直結する──まさに好循環。

メリットしかないのだから「やらない」という選択肢は、もはや考えられないだろう。

この「生活習慣5つの教え」全てを実践できて初めて、人生のインフラ「心身の健康」は盤石になる。だがこの中で、誰もが後回しにしがちな項目がある。

何かわかるだろうか?

それは人生の鍵を握る大切なこと——**「遊び」**である。

人生で最も大切な時間とは

例えば、〝悪循環ライフスタイル〟の人が「食べる・運動する・休む・寝る時間」を削る前に、「遊ぶ時間」を後回しにして「働く時間」に充ててしまう。

それに対し——〝**好循環ライフスタイル**〟**を送る、いい成果を持続的に出せる人は「働く時間」を最小化して「遊ぶ時間」を最大化すべく努める。**

「好きなこと・やりたいこと」をする遊びの時間を多く確保できれば、精神的ストレスはもちろん、取り除くのが難しい脳疲労さえもあっさりと解消できる。

脳疲労とは、現代人の大半が抱える最大の重荷で、パフォーマンスと幸福度を著しく下げる。これを完全消去する唯一の方法が**「無心になって遊ぶ」**だと知っておいてほしい。

心をよみがえらせる「遊びの時間」が、しっかり生活に組み込まれて初めて「好循環ライフスタイル」が完成する。

そして、一度この好循環に入ることができれば——自動化されたかのごとく継続でき——もう二度と、慢性ストレスと脳疲労に苦し

められることはなくなる。

遊びがもたらす大きな効能

そして「遊びの習慣化」には大きなオマケもついてくる。

失っていた「遊び心」、つまり「子ども心」を取り戻せるようになり、驚くほどクリエイティブになれるのだ。

実際、仕事ができるビジネスパーソンや人生を謳歌している人は、間違いなくクリエイティブだ。必ず本気の趣味を持っていて、その遊びに夢中になっている。

子ども心こそが発想やひらめきの源泉。遊ぶ時間の長さに比例して創造性は高まり、その能力を仕事や人生で存分に活かせるようになる。「柔軟な思考」「創意工夫力」「斬新なアイデア」「独創性」「大胆な挑戦」といったものがそれにあたる。

そう、「遊び」こそが豊かな人生の鍵を握るのだ。

おわかりかと思うが──「健康な心身」というインフラを、強固

にするための特効薬は残念ながらない。「5つの教え」を淡々と実践し、暮らしを整えて確固たる「好循環ライフスタイル」を築くしかない。

でも難しいって？　決してそんなことはない。

一部の天才にしかできない超人的なことを提案しているわけではない。**「5つの教え」は、あくまで「誰にでもできる当たり前のこと」**だと忘れないでほしい。

暮らしを整え、生活習慣を少しずつ好転させながら「よく遊ぶ」だけで、人生のパフォーマンスを最大化できるのであれば、これほど「楽な人生デザイン術」はないと言えるだろう。

例えば、こう考えてみてほしい。

真剣な「遊び」に使うお金と時間は、浪費ではなく「あなたへの最高の投資」になると。

今日からは、これまで遊ぶ時に感じていた罪悪感は全て捨てて、**「あなたの命＝時間とお金」を思い切り投資し、もっと真摯に、もっと本気になって子どものように遊んでみよう。**

愚直になって「母の5つの教え」を守り、確かな「好循環ライフスタイル」をデザインしてきたからこそ——筆者は幸運にも、約30年にわたり持続的な成果を出すことができている。

　筆者の人体実験で実証済みだから、その効果は絶大だと約束しよう。

　しかし、なぜか日本では——「好循環ライフスタイル」と「悪循環ライフスタイル」のどちらがいいかは明らかなのに——後者を選びがちな人が多い。

　しかし、これはある意味チャンスなのだ。30代の頃、流行り廃りが速い音楽業界で会社員として働きながら心の中でひっそりこう思っていた。

「しっかり寝て休み、思い切り遊んでいる間に、競合相手はどんどん不健康になって脱落していく。労せず頭ひとつ抜けられるから楽だな」

　今すぐ「好循環型」にシフトして、他人基準じゃない自分が納得できるライフスタイルを追求してほしい。

※1　前著『超ミニマル主義』の「スケジュールの軽量化」で繰り返し推奨した、心身をリフレッシュさせるために、全ての煩わしいことを忘れて自分を大切にする時間。現代において、セルフケアこそが最強の自己防衛スキルというのが筆者の主張

〝最適な睡眠時間〟の 把握が人生を決める

〈睡眠は
「長さ×深さ」で決まる〉

　これまでの経験から「母の5つの教え」は正しいと確信していたが、科学的根拠があるかどうかを知りたくて、健康に関する文献や論文を集中的に読み漁ってみた。

　生活習慣の主軸である**「食事」「リラックス（休息）」「睡眠」「運動」**という4つをテーマに。

〈生活習慣で最も重要な項目〉

　その結果、これら全てが重要で、どれか1つでも欠けると心身の健全性はあっさりと崩れるとわかった。

　だが、この中の1つが際立って重要であることを知る。

　それは**「睡眠」**だ。

　たとえ、「食事」「休息」「運動」がしっかりできていても、「睡眠」が足りなければ総崩れになるという。逆に、充分な「睡眠」さえ確保できていれば、他の3つが完璧でなくても、なんとか生きていけるというのである。

　そして、このリサーチ結果が正しいことは経験的にも確かだと言えた。

人間の睡眠には**サイクルがあり**、人は平均的に「**4〜5サイクル**」繰り返していて、1サイクルは「**浅いレム睡眠**」と「**深いノンレム睡眠**」で**構成**される。

　そして、**睡眠は「長さ×深さ」で決まる**ということを頭に入れてもらった上で次のグラフを見てほしい。

睡眠は「ノンレム」と「レム」の繰り返し

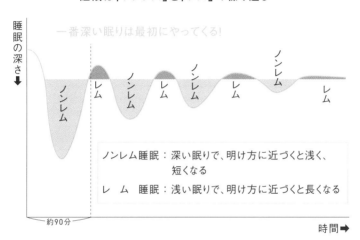

〈出典：西野精治『スタンフォード式 最高の睡眠』サンマーク出版〉

　入眠から一気に最も深い最初の「ノンレム睡眠」に落ち、そこから浅い「レム睡眠」へシフト。**これを繰り返すごとに「ノンレム睡眠」が浅く、「レム睡眠」が長く**なっていく。後半の眠りはかなり浅くなるため、6サイクルに突入してまで眠り続けるメリットはないとされる。

　ちなみに、図の「**1サイクル90分**」とはあくまで**平均値**で、個人差があるという。このことから、**このサイクルだけで適切な睡眠時間を算出することは難しい**。

　なお、「**悪循環ライフスタイル**」が日常化した人や、睡眠障害を

抱える人の睡眠を記録してもグラフはこうならず、支離滅裂な曲線になるという。

睡眠不足がもたらす意外なダメージ

　夢を見たり尿意で起きたりするのは浅い「レム睡眠」の時で、実はこのタイミングで脳は記憶を整理しているのだ。逆に、少々のことでは目覚めない深い「ノンレム睡眠」の時には、記憶を定着させているという（※1）。

　レム（浅い眠り）とノンレム（深い眠り）を、ただ繰り返しているわけではなく、それぞれに重要な役割があり、とても大切な脳内作業を交互に行っているのだ。

　つまり寝不足になると、脳のパフォーマンスに直接影響する「記憶力」や「学習能力」が支障をきたすことになる。

　このよくできた睡眠システムこそが、「深夜残業するより寝た方が生産性はいい」という理論を証明している。

睡眠不足の慢性化が、脳と体に与えるダメージを示す報告は、数えきれないほどあるが、主なものだけを紹介しよう。

　例えば、米国の有名な研究によると、**6時間睡眠を2週間続けると、2日間の徹夜明けと同じくらいパフォーマンスが下がり、自覚できない認知障害を発症した**という（※2）。

　さらに、寝不足による「睡眠負債」が累積すると——肥満・糖尿病・高血圧などの——生活習慣病リスクが高まる上に、日中に脳が**マイクロスリープ**（数秒間の機能停止）を引き起こす可能性まであるというから恐ろしい（※3）。

「睡眠負債」という言葉からわかるように、**寝不足の日があっても、翌日に余分に長く眠ることである程度の「睡眠負債」は返せる**という。逆に、よく言われる「**寝だめ＝睡眠貯金**」はできないことがわかっている（※3）。

　睡眠では「借金は可能、貯金は不可」と覚えておこう。

では何時間眠ればいいのか

　では、睡眠は長いほどいいかというとそうでもない。**長く寝すぎると逆にダメという報告**がいくつもあるからだ。

　例えば、100万人を追跡した調査では、**平均7時間寝る人たちの死亡率が最も低く**、「それ以下の人」と「それ以上の人」たち共に**死亡率が1.3倍高くなる**という結果が出ている（※3）。

　さらに、普段の睡眠が7.5時間の健康な人たちに「好きなだけ寝てもらう」という研究が興味深い。2日目までは誰もが13時間近く眠れたが、3日目から睡眠時間が短くなり、**3週間後には平均8.2時間に固定された**というのだ（※3）。

　長寿の人たちの平均睡眠が7時間、著名CEOたちの多くが約8時間寝ていることは、前著『超ミニマル主義』の「夜を軽くする」で

紹介した。睡眠に関する数多くの文献から読み取ると、**「7〜8時間前後が理想」**と総括していいだろう。

スタンフォード大学の睡眠学の権威、西野精治教授いわく**「指標として7時間程度を目安にするのがいい」**とのこと。

ちなみに睡眠時間とは、20年ごとに30分程度の割合で減っていくことはご存じだろうか。

【必要とされる平均睡眠(※4)】
・10歳代前半まで:8.0時間以上
・25歳:約7.0時間
・45歳:約6.5時間
・65歳:約6.0時間

最適な睡眠時間は年齢で違ったり、個人差があるだけではなく、体調や環境でも変わってくる。

筆者の場合、夏季は短く、冬季は長めとなるが、「6時間半〜7時間半」でスッキリ目覚めた日のパフォーマンスが最もいい。

体調がすぐれない時は、8時間以上寝ないとダメだったり、「適切な睡眠時間」とは決して固定的ではないことが体験的にわかる。

ちなみに、3〜4時間ほど寝れば大丈夫というような「ショートスリーパー」の存在は聞いたことがあるだろう(タレントの武井壮さんやナポレオンが有名な例)。この「短睡眠家系」の遺伝子を持つ割合は、人口のわずか5%ほどという(※1)。

いつも顔色が悪く、**自称ショートスリーパーなる人は「自覚なき寝不足症候群の人」の可能性が高いから注意しよう。**

ここまで書いてきた情報は、あくまで個人的な体感や他人の事例、研究データにすぎない。これらを参考にしつつ、あなたの睡眠ログ(※4)を記録してみよう。

それは、**毎日の「入眠・起床時間」「睡眠時間」「目覚め感」「その日の体調と集中力」をカレンダーにメモ**るだけの簡単なもの。1〜2週間ほど続けるだけで、誰でもないあなたにとっての「理想的な睡眠時間」を割り出せる。

　最新の睡眠アプリも優秀だが、誰でもすぐ実践できるこのアナログなやり方がおすすめだ。自分の**ベストな睡眠時間の把握こそが、人生デザインの第一歩**だと考え、ぜひ今日から睡眠ログを開始していただきたい。

※1　池谷裕二『脳には妙なクセがある』扶桑社（2012）
※2　Hans P.A. Van Dongen, Greg Maislin, Janet M. Mullington, David F. Dinges (2003) "The cumulative cost of additional wakefulness" Sleep,26（2）: 117-126.
※3　西野精治『スタンフォード式 最高の睡眠』サンマーク出版（2017）
※4　裴英洙『一流の睡眠』ダイヤモンド社（2016）

DNAに刻まれた〝医者いらず〟の黄金サイクル

寝る前に食事をすることで、
魔法のような「ファスティング効果」を
放棄することになる

「成長ホルモン」という言葉は聞いたことがあるはず。

これが、体内でとんでもない活躍をしてくれていることはご存じだろうか。

睡眠のゴールデンタイムの根拠

まず、**一日に分泌される成長ホルモン総量の約7割が、我々が寝ている間に体の隅々へ送られる。**

そして、全身の細胞と肌の代謝を促し、筋肉や骨を強化する上に体脂肪を分解する。良質な睡眠をとるだけで、美容やアンチエイジング効果があるというからすごい。

そして、成長ホルモンという名の通り、脳と体を成長させる重要な役割を担っている。

「寝る子は育つ」というように、成長期の子どもはもちろん、大人にとっても睡眠がどれほど重要かは説明不要だろう。

「睡眠のゴールデンタイムは、22時〜夜中2時の4時間」という説は聞いたことがあるはず。筆者も過去の本でそう書いてきた。

実はこれは、8〜17時という「一般的な勤務形態」の生活リズム

に合わせて簡略化された説明だったのだ。

　では、「**ゴールデンタイム＝最大量の成長ホルモンが分泌される
タイミング**」というのはご存じだろうか。

　成長ホルモンの分泌パターンを見ると、**眠りが最も深い「最初の
2サイクル（平均180分＝3時間）」の間に、最大量が放出されている**こ
とがわかっている（※1）。さらに、スタンフォード大学の睡眠の権
威である西野精治先生は、**最初の1サイクルを黄金の90分**と呼ぶ
（※2）。

　ただし、就寝直後の眠りが上質でないとその効果は半減すること
は言うまでもない。

睡眠の質を下げる行いとは

　例えば、就寝直前に飲食をすると、それを消化吸収するためにエ
ネルギーを使い体は休めなくなる。

体温、血糖値、代謝が高まって活動モードにシフトするため——最も深い眠りになるはずの——ゴールデンタイム「最初の2サイクル」の眠りが浅くなってしまう。

その結果、成長ホルモンの放出量が激減するのだ。

さらに、**食べものが胃に残ったまま眠ると、睡眠中の「ファスティング効果」なるものが発動しなくなる。**

前STEPでも解説したように、人間の体とは不思議で——**胃が空になると病原菌やウイルスへの「抵抗力」と**（※1）、**体全体の「免疫力」が高まる**（※2）。空腹が一定時間続くと余分な「脂肪」を分解して（※3）、体にたまった「毒」を排出して細胞をよみがえらせるという（※4）。

寝る前に食事をすることで、この魔法のような「ファスティング効果」を放棄することになるのだ。そうなると睡眠が全く「リカバリータイム」にならない。

ちなみに、夜の深酒も眠りを妨げることが証明されているので（※5）、深夜の飲食が翌日のパフォーマンスにどれほど悪影響を与えるかはもうおわかりだろう。

なお、翌日に仕事がある「月〜木曜の夕食」でのアルコールは推奨しないが、どうしてもお酒を飲みたい方のために2つの方法を提案しておきたい。

①仕事会食の場合
　STEP6の『重い〝接待と仕事ディナー〟を軽くする技術』で解説する、早い会食の乾杯時に少し飲む
②プライベートの場合
　定時に仕事を終わらせてオフィス近くのカジュアルなBARに直行し、お酒が低価格のハッピーアワーを利用して軽く飲む

ポイントは、**なるべく早い時間に少量**である。

では一体何時に眠ればいいのか

「ゴールデンタイムに時間指定がなく、入眠から約3時間が勝負なら何時に寝ても大丈夫だよね」

ついこう考えてしまいがちだが、残念ながらこれは違う。

もし翌朝の始業時間が決まっているならば、確保すべき睡眠時間から逆算してベッドに入る時間を決めるべきである。

そして『超ミニマル主義』で詳説した、集中力が最高潮となる朝の「ハイパフォーマンスタイム」活用を考えると、早寝した方がいいのは誰もがわかるだろう。

さらに、もっと根本的な理由がある。

人類史を振り返ると、我々は「わずか数秒前（※6）」まで夜明けと共に活動を開始し、日没と共に体を休めていた。

そのため、現代人の体内リズムは——これほど文明が進化した今でも——次のメソッドで詳説する「太陽の日周リズム」に同期する構造になっているのだ。

このリズムを無視した生活は睡眠の質を低下させ、成長ホルモンの日常的な低減を引き起こす（※7）。さらに、もう一つの「睡眠の鍵を握るホルモン」と「自律神経」にも悪影響を与え、眠りの質を著しく下げるのだが、この2つに関しては次のメソッドで解説したい。

実際にあなたも、**「22時に寝て翌朝6時に起きる」**のと**「夜中2時に寝て10時に起きる」**のでは——同じ8時間睡眠だとしても**——目覚めた時の体の軽さが違う**という経験はしたことがあるだろう。少なくとも筆者は、前者の方がだんぜん疲れがよく取れて、頭

はスッキリする。

　これは、人間が抗うことができないDNAに組み込まれた睡眠プログラムといえる。

　あと、これは筆者が会社員時代に使っていたテクニックなのだが──「喉と鼻がおかしい」「体がダルい」「頭がスッキリしない」というような過労や風邪の前兆を感じた時は、思い切って19〜20時台に眠ってしまうといい。

　これだけでほとんどの体調不良は完治し、翌朝の体の軽さと気分の良さは言葉にできないくらい爽快となる。筆者はいつもこの手法で、軽い風邪や微熱を一晩で治してきた。

　「いい食事は医者いらず」とよく言うが「いい睡眠も医者いらず」なのである。

※1　坪田聡「あなたの疲れがとれない本当の理由、睡眠専門医が指摘！」ダイヤモンド・オンライン（2016年12月8日）

※2　西野精治『スタンフォード式 最高の睡眠』サンマーク出版（2017）

※3　Javanmard SH, Otroj Z. Ramadan Fasting and Risk of Covid-19. Int J Prev Med. May 25;11:60.（2020）

※4　Longo VD, Mattson MP　Fasting: molecular mechanisms and clinical applications. Cell Metabolism 19: 181-192.（2014）

※5　保健指導リソースガイド「アルコールにより睡眠の質が低下　夕方以降の飲酒に注意」（2013年1月23日）

※6　人類史250万年を単純化した時間軸。「昨日」まで狩猟採集生活を送り、「数時間前＝1万2000年前」の農耕革命をもって定住し、「数分前＝200年前」の産業革命から物質的な豊かさを獲得し、「数秒前＝10〜30年前」からネット＆スマホ社会となった

※7　日本医事新報社「睡眠時間と成長ホルモンの分泌量」（2014）

〝太陽と神ホルモン〟を味方につける最新の睡眠学

起床直後に朝陽をしっかり浴びることで、
いい目覚め感を得られて
「睡眠の満足度」がより高まる

人体には、**睡眠の質を決める2つの重要な生体パターン「サーカディアンリズム」**と**「ウルトラディアンリズム」**が宿る。

前者は、**地球の自転とシンクロしている「約24時間周期」**のこと。後者は、**生理活動が生みだす「短長さまざまな周期」**のことで、心臓の鼓動などの秒単位から前述の「約90分の睡眠サイクル」などがある。

サーカディアンリズムは日本語で**「概日リズム＝概ね1日のリズム」**と呼ばれ、なぜか地球の自転の24時間周期より「約10分」長いという（※1）。そのズレはわずかだとしても、積算すると「1週間で70分」、「1ヶ月で5時間」となる。

人生の鍵を握るホルモン

つまり、このズレを修正しないまま2ヶ月過ごすと、体内時計が昼夜逆転することになる。**「概日リズム障害」**と呼ばれるこの状態に陥ると、脳と生体の機能が低下するため注意が必要だ。

この困った約10分のズレの謎は解明されていないが、地球の全生命に恵みをもたらす、偉大なる太陽が解決してくれる。

朝陽を浴びれば、体内に「セロトニン」が分泌されて「ズレ」が

リセットされて24時間に同期するというのだ（※2）。

「幸福感ホルモン」として有名なセロトニンは、別名「集中力ホルモン」とも呼ばれる重要な神経伝達物質だ。日光を感じた脳は、このホルモン放出を指示して体を覚醒させる。

さらに、この脳内物質は自律神経を整え、気分や感情を安定させて意欲を高める。逆にセロトニンの分泌量が減ると、うつ病のリスクが高まるという（※1）。

このことから、このホルモンなしに「仕事はもちろん、生活さえもまともに営めない」とわかるだろう。

筆者が、気持ちが前向きになって集中力が最高化する朝を「ハイパフォーマンスタイム」と呼ぶのは、午前中に最大量が放出されるセロトニンに依るところが大きいのだ。

そして、このホルモンは「脳」よりも「小腸」で多く分泌される。前STEPで「脳と腸はつながっている／腸は第2の脳」という理論を説明したが、それを裏付ける現象の一つである。

あらゆる意味で、このホルモンは「可能な限りたくさん分泌させた方がいい」と頭に入れてほしい。

朝陽がもたらすアドバンテージ

さらに体は、日光を浴びることで、サプリメントで有名な「ビタミンD」を自給する。これは骨づくりをサポートし、免疫力を高める重要な栄養素。

だが日中の太陽光は強すぎるため、サングラスや日焼け止めが必要となるが、そうなるとビタミンDは合成されにくい。

体内時計のリセットは、朝6時〜8時半の日光が理想とされるが（※3）、その時間の優しい光なら眼や肌への負担は少なく日焼け対策は不要。だから、やはり朝の光が最高なのだ。

　ちなみに、**ここニュージーランドの森の生活では、夜明けの太陽を浴びながらヨガをやるのが日課**だが、全身の細胞が最も歓喜するのはこの時だ。

　ちなみに、**睡眠の質は「目覚め感」によっても決まるとされ、起床直後に朝陽を浴びることで、いい目覚め感を得られて「睡眠の満足度」がより高まる**ことになる。

　さらに、この「いい目覚め感」を得るためには、前メソッドに書いた「睡眠サイクル」の4〜5サイクル目にやってくる**「浅い眠り＝レム睡眠」**のタイミングに起床できるよう、自身のベスト睡眠時間を把握しておくことをお忘れなく。

　次の図のように、**起床から約15時間後に睡眠ホルモン「メラトニン」が分泌されて眠気を促す**（※4）。例えば、**朝6時に起きれば、21時にはメラトニンの分泌が始まるので、成長ホルモン大量分泌と相まってベストな睡眠が約束される。**

　そして何とメラトニンは、セロトニンを原料にしてるというのだ

（※1）。つまり睡眠の質は、夜明けから日没までに「どれほど多くのセロトニンを分泌するか」にかかっているのである。

前著『超ミニマル主義』の**「夕方を軽くする」**で、**「朝が夜を決める」**と書いたのは、ここにも理由があったのだ。

朝陽を味方にできない「遅寝遅起き」がもたらすデメリットは、もはや説明しなくても痛感できるだろう。

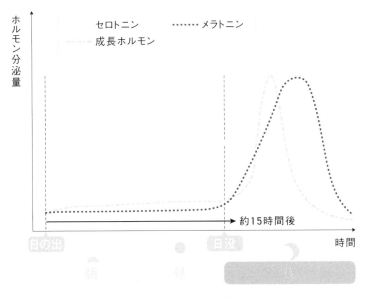

〈＊文部科学省「生活リズムの確立と睡眠」を基に筆者が作成〉

睡眠ホルモンのさらなる効能

メラトニンは睡眠の鍵を握るだけではない──体の酸化を抑えてくれるのだ。それは高い「抗酸化作用」で有名なビタミンCをもしのぐという（※5）。

よく耳にする「体が酸化する」という体内現象は、端的に「細胞と血管の劣化」だと思ってもらっていい。体が酸化すると、肌荒れやシミ、慢性疲労や高血圧、視力や骨力の低下、さらにがんや心臓

病などの原因にもなる（※6）。

　筆者が、最も避けようと努めているのが体の酸化である。

　しかし現代は、その要因は無数にある。大気汚染、農薬、食品添加物、放射能、タバコ、強い紫外線、過度な運動など——これらを差し置いて、最も注意すべきが「精神的ストレス」だというからストレスは本当に恐ろしいのだ。

　つまり、**正しい時間に起きてセロトニンを分泌できていない人——つまり早寝早起き習慣がない人——はこのメラトニンがもたらす複数の効能を享受せずに生きている**ことになる。

早寝早起きがもたらす数々のメリット

　世界で移動生活を送っていた頃、前述の「セロトニン→メラトニンへの変換」という生体機能を利用して時差ボケを解消していた。

　現地到着の翌日、どんなに眠くても必ず夜明けに起きて朝陽を浴びながら、ゆったりとヨガやウォーキングをする。**「軽い運動を30分程度、リズミカルに行う」ことで、より多くのセロトニンがつくられる**と知っていたからだ（※1）。

　そして日中はゆっくり街を散策したり、読書したりしてのんびり起きて過ごす——ただし午後の20分以内のパワーナップ（昼寝）はOK。

　さらに、その日は必ず、日が傾き始める夕方の早い時間に入眠して睡眠負債を解消すべく努めていた。

　そうやって**意図的に早朝からセロトニン分泌を促すことで、日没後のメラトニン合成量を増やしていつもより眠りを深くし、時差ボケを一発リセットしていた**のだ。

　この見事としか言いようのない、太陽系のリズムにシンクロする「体内リズム」と素晴らしい「ホルモンの仕組み」には思わず拍手を送りたくなる。

ちなみに筆者は、「19〜21時入眠→2〜4時起床（季節で変化）」という超早寝早起き生活を10年以上続けていて、体調もメンタルヘルスも人生で一番の好調を維持している。この自ら行った人体実験の結果が、このエビデンスが正しいことを伝えてくれる。

　この生体のメカニズムに則（のっと）って構築するライフスタイルは、肉体ダメージと精神的ストレスを劇的に減らすだけでなく、電力消費の観点（環境負荷と電気代の軽減！）でみても非常に合理的だ──「心身に優しい」は巡り巡って、必ず「環境や財布にも優しい」へ行き着くと知っておこう。

　体にも、脳にも、仕事にも、暮らしにも、環境にもいい。この美しき循環に入れた時の喜びは言葉にできないほど感動的だ。

※1　樺沢紫苑『精神科医が教える ストレスフリー超大全』ダイヤモンド社（2020）

※2　福田裕美「概日リズム調節における光と食事の影響に関する研究動向」日本生理人類学会誌Vol.24,No.1 2019, 2 1 - 7、前村浩二「生体リズムの乱れを調整する3要素（光,食事,メラトニン）」心臓 43（2）, 154-158, 2011

※3　ショーン・スティーブンソン『SLEEP 最高の脳と身体をつくる睡眠の技術』ダイヤモンド社（2017）

※4　西野精治『スタンフォード式 最高の睡眠』サンマーク出版（2017）

※5　森由香子「「寝る前のホットミルクは逆効果」寝ても疲れが取れない人がやっているNG習慣」プレジデントオンライン（2021年2月5日）

※6　日本経済新聞「老化遅らせ病気を予防　鍵握る抗酸化力、高めるコツは」（2020年7月21日）

〝神秘のメカニズム〟を
活用する起床ストラテジー

狩猟採集時代の生活を想像してみてほしい。

太陽が出ている間は「危険」と「チャンス」を察知すべく、高い集中力をもって活動する。太陽が沈むなり安全な場所で翌日に備えて深く眠り、脳と体のリカバリーに努める。

「生きるか死ぬか」という厳しい世界を生き抜くために、250万年近くかけて祖先が構築してきた、この超ダイナミックな**「メリハリ習慣」**は究極のサバイバル戦術と呼べるだろう。

「日中のパフォーマンスが命運を決める」とは、当時の祖先だけではなく現代人にも当てはまる言葉だ。

人間に備わる、完成されたこの「生存のためのメカニズム」を学ぶことはエキサイティングの一言に尽きる。

コルチゾールを人生で活用する

このメカニズムに大きな影響を与える、重要なもう一つのホルモン「コルチゾール」について解説してみたい。

「ストレスホルモン」や「やる気のホルモン」として有名なコルチゾールは、脳がプレッシャーを感じたり、体が急な異変を感じると副腎から放出される。

その瞬間、血圧と血糖値が急激に上がり、脳と体は「闘争か逃走」すべく一気に活動モードへ移行。祖先が危険な動物に遭遇した時に、引き起こされる体内現象だとイメージすれば理解しやすいだろう。

　実はこのコルチゾール、睡眠システムにおいても大切な役割を担っている。

　先出の図に新たにコルチゾールの分泌スケジュールを簡略化して追加した、次の図を見てほしい。

　眠りの質を決めるメラトニンと入れ替わるように、目覚める前から「活動」に備えて急カーブを描くように分泌が始まり、起床時にピークを迎える（※1）。

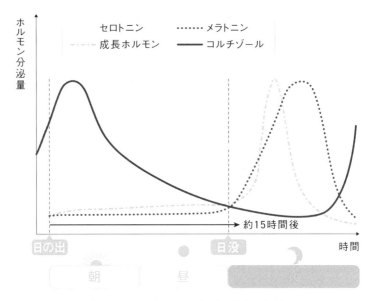

〈※文部科学省「生活リズムの確立と睡眠」を基に筆者が作成〉

　そして**「やる気のホルモン」の名のごとく、そのまま「モチベーション」や「集中力」に大きく寄与する**ことになる。

朝から午後にかけて、セロトニン（幸福感と集中力のホルモン）が大量分泌されると書いたが、それに加え、この目覚めの**「コルチゾール大量放出」**も、朝を**「ハイパフォーマンスタイム」たらしめる大きな理由の一つ**だったのだ。

　なお、コルチゾールはその別名通り、強いストレスを感じると昼夜問わず放出される。実際には、この簡略化されたグラフとは違い、環境や心の影響を受けて不規則な小波を描く。

　そしてコルチゾールの不規則な過剰分泌が日常化すると、体と脳に重い負荷をかける上に、生命活動をコントロールする「自律神経」を狂わせてしまう。

　自律神経は本来、日中に**「交感神経優位（活動モード）」**となり、日没後は**「副交感神経優位（リラックスモード）」**という大きなグラフ曲線を描く。だが、このパターンが乱れたり、激しく上下したり、逆になってしまうのである。

　これは、精神疾患や睡眠障害のリスク要因になるのでとても危険だ。**コルチゾールは、なくてはならない存在だが「ナイフのごとく扱いが難しい」**と理解しておいてほしい。

　寝起きにコーヒーを飲む人が多いが、それは不要だと知っておこう。なぜなら、起床直後はコルチゾールの大量放出で脳は充分に覚醒しているからだ。

　カフェインは、コルチゾールの分泌量が低下する、起床2～3時間以降に飲むのが理想とされる。

　ただし、**カフェインは体内に数時間残るので、英国でいう「午後のティータイム（15時台）」以降の摂取は避けること。**

　人によっては10時間以上も残ることがあるため、上質な睡眠のために自身の「カフェイン体内残留の時間」を把握して飲むようにしよう（※2）。

筆者は、大好きな豆乳カプチーノを脳のパフォーマンスが落ちる遅い午後に飲んでいた時期があった。しかし自分の体内では、カフェインが7〜8時間は残留するとわかり、この楽しみを午前中に限定。その途端、寝付きも睡眠の質も驚くほど良くなったことをお伝えしておこう。

※1　ショーン・スティーブンソン『SLEEP 最高の脳と身体をつくる睡眠の技術』ダイヤモンド社（2017）
※2　樺沢紫苑「『コーヒーを夜中にも飲む人』に襲いかかる超危険」東洋経済オンライン（2021）

Method
07

〝神秘のメカニズム〟を活用する入眠ストラテジー

「寝る2時間以上前に入浴スタート」と覚えておく

人体には**「深部体温」**なるものが存在する。聞き慣れないこの体温は、人が生きる上で重要な鍵を握っている。

基礎体温や風邪をひいた時の熱を、体温計で測るのは体の表面の体温のことで、それを**「皮膚温度」**と言う。

深部体温とは、手足や皮膚の温度ではなく、外部環境の影響を受けにくい「脳と内臓の温度」のことである。次の図は、先出の図に新たに、「深部体温」の変動パターンの簡略グラフを追加したものだ。

図にある通り、**深部体温は夜明け前や起床前に最低温となり、そこから上昇し始める。最高温となる夕刻に向かって上がり続け、日没後から下降するのが通常サイクル**だ（※1）。

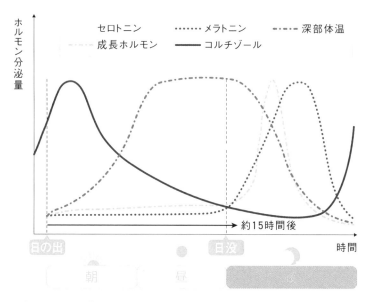

グラフ内テキスト：

ホルモン分泌量

セロトニン　　……メラトニン　　…… 深部体温
……成長ホルモン　　――コルチゾール

約15時間後

時間

日の出　　朝　　昼　　日没

〈※文部科学省「生活リズムの確立と睡眠」を基に筆者が作成〉

最強の入眠メソッド

「深部体温」を自然にクールダウンさせ、さらにリラックスの「副交感神経」優位にしてしまう技がある。

特別なことは何もない。**夕食後の「セルフケアタイム」に入浴する**のだ。

お湯に浸かると「深部体温」はゆっくり上昇する。すると入浴後、**高まった深部体温を戻そうと「揺り戻し機能」が作動**する。

その反動で**約90分後には、深部体温は入浴前よりも低くなる**というのだ（※2）。

お湯から出た後の、この**「深部体温の急降下」**を利用してスリープモードに入ることで、**「寝付き効果」と「熟睡効果」**の両方を得

234

ることができるからすごい。

　ただし、入浴後90分以上経たないと、深部体温が高すぎて寝付けないため、**「就寝時間の90分前」には湯船から出るよう逆算する**こと。**「寝る2時間以上前に入浴スタート」**と覚えておけばいいだろう。

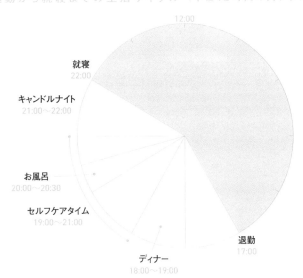

退勤から就寝までの生活サイクル（午後12時間の円グラフ）

12:00

就寝
22:00

キャンドルナイト
21:00〜22:00

お風呂
20:00〜20:30

セルフケアタイム
19:00〜21:00

ディナー
18:00〜19:00

退勤
17:00

　日本人にとってさらなる朗報がある。何と**「温泉」が、お風呂以上に睡眠効果が高いと立証されている**のだ。

　まず、温泉に入ると深部体温がお風呂より大きく上がり、その反動で出た後の深部体温は大きく下がる。さらに、睡眠の質を決める「1サイクル目のノンレム睡眠」も深くなるという（※2）。

　ただし「熱すぎる湯」や「長風呂」は、体がストレスを感じてコルチゾールを分泌し、血圧と血糖値が上昇してしまう。さらに交感神経優位（活動モード）となり、眠りにとっては逆効果。だから決してやらないこと。

風呂好きの筆者の、理想の入浴術を伝授しておこう。

　五感の中で唯一、脳にダイレクトに効く香りの力を借りるのだ。**リラックスを誘うアロマ（ラベンダーがおすすめ）をお湯に数滴入れて、30分ほど半身浴してみよう。**

　これに限らず、**あなたにとって心地いい温度設定で、湯疲れしない15〜30分程度の入浴は、「副交感神経」優位にして脳疲労とストレスの両方を解きほぐしてくれる。**

　さらに、お湯に浸かることで毛細血管が開き、脳と体中へ血流が行きわたる——酸素と栄養を体の隅々まで届け、全身の細胞から老廃物や疲労物質を取り除いてくれる。

　そう、日本人が愛してきたお風呂と温泉は「脳と体メンテナンスの最強ツール」だったのだ。

　次に引っ越す際は、湯船付きの部屋にしよう。

　少々家賃が高くても、あなたに大きなリターンをもたらす有益な

投資となるからだ。筆者も会社員時代は、湯船付きを選んでいたが、仕事のパフォーマンス維持に寄与しているという確かな実感があった。だから、投資対効果は絶対だと約束できる。

だが体に備わったこの神秘のメカニズムは、とても繊細だ。

そのシステムの中核をなす、サーカディアンリズムやウルトラディアンリズムといった「**①体内時計**」、そして「**②ホルモン分泌**」「**③自律神経**」「**④深部体温**」は、ちょっとしたことで狂ってしまう。

なのに——人類を原始生活の過酷さから解放してくれたはずの——文明社会には、この優秀な「**４つの生体システム**」の正常運転の邪魔をする存在が無数にある。

例えば、不夜城（ふやじょう）となった現代では夜の飲み会が盛んだが、**アルコールが一定量を超えると「②メラトニン」の生成量が減ってしまう**ことが知られている。

さらに、文明病とも言える「**慢性ストレス**」を抱えることで「**②メラトニン」分泌が抑制される**ことがわかっている。

さらに、**夜の人工的なまぶしい灯りは、なんと「①体内時計、②ホルモン分泌、③自律神経、④深部体温」全てを乱し、睡眠を著しく阻害してしまうのだ**（※3）。

ヨーロッパ諸国に比べると、日本の都市部の照明は異常に明るく、脳は強いストレスを受ける。だから筆者は、日本滞在時には、コンビニや地下鉄の強烈なライト対策でサングラスで防御している（夜なので怪しまれるが……）。

しかし最も注意すべきは、**スマホやパソコン、TVなどのスクリーンデバイスが発する、地上で最も強い可視光線「ブルーライ**

ベーシックスキル ● STEP5 脳疲労とストレスの軽量化

ト」だ。

夜に、目の網膜がブルーライトを感知すると脳が「朝だ」と勘違いして、「睡眠モード＝③副交感神経優位×②メラトニン分泌」を瞬時に解除する（※4）。

SNSやゲーム、ニュース記事やチャットアプリはもっとタチが悪い。「③自律神経」を強制的にオンにして、「②ドーパミン」と「②コルチゾール」の両方を大量分泌させ、「④深部体温」の冷却モードを止めてしまうからである（※5）。

つまり、ベッドの中で「少しだけ」と軽い気持ちで、スマホでSNSをのぞくと一巻の終わり。睡眠システムは大混乱し、「睡眠のゴールデンタイム効果」を完全に失ってしまう。

ここまで2つのメソッドを通して解説してきた、神秘の入眠メカニズムを、手のひらサイズの小さなデバイスはあっという間に破壊してしまうと考えるとゾッとしてこないだろうか。

大袈裟でなく**「夜のスマホは睡眠の最悪の敵」**なのである。

※1　朝日新聞 Reライフ.net「睡眠の質をあげるには？　深い眠りのカギを握るのは脳の温度」
　　（2023年2月8日）、テルモ体温研究所「睡眠と体温」(2021年8月30日)
※2　西野精治『スタンフォード式　最高の睡眠』サンマーク出版(2017)
※3　山形大学・筑波大学「睡眠前の照明環境が睡眠時の体温とエネルギー代謝に影響を及ぼす」(2021年6月30日)
※4　時事メディカル「ブルーライトによる睡眠障害　デジタルデバイス使用は最小限に」(2021)
※5　アンデシュ・ハンセン『スマホ脳』新潮新書(2020)

〝脳ダメージ〟を回避する オフラインの技術

夜のスマホや残業は、①体内時計、
②ホルモン分泌、③自律神経、
④深部体温を完全に乱してしまう

前著『超ミニマル主義』の〈スケジュールの軽量化〉では、**夕方から就寝までの「セルフケアタイム」と「キャンドルタイム」の理想的な過ごし方のための〝オフライン術〟**を詳説した。

それは、**「日本人の悪癖──残業とスマホ中毒」を回避するための防御策**でもあったのである。

現代人が患っているスマホ中毒からの脱却は、ここで解説する夜のオフライン習慣の徹底から始めると効果的だ。そして、日没以降にオフライン時間を確保しようと努めると、残業という発想が消えていくのがいい。

余計な脳疲労を溜めないために

夕方のセルフケアタイム以降のオフライン術を改めてまとめつつ、最も難易度が高い「脳疲労」除去術について説明したい。

【オフライン術の要約】
・デバイスで以下の機能をONにする
①ダークモード
②ブルーライトカット

③機内モード
④自宅Wi-Fiルーターの電源をOFFにする

or
シンプルに「全デバイスとWi-Fiルーターの電源OFF」がベスト

　なお、スマホの充電は目の届かないところやベッドから離れたところで行い、翌朝まで一切触れないこと。

　スマホを使っていなくても、**手の届く範囲や視界に入る場所にスマホがあるだけで、無意識下でずっと気にしてしまい「脳を著しく疲労させる」ことがわかっている**からだ（※1）。

　高周波電磁波と呼ばれるケータイやWi-Fiの電波も、脳に何らかの影響を与えていて、人によっては睡眠が邪魔される。最新の研究によると、実験ラットがWi-Fiの電磁波を長時間浴びると覚醒時間が著しく増加したという（※2）。

　人体への影響の有無は、科学的な論争が続いていて決着はついていないが、筆者のような敏感体質の人であれば、この「オフライン

術」がもたらす効果にきっと驚くはず。

さらなる脳疲労対策

そこまでやっても「寝付きが悪い」「夜中に目覚めがち」という人は、**日中から全てのデバイスを、①ダークモードON、②ブルーライトカットON**にしてみよう。

ちなみに、筆者は24時間そう設定している。

スマホの使用時間、眼と脳への影響を最小限に抑えるべく──鮮やかなフルカラーである──スマホのスクリーンを、モノトーンに設定している友人もいる。

スマホは、業務効率や暮らしの利便性を高めてくれるが、脳を激しく疲れさせるストレスフルな存在にもなる。

使い方を間違えると、**気を散らせて仕事の集中力を奪い、恐ろしいほど脳を疲労させる「危険物」**と化すため、細心の注意を払ってこのノイズモンスターと向き合っている（その危険性と対策法は前著『超ミニマル主義』参照）。

なお、筆者が暮らすニュージーランドの湖畔の森は、街から離れていて基本的にケータイ圏外なので、そもそもずっとスマホは③機内モードONだ。

ネットは、昔ながらの家の壁に通したLANケーブル経由で使っていて、④Wi-Fiルーターは限定的にしか電源を入れない。

そして、日没後は間接照明かキャンドルで過ごす。

ここにいると──歩いてしか行けない山奥でのソロテント内を除き──世界で最も良く眠れる。それは、街灯も騒音もないという環境だけではなく、「オフライン術」と「キャンドルタイム」を日々徹底しているからでもある。

ちなみに筆者は、重い疲労や筋肉痛もなく何日間も山を歩くことができるが、その理由の大半は、次の3点によって睡眠で体を完全にリカバリーできているからだと推察している。

①日中の「完全オフライン＋精神的ストレスゼロ」の山歩き
　　（とにかく楽しくて気持ちいい!）
②山奥の夜は真っ暗で睡眠を阻害する「明るい照明」がない
　　（圏外なので当然、夜もスマホは使わない）
③山キャンプならではの「超早寝早起きロング睡眠」
　　（毎日18時就寝〜3時起床の9時間睡眠）

脳疲労と肉体疲労の違い

　ストレスや気になることを抱えて——つまり脳疲労が残った状態で——眠ろうとしても頭が冴えて入眠できない。「なんとか寝なきゃ」と意識すればするほど、覚醒して余計に眠れない。こんな経験は誰もがあるはず。

　最近の研究によると、**寝付きの悪さや眠りの浅さは「脳の疲れ過ぎ」に原因があり**、逆に「体の疲労感」はあった方が深く眠れることがわかっている。

　つまり「脳疲労そのもの」が、不眠の原因になるということ（※3）。この事実が登山時の「最高の眠り」の根拠を説明してくれている。

　脳科学が明らかにした、もう一つの知見がある。

　多くの現代人が苦しむ、**「たくさん寝ているはずなのに、疲労感が全く取れない」という症状の大半の理由が、身体的な現象ではなく「脳の現象」だった**というのだ（※4）。

　これらのエビデンスは、脳という繊細な臓器の扱いの難しさを教えてくれる。

　こういったことからも、入眠に向けてリラックスすべき日没後から就寝までは人間の活動時間でないとわかる。つまり、**夜のスマホや残業は、強い照明の比じゃないほど有害**ということだ。

　夜遅くまで働き続け、寝る寸前までベッドでスマホを使っていると、前メソッドで解説した**「4つの生体システム〜①体内時計、②ホルモン分泌、③自律神経、④深部体温」を完全に乱して**しまう。

　つまり、**人間の「生存のメカニズム」そのものを脅かす**ことになるということである。

　そして、起きている時間ずっとスマホを触る中毒状態と、夜の残業が常態化すると恐怖の「脳疲労・負のループ」に陥る。

　その結果、**脳に取り返しのつかないダメージを与える**ことになると警告しておきたい。

脳疲労・負のループ
朝〜夕方:仕事で脳疲労が溜まる
↓
夜:ちゃんと寝られず脳疲労は残ったまま
↓
朝〜夕方:仕事でさらなる脳疲労が追加
↓
夜:眠りは浅く脳疲労が複利的に蓄積
↓
24時間ずっと:慢性疲労症候……

　毎日のアフター5に、リフレッシュして自分を取り戻すセルフケアタイムを持つ。日没後は照明を落としてオフラインとし、心を整

えるキャンドルタイムを確保する。

　それは全て、眠るだけでは取り除けない「脳疲労」を消し去るた
め。前著『超ミニマル主義』と本書でセルフケアタイムとキャンド
ルタイムの重要性について、繰り返し言及した理由はここにあった
のだ。

※1　アンデシュ・ハンセン『スマホ脳』新潮新書(2020)
※2　Lingyu Liu, Hu Deng, Xiaping Tang, Yingxian Lu, Jiayao Zhou, Xiaofei Wang,
　　　Yanyu Zhao, Bing Huang, Yigong Shi「Specific electromagnetic radiation in the
　　　wireless signal range increases wakefulness in mice」Proceedings of the
　　　National Academy of Sciences Aug, 118 (31) (2021)
※3　梶本修身『すべての疲労は脳が原因』集英社(2016)
※4　久賀谷亮『世界のエリートがやっている 最高の休息法』ダイヤモンド社(2016)

〝高次のウェルネス〟を
もたらす小さなハックス

1日の「1/3の時間＝睡眠」を、
より理想的にするための
3つのティップス

「1/3を上質にすれば、自動的に2/3も上質になる」

これは、1日24時間のうち1/3を割り振る「睡眠時間」の成否が、残り2/3を占める「活動時間」に大きな影響を与えるという意味である。

なのに、日本人の平均睡眠時間はOECD加盟37ヶ国で最短。

しかも、働き盛りである40代の半数が6時間未満しか寝ていないという恐ろしいデータもある（※1）。

本書では幾度となく、6時間未満だと足りないとするエビデンスを紹介してきた。それでもなお、「6時間も寝れば充分」と考えているなら、今すぐその思い込みをアンラーンしよう。

寝具と寝室の質が睡眠効果を決める

7〜8時間の充分な睡眠を確保するのはもちろんのこと、できる限りの工夫を試み、睡眠の質の向上にもこだわるべきだ。

だから、**寝具やパジャマ、寝室環境への投資は、特大のリターンを確実にもたらすので決してケチらないこと。**

まず、「寝室とは睡眠専用の特別ルーム」と考えてみよう。そして、日々研究が進む「睡眠学」を勉強するための時間投資も怠らな

いようにしよう。

　まず、**布団やシーツは、吸汗性が悪い上に環境と肌に悪い化学繊維は避け、吸汗性に優れる天然素材にし、パジャマは思い切ってオーガニックコットンにしてみよう。**

　それだけで、アトピー性皮膚炎が和らいで不眠症が解消した友人もいる。

　毎晩飲み歩いたり、有名ブランドの服やバッグを買うことを考えれば、寝具にお金をかける方が人生における「投資対効果」は圧倒的に高い。

　筆者の人生で、最も仕事が辛く給料も低かった20代後半。

　家具や家電は中古で服は古着と、暮らしにお金をかけなかったが寝具だけは違った。部屋で唯一の新品家具は、奮発して買った高価なウォーターベッド。

　当時の筆者の財布には厳しかったが、このウォーターベッドがどれほど睡眠の質を高めて脳と体の疲れを取り、仕事のパフォーマンスに寄与したかは言葉に表せないほどだ。

　ここで、「1/3の時間＝睡眠」をより理想的にするための、ティップスを3つほど伝授しておきたい。

①寝室の温度を「少し涼しいかな」くらいに設定
・脳が「暑い」と感じてしまうと眠りが浅くなる（※2）
※室温が高すぎると、睡眠時の「深部体温」が下がるシステムを邪魔するため

②寝るのが楽しみになるナイトルーティンをつくる
・「キャンドルタイム」を1日の終わりの極上のハイライトにすべく、自分が心地よく過ごせる工夫をする
※読書、アロマ、入浴、ストレッチ、メディテーションなど静的なもの

③起きるのが楽しみになるモーニングルーティンをつくる
・目覚めた後すぐにベッドから出たくなるような、1日で一番気分が上がる朝のハイライトを決めておく
※例えば筆者の場合、大好きな自作の豆乳カプチーノやスムージー、朝焼けを見ながらのヨガなど
（経験上、起床後の喜びがあることで、より良く眠れる気がする）

　何度でも言おう。
　肉体と精神は、あなたが最も大切にすべき「人生のインフラ」だ。そして、この2つは完全に連動している。この両方に一番ダイレクトに効くのが睡眠なのである。
　最後にもう一度、生体システムのグラフを見てみよう。
　優美なハーモニーを奏でるメロディ譜のように見えないだろうか。この神秘とも言える、あなたの生体メカニズムを理解した上で、「各種ホルモン」の力を借りて朝型ライフにシフトするのだ。

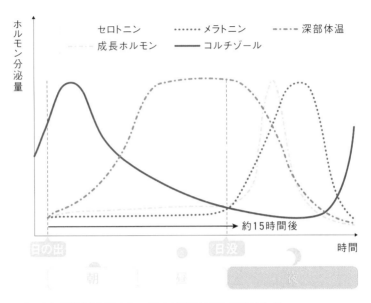

〈※文部科学省「生活リズムの確立と睡眠」を基に筆者が作成〉

　いい眠りといい目覚めが習慣化すれば、脳と体は間違いなく健全化していく。

　思考は研ぎ澄まされ、集中力や判断力、創造性や発想力の全てが高まり、仕事の生産性も日々の充実度も向上し続ける。

　一度でもこの「実益」と「喜び」を体験すると、あなたは決して元の夜型生活に戻れなくなるだろう。

　このメソッドに書いた小さな睡眠ハックスを1年以上継続できれば、人生のパフォーマンスは確かなものとなって心は満たされ、高次の「ウェルネス」が実現する。

　我々の心を司る脳は、起きている間も寝ている間もずっと——その活動内容は日中と夜で変化するが——休みなく活動している。手を合わせたくなるほど勤勉な体内器官だ（※3）。

　何よりも大切にしたいと思うのは、筆者だけではないはず。

日本社会独特の「寝ずに働く人がエライ」という間違った風潮に負けず、あなたの体と脳を守るため、いいパフォーマンスを維持すべく上質な睡眠をキープし続けよう。

　そのために自分なりの小さな工夫を重ね、朝と夜のちょっとしたルーティンを確立し、寝具には一切の妥協なくこだわろう。

「脳と睡眠」の分野はまだ未解明の謎が多く、その仕組みは今後より明らかになっていくだろう。楽しみながら正しい知識をアップデートし続け、理想の睡眠習慣を目指していただきたい。

　今夜、あなたの特別な睡眠専用ルームで、心地いいパジャマを着て「幸せだ」と思いながら眠りにつけるよう──朝には「幸せだ」と気持ちよく目覚められるよう──心から願っている。

※1　日本経済新聞「最も眠れないのは40代　6時間未満が半数」(2018年9月14日)
※2　ショーン・スティーブンソン『SLEEP 最高の脳と身体をつくる睡眠の技術』ダイヤモンド社(2017)
※3　池谷裕二『脳には妙なクセがある』扶桑社(2012)

ベーシックメキル ● STEP **5** 脳疲労とストレスの軽量化

アドバンススキル

STEP 6

人間関係と
コミュニケーション
の軽量化

Method 01 〝本物の人脈〟をデザインする型破りな流儀
Method 02 〝重い人付き合い〟を軽くする3つのティップス
Method 03 潜在意識を書き換えて〝ニガテな人〟を好きになる
Method 04 〝嫌われたくない〟を捨ててブレイクスルーする
Method 05 〝他人に奪われる時間〟を最小化する盾（前編）
Method 06 〝他人に奪われる時間〟を最小化する盾（後編）
Method 07 最軽量の〝コミュニケーション手段〟とは
Method 08 突然の〝無茶ぶり〟を軽やかにかわす防御策
Method 09 重い〝接待と仕事ディナー〟
　　　　　　　を軽くする技術
Method 10 人間関係をアップグレードする
　　　　　　　〝人とのぶつかり〟

〝本物の人脈〟をデザインする型破りな流儀

そろそろ、心のどこかで気付いていることだろう。

人生で一番の課題、それは「人間関係」ということに。

例えば、職場でのストレスの原因についてのアンケートを取ると、人間関係が1位になる（※1）。

上司、先輩、同僚、後輩。取引先のあの人、この人。友人、家族、そして恋人、元恋人……現代人が抱える悩みの大半は、人と人の間に生まれる。

そして、ハーバード大学の成人発達研究所が、700人以上を75年にわたって追跡調査した結果こんな結論に至る。**人生を幸せにするのは——お金でも名声でもなく——人間関係であると**（※2）。

どうやって大切な人を見つけるか

人間関係が厄介なのは、そこに感情が深く絡みつくこと。

好き嫌いの感情はもちろん、怒りや憎しみ、優越感や劣等感、恐怖心や嫉妬心など、人と人の間にはさまざまな感情が関わりとても面倒だ。

だから、「みんなとうまくやりたい」と誰もが願う。

前著『超ミニマル主義』では繰り返しこう書いた。

「時間の使い方の真髄はメリハリにあり、その強弱の付け方で人生が決まる」

ここで強調したいのは**「人間関係こそメリハリが大切」**ということ。全員に好かれるのが無理なように、全員を大切にするのも不可能なのだから。

当メソッドで伝授するのは、ズバリ**「仕事で大切にすべき人」の見つけ方**である。

「そんなの簡単。昇進に関わる上司や、営業成績を左右する大手取引先の偉い人だよ」

ビジネスの世界では模範解答かもしれないが、それは「つまらない正解」であり、そこそこの成果にしかつながらない矮小な発想だ。

本書があなたに授けたいのは「世間的な基準」ではなく「あなただけの基準」による人物判断であり、「損得勘定」ではなく「直感」に従って行動する勇気である。

だってそうだろう。恋人や友人を打算的に選ぶ人なんていないの

だから——いるとしても、決して幸せは手にできないだろう。

大切なのは心の優先順位

　社会人であれば、人との出会いは名刺交換から始まる。

　多くの人が、「権限を握ってる人」「影響力のある人」「高い地位の人」の名刺を「キーパーソン」に分類しているだろう

　だが重要なのは「あなたの感覚」で判断することだ。

　名刺交換では型どおりの挨拶しかしないものだが、年に数人は、**第一印象だけで強く興味を惹かれたり、瞬間的に心が通った会話ができる人**はいないだろうか。

「この人は素敵だな」「なんだか好きだな」と**好感情を抱く人の名刺に、その印象をメモした付箋を貼ったり、名刺管理アプリのメモ欄に書いておくといい。**

　筆者は、こういった人たちも**「キーパーソン」**として抜擢し——打算的に選んだ「組織的・社会的な重要人物」以上に——大切にしてきた。

　さらにある時期からは、相手が重要人物だとしても何も感じない場合は「キーパーソン」に入れなくなった。

ドラマもまた人間関係から生まれる

　あなたのお気に入りの「キーパーソン」とのアポは常に最優先し——その人の立場や肩書に関係なく——誰よりも丁寧な仕事とコミュニケーションを心がける。

　相手が好きでもない重要人物だと緊張を強いられるが、この場合は好きな相手だから、打算的な思惑も不要でストレスもない。

　そういった人たちとの「心の交流」の積み重ねがいつか、あなたの人生を大きく変える出来事につながることがある。

次は、筆者が実際に体験したことだ。

名刺交換をした時点では「決定権や影響力」を持っていなかったが、後に驚くほど出世する人が何人かいた。

出世した瞬間、「世間的な基準」だけで行動する人たちが、慌ててその人に群がってくる。だが、そうなる前から心の通った「人と人の関係」を築いていたため、圧倒的に有利な立場を意図せず手にしたことになる。

もし、最初から「この人は将来、偉くなるから」という下心を持っていたら、「心の絆」を築けなかっただろう。なぜなら、そういった下心とは必ず言葉や態度に滲み出るからである。

難しいことは何もない。**子どもの頃や学生時代に「心許せる友人」と接していた時と同じようにすればいい**のだから。

振り返ると、レコード会社時代に経験した大ヒットの半数以上が、そうやって蓄積した強固な人脈によって生み出されていた。

高視聴率番組のブッキング権を任された人、CMタイアップの決定権を手にした人、超売れっ子クリエイターになった人など──多くの場合、彼らが手にしたパワーをもって、筆者が担当するアーティストや作品のブレイクスルーのきっかけを次々と作ってくれたのである。

それは、「これ以上の感動体験はない」と言い切れるくらいドラマチックな出来事だった。

人脈術こそミニマル主義でいく

これは創作ストーリーのようだが、もちろん紛れもない事実。そして、そんなドラマの始まりはシンプルな基準だ。

自分の中で「誰がニガテで、誰が好きか」「誰に会いたくなくて、誰に会いたいか」をはっきりさせた上で、思い切り「メリハ

リ」をつけて人間関係を構築しただけである。

　このルールに従って行動していると、生活も仕事もどんどん楽になっていく。それに伴い肩の力が抜けて——少しずつだが——本来のあなたが前に出てくるようになる。

　好きで会いたいと思う「キーパーソン」たちは、あなたの「ポジティブな態度」と「あなたらしい魅力」を好意的に受け取ってくれるようになる。そうやって自然と、人間的ないい関係を築けるということだ。

　そしてそれが時に、あなたの人生を好転させる至宝の人脈に発展するのである。

　この領域においては、打算もハックスも変化球も必要ない。

　そんな至宝の人たちとの心の通ったコラボレーションが実現したら、それは間違いなくいいプロジェクトになる。そんなことが2度3度あれば、もうそれは最高の人生だ。

「みんなを大事にしようとすればするほど、誰のことも大切にできない」

「全員と仲良しになろうとすればするほど、誰ともいい関係を築けない」

言葉の真意は、もうわかるだろう。

心がNOと告げる「ニガテな人」とはうまく距離を置き、心がYESという人はとことん「ひいき」する。

まとめると――**人付き合いにおいて「あなたの愛情と時間を、決意をもって大胆に配分する」**ということ。

冒頭で書いたように、現代人は誰もが人間関係で苦しんでいる。人間関係に難しさを感じているのはあなただけではない。

その原因の大半が「誰にも嫌われないように」生きる姿勢にある。そうやって生きていると「本当のあなた」を出せなくなり、何年後かには、あなたは「あなたじゃなくなってしまう」。

恐ろしいことに、空気を読みすぎる風潮がある日本では「自分が何者かわからなくなってしまっている人」がたくさんいる。

そんな最悪の事態にならないために、今すぐ、この人脈メリハリ術を実践してほしい。

※1 『エン転職』1万人アンケート(2021年5月)「コロナ禍における仕事のストレス」調査
　　 日本労働組合総連合会「コロナ禍における職業生活のストレスに関する調査2022」
※2 Robert Waldinger「What makes a good life? Lessons from the longest study on happiness」TED

〝重い人付き合い〟を 軽くする3つのティップス

厳しいビジネスシーンを
生き抜く中で
身に付けた処世術

　ここでは、楽で効果的な人間関係をデザインするための、3つの技を伝授したい。元々、人付き合いが一番の苦手だった筆者が、厳しいビジネスシーンを生き抜く中で身に付けた処世術と呼べるものだ。

1、言葉をソフトに変換する

　どうしても好きになれない「嫌いな人」を「ニガテな人」と、表現を変えてみよう。漢字の「苦手」じゃなく、片仮名の「ニガテ」にしているのは、こちらの方がよりソフトな印象になるからだ。
　そうするだけで、「その人が悪い」のではなく、自分が「その人と合わないだけ」と思えるようになるのがいい。「言霊」という日本語があるように、口にする言葉はあなたの感情や思考パターン、行動に大きな影響を与える。
　例えば、「嫌い」と1回だけ言葉で発すると、脳内では何万回もリピートされていて、ある種のプログラムとして記憶領域の奥深くに刷り込まれてしまうという。

　逆に言えば、少しでもポジティブな言葉に変換するだけで、その

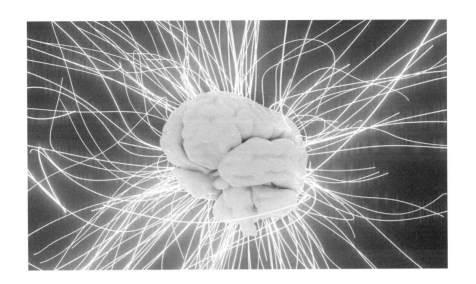

人に対する「記憶領域での解釈」を、いい方向へ書き換えられるということ。こういった脳内作用のことを、認知科学では**「プライミング効果」**と呼んでいる（※1）。

「ニガテ」という言葉を繰り返し使っているうちに、「嫌い」という荒い感情が鎮まり、遂にはその人への態度さえも軟化するようになるからおもしろい。

「仕事ができないヤツ」を「ときどき抜けちゃう人」に、「会いたくないヤツ」を「たまに会えればいい人」に、「許せないヤツ」を「残念な人」に変換するだけで、怒りやネガティブな黒感情が薄まり、その人と接する時間がわずかに楽になるから不思議だ。

2、心の距離を置いてみる

次に、ニガテだと思う人をできる限り避けてみよう。

ただし、「一切顔を合わせない」「完全に無視する」というわけではない。そうできたとしても、険悪な関係になったり罪悪感にさいなまれるだけ。

最初は少しだけ「心の距離」を置いてみるだけでいい。

　これは、「誰とも分け隔てなく接しないといけない」という思い込みを捨てるための、通過儀礼だと思ってもらっていい。

　まず、その「ニガテな人」を話題に出さないようにする。もちろん悪口も言わない。これは、できる限りその「ニガテな人の存在」を頭から消し去り、文字通り「心の距離を置く」ため。

　そして、「陰口を言った後にその人と会うと気まずい」という誰もが経験済みであろう、あのなんとも心地悪い状況にならないようにするためでもある。

　とはいえ、近い人に愚痴を聞いてもらうことで心が軽くなることもある。その場合は、愚痴る相手を一人に決めること。あなたに最も近い存在、恋人やパートナー、または一番の親友がいいだろう。

　仕事関係の人、親戚、知人といった、あなたへの全面的な愛がない人には決して言わないこと。多くの場合――いや、ほぼ100％――そういった人は誰かに言ってしまうからだ。

　そして、決して深刻な顔をせず、にこやかな表情で「笑い話」のように軽快に愚痴るようにしてみよう。その際、そのニガテな人のキャラに合わせて、かわいいニックネームを決めて「ちゃん」や「くん」を付けて話すといい。

　話の導入部分がポイントとなる。例えばこんな感じで。
「ねえ聞いて〜例のジャイアンくんがね〜」

　この導入の「ねえ聞いて〜例の○○くん（ちゃん）がね〜」を固定フレーズにして笑顔で愚痴に入ることができれば、いいテンションで話すことができ、心は一気に軽くなる。当然、毎回愚痴を聞かされる相手も気が楽になる。

　これを習慣化できれば、あれほどニガテだと思っていた相手のことを、少しだけ愛おしく思えるようになるから不思議だ。

３、物理的な距離を置いてみる

職場であれば、ニガテな人のデスクの真横を通らないルートを選び、用件は対面ではなくメールに徹してみる。親戚や仲間の集まりであれば、その人の隣に座らないようにし、やりとりが必要な時はチャットで済ませる。

直接話をせざるを得ない時は、伝えることを事前に最小限にまとめておき、話す時間を１秒でも短くすべく努める。これはビジネスにおける基本マナーだから、コミュニケーションのいい訓練になる。

ただし、非常に重要なポイントがある。**徹底的に礼節は尽くすこと**だ。

特に「いい挨拶」と「いい返事」は絶対で、一切の隙なく気持ちよくやってしまおう。当然、できる限り明るい笑顔で実行すること。瞬間的なことだから誰でもできるはず。

筆者は若い頃、ニガテな人の前だとつい顔が引きつるため、毎朝鏡の前で「笑顔で挨拶する練習」をしていた。これはとても有効なので、バカにせず試してみてほしい。

日本の古き伝統で身を守る

日本が誇る「型どおりの礼儀作法」という伝統文化は、非常に便利なツールだと知っておこう。これを「最強の鎧（よろい）」にして、あなたのネガティブな感情を態度や表情には一切出さず、相手に悟られないように努めるのだ。

失礼のない完璧な礼儀で接することができれば、あなたの「ニガテ意識」が相手に伝わることはない。つまり、「ニガテな人との社

会的なつながり」を維持しながらも、「ストレスにならない距離感」を保てるのだ。

　欧米で、「つながり」と「距離感」を両立させようと思うと、実はとても難しい。日本にあるような「礼儀作法の型」がないからだ。
　つまり、これは世界的に見ると非常にハイレベルな妙技なのだが、日本文化を身に付けた人であれば簡単にできてしまう。これは我々の特権といえるから、活用しない手はない。
　相手に悟られることなく「接触機会・接触時間」を減らし、「心と物理的な距離」を若干つくるだけで気持ちがグッと楽になる。いつの間にか、その人に感じていた「ニガテ意識」さえもなくなっていくところが興味深い。

　最後に、この話をすれば難しい人間関係にさらに前向きになれるはず。
　STEP4で述べたように、膨大な数の微生物が活躍する人間の腸内には「善玉菌・日和見菌・悪玉菌」の3つが存在する。
　実は、その理想のバランスがあり、「2：7：1」といわれている。「善玉菌」が「2」より増えても、「悪玉菌」が「1」より減っても、腸内環境のバランスが崩れるという。
　つまり、腸内において「悪玉菌」は必須ということ。この絶妙な割合は、「どんな人であろうと、組織や社会では何かの役割がある」と教えてくれる。
　あなたにとっては不要かもしれないが、誰かにとっては必要な存在かもしれない──そう思えば、ニガテ意識はより薄れてこないだろうか。

※1　宇都出雅巳「『口ぐせが現実を変える』が科学的に正しい訳」東洋経済オンライン（2017年5月21日）

潜在意識を書き換えて
〝ニガテな人〟を好きになる

「ニガテな人」の
いいところ探しゲーム

　そうは言っても、「ニガテな人」とわずかでも距離を置いてしまうと仕事にならないケースもあるだろう。例えば、毎日何度もやりとりする直属の上司や、担当する最大手の取引先で実権を握る人など。

　もし、そういった人と会話してるだけで体が震えたりするようなら、異動を希望するか担当替えしてもらった方がいいかもしれない。でも、その最終手段を取る前に、1つだけチャレンジしてみてほしいことがある。

　相手のことを好きになってみるのだ──まあ聞いてほしい。

　あなたの身近にいるどう頑張っても「ニガテ意識」を消せない相手にも、必ずいいところがあるはず。それを見つけ出し、**できるだけ「いいところ」だけを見るようにする。**

　そうやって、**その人への「ネガティブな感情」を、自分でコントロールできる「顕在意識」上でポジティブに変換していく。**

　次に、その人に対する態度を変えていくことで、少しずつ「潜在意識」を書き換えるのだ──まるで、脳のプログラムを書き換えるように。

　筆者は、この手を使って困難を乗り切ったことが何度かある。そ

の理論を伝えるために、その体験の1つを赤裸々に書きたいと思う
──レコード会社で働いていた20代の頃の物語だ。

　厳しい数字のノルマに追われていた社会人3年目。ラジオ局に出
入りし、PRを仕掛けるプロモーターをやっていた。

　当時、音楽マーケットで大きな影響力を持つある局に、B氏とい
う名物ディレクターがいた。笑顔は見せない強面で、声は低く態度
は高圧的。筆者が最も嫌いな──いや、「ニガテ」なタイプ。もち
ろん近づきたくない。

　しかし、彼は複数の人気番組の責任者だったので、どうしても攻
略しないといけなかった。

　彼は、局に出入りするどのレコード会社のPR担当も毛嫌いして
いて、挨拶しても基本無視。躊躇してたら会話さえしてもらえな
い。その人の前だと恐怖で言葉が詰まってしまう。

ニガテだからといってあきらめてしまうと、自分が担当するレーベルのアーティストや曲が、彼の番組で取り上げられない。高い聴取率の番組なだけに、非常にまずい。

何度もアプローチを試みたが効果なし。もうダメかな……とあきらめかけた時、若い頃のB氏を知る先輩に相談した。するとこんなことを言った。

「無愛想（ぶあいそう）だけど、可愛いところもあるんだよね」

その時、頭の中で無意識に「可愛い」を「カワイイ」に変換していた。そしてふと「最後のゲームだと思って、そのカワイイところを見つけてみよう」と思い立ったのだ。

これでダメなら担当を替えてもらおうと小さな決意を抱く。

その日から、**「B氏のいいところ探しゲーム」** が始まる。ゲームだと思うと少しだけ心が軽くなるから不思議だ。

感情と潜在意識が変化していく

ある朝のこと。いつも通り無愛想に仕事をするB氏の横顔が少し「寂しそう」に感じた――筆者の見方が変わったからだろうか。今日も寝癖のままで服はしわくちゃ――昨日までは何とも思わなかったのに、なぜか少し愛おしく思えた。

その瞬間から、これまでの「ニガテ100％」から「ニガテ99％＋カワイイ1％」と小さな感情変化が生まれることになる。

後日。遠くから恐る恐るB氏を見てみると、彼はいつも通りデスクにいて大きなヘッドフォンで音楽を聴いていた。

いつもなら――各レコード会社から「聴いてほしい」と届けられる――新曲を聴いているのだろうと、邪魔しないように離れるのだが、雰囲気がいつもと違うような気がする。彼への気持ちが少し変化したせいかもしれない。

深呼吸しながらその横顔を見てみると、きれいな瞳をしていることに気付く。これまでは怖くて眼を合わせられなかったし、長い前髪でつぶらな瞳を隠すようにしていたから、彼の眼をちゃんと見たことがなかった。

　どんな音楽を聴いてるのだろうと気になって、耳をそばだてながらそっと彼の後ろを通った時、ヘッドフォンから荘厳なクラシック音楽が漏れ聴こえてきたのだ。

　無口なB氏とは、まともな会話をしたことがなく、どんな音楽が好きなのか知らなかった。ただ、学生時代に吹奏楽部に所属し、プロを目指していたことは先輩から聞いていた。

　彼にすれば、筆者や他のプロモーターが持ち込むJ-POPや洋楽なんて、本当は聴きたくもないのだろう。仕事だからしょうがなく聴き、自分の「好き」を封印して番組で流す。

「それってきっと、彼にとっては苦痛なんだろうな」

　そう考えた途端、彼も「同じ人間なんだ」と思えるようになっ

た。筆者と同じように仕事のストレスに苦しみ、自分を奮い立たせて必死に働いているんだと。

それは同情ではなく、ある種の「共感」という感情だった。

そして彼は、裏表のない性格だからこそ、誰もがやる「うわべだけの挨拶」も「あいそ笑い」もできないんだ——彼のピュアな瞳を思い浮かべながらそう思った。これ以降、B氏への気持ちは劇的に変化していく。

これまで通り冷たくされても、「悪意があるわけじゃない。実直で不器用なだけ」「筆者のように人付き合いが苦手なんだ」と、全く違う受け取り方ができるようになっていた。

潜在意識（無意識）に支配される人間

そうやってしばらく経つと、いろんな変化が起き始める。

B氏に会うのがそれほど苦痛ではなくなり、近寄って気持ちよく挨拶できるようになった。遂には、彼と会話ができるようになっていたのである。

全ては、「嫌い→ニガテ→カワイイ」と意図的に言葉を変換して、自分の「顕在意識」を変えることから始まった。それが自然に「行動」に表れるようになってきた。つまり、「潜在意識」が書き換えられたということになる。

人という生き物は、**自分で制御できる「顕在意識」ではなく、把握できない「潜在意識」によって動かされている**という（※1）。

きっと以前は、「潜在意識」を占めていたB氏へのネガティブな感情が、目に見えない空気となって全身から出ていたはず。少なくとも彼と向き合う時、自分の呼吸が浅くなっていたことは自覚していた。

しかし、筆者の「潜在意識」が、わずかにポジティブになったこ

とで呼吸は深くなり、目つきや表情はやわらかくなったことだろう。すると驚くことに、彼の態度もちょっとずつ軟化するようになってきたのだ。

　思い切って、筆者自身が幼少期にクラシック音楽を聴いて育った話をしてみると、そこから一気に距離が近くなる。
　それ以来、会話の数が増えるようになり、B氏は「仕事も、職場も、人付き合いもニガテ」ということがわかり、「筆者と全く同じじゃないか」と親近感を持つようになった。
　彼の気晴らしになればと、自分の仕事とは無関係のクラシック音楽の話題を事前に仕入れては話すようになっていく。それに呼応するかのように、彼は時々お気に入りの協奏曲を聴かせてくれたりした。

　そうしているうちに不思議なことが起こった。

筆者の扱うレーベルの曲が、彼の番組で次々とオンエアされるようになったのである。なんとなく仕事の話がしづらくて、本来のPRの仕事は完全に放棄していたのに。

いつの間にか、筆者が働くレーベルのアーティストが次々とゲスト出演できたり、特番を組めるようになったり、どんどん大きな仕事ができるようになっていく。

周りからは「どうやって取り込んだの？」「いくら払ったんだ？」と聞かれるが、当時は「そうなった理由」を言語化できず、うまく説明ができなかった。

心理学による立証

心理学に詳しい人にこの話をしたところ、「**ベン・フランクリン効果の一種**だろう」と言われ、その説明が腑に落ちた。

それは、米国独立の政治的指導者として有名なベンジャミン・フランクリンが、政敵を抱き込むために行った逸話から名付けられた心理的効果のこと。

彼はその政敵に、その人が詳しい（政治とは無関係の）あるジャンルの本を、次から次へと貸してほしいと懇願したという。

相手は当惑しつつも、断る理由がないので一冊ずつ手渡していく。するとその政敵はいつの間にか、ベンジャミンに対してポジティブな感情を抱き、敵対しなくなったというのだ。

頭を下げる行為は、ある種の「心を開く行為」である。「私的な頼みごとがある」と、自分の懐に飛び込んできた相手を受け入れているうちに感情移入していくという。

この「血の通った人間らしい心理」は理解できるだろう。そして、この心理現象は愛おしき人間の本質でもあるらしい。

ベン・フランクリン効果に沿って筆者のケースを説明するとこう

なるだろう。

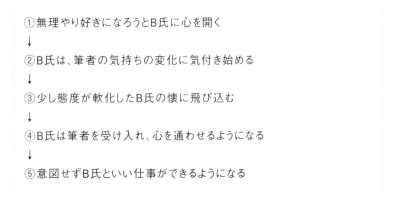

①無理やり好きになろうとB氏に心を開く
　↓
②B氏は、筆者の気持ちの変化に気付き始める
　↓
③少し態度が軟化したB氏の懐に飛び込む
　↓
④B氏は筆者を受け入れ、心を通わせるようになる
　↓
⑤意図せずB氏といい仕事ができるようになる

　この体験で忘れてはいけない、もう一つの大切な人間心理がある。それは「共感」だ。B氏へ共感を抱くようになってから、ニガテだった彼に対して自然と「思いやり」の心が生まれていた。

　その心は言葉や表情や態度に表れ、確実に相手に伝わる。そして相手は、それを心で受け止める。

　人間は、理性ではなく感情の生き物。時間はかかるが、「頭よりも心」に訴えかけることこそが正攻法であり、結局は合理的なのだろう。そう考えれば、メソッドや戦略なんてしょせんは小手先に思えてこないだろうか。

　ニガテな人に遭遇したら、まずは相手を「自分と同じ不完全な人間」だと思ってみよう。次に**「人間らしい部分」を発見すべく観察する。そして、その部分に「共感」できたらもう大丈夫**。さらに「思いやり」を持てるようになったら理想的だ。

　拒絶したり逃亡する前に、実験的なゲームだと思ってぜひ試してもらいたい。

※1　池谷裕二『脳には妙なクセがある』扶桑社(2012)

〝嫌われたくない〟を捨てて ブレイクスルーする

99％の人は——「信念」や「情熱」ではなく——「責任を負わなくていいみんなの意見」「根拠のない常識や一般論」「データや数字」で、人生の重要な決断を下してしまう

多くの人が「誰とでもうまくやれて、何でもそつなくできるマルチプレイヤー」になりたいと願う。

確かに、それは合理的な考え方かもしれない。過去の日本で評価されてきたのはそういうタイプだったのだから。

みんなと仲良し＆万能型を手放す

もし、あなたがそう考えているならば、こう自問自答してみてもらいたい。

「みんなに認められようとして、無理してない？」

「人に求められるから、そういう役割を演じていない？」

答えが「YES」ならば即やめよう。

なぜなら、人生においてブレイクスルーをもたらすのはいつも、熱狂や暴走といった非合理的な行動だからだ。

昨今、**大きな成果を出す人の多くが何か一つに秀でた「一点突破型」**ということに気付かれただろうか？

そういう人たちは、誰もできなかった業務改善を成し遂げたり、際立って大きな売り上げをつくったり、誰かの人生を変えるような

作品を創ってしまう。

「マルチプレイヤー」はじめ、「忠実で命令に従う人」「空気を読む従順な人」が求められた前世紀では、「一点突破型」は生きづらかった上に、あまり評価されなかった。だが、今世紀に入って20年以上が経ち、日本社会もいよいよ変わってきた。

欧米ではずっと以前から、「一点突破型」が求められていたことはご存じの通り。歴史を見ても、社会を変えるようなイノベーションの多くは、世間から「クレイジーだ」と評される人たちによって生み出されている。

たった一人のための一点突破

例えば、革新的な製品をリリースし続けてきたApple社は「市場調査」を一切やらないことで有名だ。

「大多数のユーザーが、なんとなく求めてるような製品なんて誰もいらない。そもそも俺はそんなものつくりたくない」

そんな持論を貫いた元CEOの故スティーブ・ジョブズは最初から最後までずっと変人扱いされていた。そんな彼は、生涯において「コモディティ（特徴がない、ただの大量生産プロダクト）」を、一つも世に出さなかった。

同社の売り上げの大部分を占める『iPhone』は、いまや誰もが持っているスマホの原型。だが『iPhone』発表時には、評論家やメディアからは「コンピューターの会社が電話機をつくるなんてお笑い草だ」と酷評され、世界中が「なぜ？」と首をかしげた。

しかし、その小さなデバイスが人類のライフスタイルを大きく変容させた。この世界的ヒットによってApple社は、時価総額世界一まで登り詰めることになる。

もう一人の尊敬する起業家がいる。サーファーのニック・ウッドマンである。

「大好きなサーフィンをしながら撮影できる、小さくて頑丈な防水カメラがほしい」と、自らつくったのが『GoPro』だ。

筆者も持っていたが——当初は、デジカメなのにモニター画面は付いておらず不格好で使いにくい。「非常識すぎる」「誰も買わない」と嘲笑され、大衆から見向きもされなかったが一部のコアユーザーはこのプロダクトを心から愛した（筆者もその一人だ）。

そして苦労の末に上場を果たし、誰もが知るグローバルブランドとなった。そして今や、『GoPro』を原型とするウェアラブルカメラが各社から出ていて巨大マーケットを形成している。

二人に共通しているのは**「みんなのためじゃなく、自分というたった一人のために作品創りをした」**という点にある。

想像してみてほしい。

もし、彼らのような異端のイノベーターたちが「誰からも嫌われたくない」「反対されたらやめる」という性質だったり——「前例や多数決こそが正解」「自分の信念よりみんなの意見を優先」という考え方の持ち主だったら、どうなったかと。

文明を支える素晴らしき製品や作品、サービスは存在しておらず——そもそも、人類は存在さえしていなかっただろう。

なぜなら太古より、祖先が生き残れるかどうかの瀬戸際で、奇跡のブレイクスルーを引き起こしてきたのは、常に突然変異のような個体種だったのだから。

多数決と「みんなの意見」は無責任の塊

筆者にも興味深い経験がいくつかある。

レコード会社プロデューサー時代、アーティストの新曲を複数プレゼンしてスタッフに聴いてもらい、多数決で選んだ曲でヒットしたものは、なんとゼロ。

逆に、「経理の○○さんが聴いた瞬間泣いた」や「宣伝担当の○○さんがこの曲を聴きまくってる」というような、**「一人の心に深く届く曲」がいつも無名のアーティストをブレイクスルーに導いた。**

もちろん、アーティストや筆者自身が「その一人」だったことは何度もある。「その一人」が誰にせよ、「その一人」の感覚と心中する覚悟で、自分が全責任を取ると宣言した上で「この曲でいく」と決定していた。

ミュージックビデオや広告クリエイティブも同じで、「上司やチームメンバーみんなの、なんとなくの同意」を経て世に出したものほど反応が薄いまま終わっていた。

「みんなそうじゃないと言ってる」「リサーチしたら反対意見が多かった」

これは、筆者が過去に何十回と言われてきた言葉だ。

そう言われるたび「みんなとは誰と誰ですか？　具体的な名前を教えてください」「何十人くらいにリサーチしましたか？」と聞き返していた。ほとんどの場合、口ごもってまともな返答を得られない。

それでも食い下がる人がいた場合「もしそれが、100人以上の意見であったなら検討させていただきます」と、満面の笑みで返答していた。

アシスタントプロデューサーとして奔走していた1990年代の終わり頃、音楽業界で市場調査が流行ったことがあった。上司命令で、高いお金を払ってリサーチ会社にお願いしたところ、サンプル数は数十人程度で、多くても数百人。

残念ながら、そこにはブレイクスルーのための解は一切なく、得

られたのは「そこそこ売れるかもしれない音楽制作（商品開発）のヒント」くらいだった。

最も大切にすべきは
非効率で非生産的なこと

　グローバル企業の事例から小さな体験談まで書き連ねたが、これらは決して特殊なケースではなく、世の中にはこういった例がいくらでも存在する。あなたの身近にも、いくつもあるはず。

　それでも、**99％の人は――「信念」や「情熱」ではなく――「責任を負わなくていいみんなの意見」「根拠のない常識や一般論」「データや数字」で、人生の重要な決断を下してしまう。**

　こういった事例や自身の経験から、**「忖度や多数決から感動が生まれることはない」という法則**と、**「誰もが口にする、一見正しそうなアドバイスは絶対ではない」という哲学**を体得することができた。

「そんなこと言ったって、場の雰囲気が乱れたり、周りとギクシャクするのは怖いし、仲間外れにされたくない」って？

　気持ちはわかる。そうやって生きることは間違いではないだろう。だが、現状を打破して人生にブレイクスルーを起こしたいならば、そんな狭い人間関係に縛られてる場合じゃない。人生は期限付きで一回きりなのだから。

　偉大なる先人たち（と孤独な変わり者）の存在が少しでもあなたの勇気につながれば幸いだ。

〝他人に奪われる時間〟
を最小化する盾（前編）

押しの強い人や目上からの誘いを
うまく回避する方法

　デジタルテクノロジーの急進によって、コミュニケーション量が爆発的に増え続けている。どうでもいい誰かに毎日を──いや人生を──奪われないようにすべく、一つ一つのアポをシビアに取捨選択しないといけない。

　なのに多くの人がアポだらけの予定帳を見て、「人から求められている」と、自己肯定感が満たされた気になっている。目的なく「人に会ってるだけの日々」なんて、自分の人生を生きていないようなもの。実は筆者にも、そんな経験がある。

断りやすい欧米 vs 断れない日本社会

　駆け出しプロデューサーの頃、まだ半人前という自信のなさから、全てのアポにYESと即答していた。会議や打ち合わせなどを含めると1日10本なんて日もあった。当然、終わるのは夜。そして7本目を超えたあたりから記憶がない……。

　実際、「同調性」を重んじ、相手の気持ちを思いやるのが礼節とされる日本社会では「断る」のは難しい。

　だが、毎日がアポで埋め尽くされるとどうなるか。

　「自分は仕事をしている！」と勘違いしてアドレナリン中毒とな

り、忙しさに酔ってしまうのだ。

　そしてタスク過多であらゆる業務が滞り、締め切りは守れず、遅刻の常習犯になっていく。自分の時間が消えてプライベートの約束はドタキャン続きで、部屋はぐちゃぐちゃ。

　ちゃんと眠れないから頭と体は常に重く、余裕もないからミスが多発して信用を次々と失っていく。

　そんな経験から、もしあなたが「断りたいのに断れない」状況にあるなら、その気持ちは痛いほどわかる。そして日本社会では、ほとんどの人が同じ悩みを抱えている。

　ちなみに「個人主義」の欧米では、誘いを断っても「気まずさ」は全くない。だから、自分の時間と自分自身を大切にしやすい。それができて初めて自己肯定感は高まる。

　文化の違いで人生が決まる——これは本当だと思う。

　ここからは、そんな文化的プレッシャーへの防御策を授けていく。時間を他人に明け渡さず、自分を守り抜くための技術だ。

　当メソッドでは特に——テクノロジーを活用して——筆者が最も

苦労した、**押しの強い人や目上からの誘いを回避する手立て**を伝えたい。

血の通わないデジタルツールの活用

仕事のコミュニケーションの大半が、メールやチャットといった「文字ベース」で行われるようになって久しい。

幸運なことにこれらのツール──特にメールは──強引なアポを断る際に使い勝手がいい。アポを含むオファー全般への辞退においては、文章力こそがあなたを守る頼もしい盾となる。

忘れてはいけないのが、人は誰もが「人情」なるものを持っているということ。

人情こそが人を人たらしめるが、時に足かせとなる。だからこそ、相手の情感が伝わってくる肉声や顔を見ながらの対話では、なかなか「NO」と言いづらい。強引な人ほど情に訴えかけてくる傾向があるから厄介だ。

この「断る」という難しいコミュニケーションを、対面や電話で行おうとすると、次の4つの会話スキルが求められる。立場が上の相手であれば緊張するからより難易度が高くなる。

①反射的に適切な言葉を選んで返す語彙力
②どんな投げかけにも対応できるアドリブ能力
③空気を和ますための笑いのセンスと笑顔力
④失礼のない言葉使いと立ち居振る舞い

メールというレガシーツールの威力

4つ全てをそつなく実践できるようになるには年季が必要だ。相

手が歳上なら間違いなくあなたよりも上手——だから、口頭での駆け引きはなるべく避けた方がいい。

　文章であれば、④さえクリアしていればいいので会話スキルがなくても何とかなる。

　しかも文面であれば人情に流されず、ある種の冷徹さを持てて、断るためのロジックと戦略もじっくり練ることができる。そして「断り作業」は、チャットよりもメールの方が断然やりやすい。その理由を、3つのポイントにまとめておこう。

①相手が「冷静になりやすい」

　おわかりのように、目上の人からの打診やお願いごとを辞するのは容易ではない。断り方を間違えると、相手の気分を害したり反感を買ってしまう可能性が高いからだ。

　それを難易度が高く人肌を感じる「会話」ではなく、血の通わないデバイス上の「テキストという体温のない記号」を通して行うことで、相手の感情をクールダウンさせやすくなる。

②メールの「オフィシャル感」を利用する

チャットやSNSのメッセージといった、即レスが求められるカジュアルなコミュニケーションツールが爆発的に増えるにつれ、メールが「公式ツール」の地位へ登りつめた。

断るという難易度の高いコミュニケーションでは、「当方の謝辞」と「先方への敬意」をしっかり伝える必要がある。そのために、世間がメールに抱く「オフィシャル感」を利用するのだ。

③「確かな定型文」をミスなく使える

口語と文語は、もはや違う言語だ。反射神経が求められるチャットもまた違う言語だと言える。

そもそも口述の定型文なんて覚えられないし、チャットでは長い定型文を送りにくい。メールだと、事前に時間をかけて抜かりのない定型文を準備できる（定型文の作成方法と例文は次のメソッドにて伝授する）。

さらにメールだと、即レスが不要で落ち着いて向き合えるため、口頭やチャットだと生じやすい「あいまいさや誤解」「失礼な言葉使い」をなくせるという大きなメリットもある。

なお、筆者はSlackやLINEやMessengerといったチャットツールを仕事で使うのをやめて、全てをメールに統一している（詳細は前著『超ミニマル主義』参照）。

その1つに、「チーム内や社内のコミュニケーションはSlack」「チーム外の人とはメール」と、ツールが分かれることによる面倒や混乱を避けるというのがあった——「2つ3つではなくワンツールに」というのがミニマル主義の基本哲学。

だが実は、ここで書いたお断り術における利便性こそが大きな理由でもあったのだ。

コミュニケーションのワンツール化を可能にする最強メーラー『Spark AI Mail』（AI文章作成・チャットなど超多機能）

メールスレッドごとにチームの仲間とチャットができるので、チャットツールが不要となる。AIが相手とのやり取りを読み取り、数秒で返信案を提案してくれる。Gmailやカレンダーとの連携といった基本機能は全て網羅し、メールのスヌーズ、不要なメールのブロック、優先度の設定など、受信ボックスを楽に空にできる機能が満載

〝他人に奪われる時間〟
を最小化する盾（後編）

口頭での常套句と
メール定型文を用意しよう

とはいえ、アポの打診は会話の中で受けることも多い。

もしそれが、「あなたが求めていたアポ」であれば、その場で日時まで決めてしまおう。

3人以上の予定を合わせる場合は、メールやチャットが便利だが、2人だけで決められる場合はメールやチャットを往復させるのは非効率だ。必ず、1回の対面か電話で決めてしまうこと。

口頭での常套句とメール定型文

相手との関係値や過去の仕事ぶり、または提案される日程や議題から明らかに不要と即決できる時もある。

その時は、『超ミニマル主義』で伝授したマジカルワード**「そこは前々から決まっている別件がありまして」**と即答しよう。

それで相手が引き下がってくれたならば、それは「大した用事ではなかった」ということだ。多くの場合「その翌週だとどう？」や「いつなら大丈夫？」と粘られる。

その場合は、次のような常套句を伝えて「検討する」というスタンスでいったん持ち帰り、その後のやりとりをメールに移行するのだ。

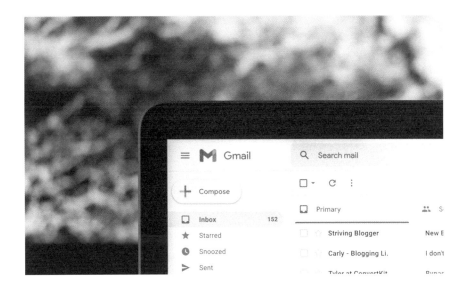

「ご依頼の週は、仮の先約がいくつかあるため確認の必要があります。わかり次第メールでお戻しします」
「この先のスケジュールは、チームに預けている部分が多いため、確認してメールでお返事します」

　ポイントは、「自分の一存では即答できない」「第三者の判断で不可かもしれない」というニュアンスを込めること。ちなみにこれは、アーティストが「事務所／マネージャーに確認します」という回避テクニックと同じ。

　そして「返答期限の確認」と、即答できないことに関しての「謝罪の言葉」も忘れずに。

　これを参考に自分なりの短い常套句をつくっておき、躊躇せず口にできるよう普段から反復しておくこと（日本社会ではこれくらいの備えをしておいた方がいい！）。

持ち帰った案件はメールにて丁重にお断りすることになるが、事前に作成する「定型文」が活躍するのはその時だ。

　自分で定型文をつくってもいいが、ここは優秀なテクノロジーの力を借りよう。

　ブラウザの検索窓に「アポ　断り方」と入れると、各界のプロの作成した「角が立たない断り文」が次々に出てくる。もしくは対話型AIに「アポを断る丁重なメール文を作成して」と投げれば見事な定型文を提案してくれる。

（当メソッドの最後に、愛用の「Spark AI Mail」搭載のAIが自動作成した文に手を加えた比較的カジュアルな定型文も載せておく）

　その中から、あなたの感覚にフィットする最も丁寧な文体を選ぶこと。そして血の通った文にするべく、自分なりのアレンジを加えながら少しずつ崩していくといい。

お断りはお願いの何倍も難しい

　最も丁寧な文体をベースにする理由は、対応範囲が広くなるからだ。それを適度に崩せば、柔らかめの文体の方がいい相手に使える。文章というのは、固い方向へアレンジするよりも柔らかくする方が容易だからである。

　そして相手が年配であればあるほど、丁寧すぎるくらいの固い文体に弱い傾向がある。礼節をわきまえた隙のない姿勢には、誰もが反感を持ちづらいもの。

　そういった定型文には、相手の理性に働きかけて「感情を抑えてもらう」という効果がある。

　そうやって完成させた、**独自の「鉄板のお断り定型文」を保存しておき、使うたびに相手や状況に合わせて改変する**。定型文をブラッシュアップし続けることで——それは最強の盾となり——この

先何年もあなたを守り続けてくれるだろう。

特に、目上の人から乱暴に時間を奪われやすい若い世代にとっては、防御シールドのごとく機能してくれるから、ぜひ準備しておいてほしい。

そこまで徹底しても、「それでも何とかお願いしたい」という相談が来た場合は受けた方がいい。経験上、予想外にいい展開が待っていることがあるからだ。

「何とかしてみますので少しお時間をください」と返答し、翌日メールで「30分か45分」のスケジュールを提案してみよう。

筆者は、国民的人気となった複数の音楽アーティストのプロデュースを通して断り方の奥技を体に叩き込むことができた。

その経験から——無名時代に「取り上げてください」と毎日お願いしていた苦労より——ブレイクスルー後にオファーが殺到して、日夜「申し訳ありません」とお断りする方が、何倍も大変で高度な配慮が必要ということを学んだ。

もしあなたが属するコミュニティや組織、または社会でブレイクスルーを果たした時、もしくは上の立場に立った時にはこの話を思い出して、このメソッドに立ち返ってもらえたらと思う。

【アポお断り定型文の例】

株式会社○○
○○ 様

平素よりお世話になっております。
先日は、ご丁寧なお電話をいただき、ありがとうございました。

さて、ご相談いただいていたアポの件ですが、スケジュールを捻出すべくチーム内で何度もすりあわせたのですが、想像以上の繁忙期につき不本意ながら、向こう1ヶ月は難しいことが判明しました。

せっかくの機会をいただいておきながら、残念でなりません。
今回は、こちらのリソース不足という、たいへんお恥ずかしい事情によってご希望に沿うことができず誠に申し訳ありません。

このような返答となってしまったこと、深くお詫び申し上げます。

どうかご理解くださり、ご容赦いただければ幸いです。
今後とも何卒、宜しくお願い申し上げます。

○○株式会社
○○

最軽量の〝コミュニケーション手段〟とは

アポをより正確に取捨選択する
ためのフローと、ミーティングや
打ち合わせを軽くする交渉術

　コロナ禍を受けてミーティングのオンライン化が劇的に進み、人類のコミュニケーションに革命が起きた。

　「在宅×リモート」のハイブリッドワークを15年近く実践してきた筆者にとっても──そして人間関係の軽量化においても──歓迎すべきパラダイムシフトである。

　だからこそ多くの人が気付いたはず。相手の体温を感じながら同じ空間で会える喜びに。

　2つのメソッドにわたり、人からのオファーを断る方法を説いてきたが、「そこまでやる？」と思われた方もいただろう。

　それは──**他人との時間を最小化することで**──**大切な人、子どもや家族とのんびり過ごす時間を最大化するため**である。こういった目的や議題のない非生産的な時間こそが、人生を豊かにすることを忘れないでほしい。

　ここでは、**アポをより正確に取捨選択するためのフローと、オンライン化という潮流を利用して、ミーティングや打ち合わせを軽くする交渉術**を解説したい。

「会いたいから時間がほしい」と打診を受けた時、以下「1」〜「4」のフローに従い、受けるべきかどうか、受けるにしてもリアルな対面にすべきかどうかを冷静に判断しよう。

1、「議題」の確認

　最初に訊ねるべきだがやらない人が多い。

「議題を教えてください」と単刀直入に聞きづらい時は、**「話して決めるべき重要なポイントは何になりますか？」**というように表現を崩すといい。ここでもやはりメールだとやりやすい。口頭でアポの相談を受けた時でも「まずは議題をメールでいただけますか」と、やりとりをメールへシフトさせよう。

　必要性のある議題が提案された場合は「2」へ。あやふやな回答しか得られない場合は、お断りのフロー「4」に移行する。

2、「リアルな対面で行うかどうか」の判断

　提案された議題から、「リアルな対面」で奪われる次の労力と時間のコスト──「A：お互いの予定を合わせる」「B：ミーティング場所を押さえる」「C：物理的に移動して行う」──に見合うかどうかジャッジしよう。

　言うまでもなく「対面→オンラインミーティング→電話」の順に手間と時間のコストは下がっていく。

3、「A：お互いの予定を合わせる」のみが該当する場合

　コスパが悪い「リアルな対面」は迷わず避けよう。最もコスパがいい「電話打ち合わせ」をまず検討し、顔を見ながらの方が効率的な議題の場合はオンラインミーティングを提案しよう。

4、「A」「B」「C」どれにも該当しない場合

　前のメソッドで説明した、メールの「お断り定型文」を活用して丁重にお断りしよう。

　動かせない予定が先々まで埋まっていると、行動の自由度も、スケジュールの流動性も下がってしまう。

　これほど非連続な社会となってしまった今、**大きなチャンスほど予期せず突然やってくる**。固定化されたスケジュールは、それを逃すリスクを高めてしまうことになる。「確固たるプランを構築して先々まで予定を立てる」という手法は時代遅れであると、改めて心に刻んでほしい。

　だからこそ、強力な「縛り」が生じる「対面で会う約束」は減らした方がいい。もちろん「電話」や「オンラインミーティング」も、むやみに入れるべきでないが——万が一の時に——これらの方

アドバンススキル —— STEP **6** 人間関係とコミュニケーションの軽量化

がリスケの相談がしやすい。

　なぜなら、もとより「B：ミーティング場所を押さえる」手間と「C：物理的に移動して行う」時間の確保といったコストがかかっておらず、変更を強いるのは「A：お互いの予定を合わせる」だけになるからだ。

　ただし、電話やオンライン、対面に限らず、参加人数はいつでも最小限にすべく努めた方がいい。相手が少なければ少ないほどスケジュール再調整にそれほど苦労しないからだ。

　理想は、お互いが決定権を委任された状態で「最小単位の2人」で行う形だ。相手が1人の場合と2人の場合、わずか1人増だが、リスケには数倍の労力を要する。だから筆者は、常に「2人だけ」にもっていくべく画策する。

　では、相手が3人、4人だとどうなるか。

　たとえオンラインだとしても、それは「回避が難しい予定」——つまり未来の大きな制約——となって多くの可能性を奪い去る。参加人数に関してもミニマルを徹底する癖を身に付けよう。

　だが逆に、大人数の会議は抜けやすい。会議の主催者でない限り、あなたがいなくても会議は回るからだ。

　しかも、無駄な会議の損失額「年間15億円」という試算もあるほど、世界から見て日本は会議が異常なくらい多い（※1）。著名な独立研究者で経営コンサルタントの山口周氏いわく、優秀な人ほど会議をうまく回避するという。

アポ軽量化のためティップス集

　そして、**アポを確定する際には必ず、「ミーティングの終わりの時間」を決めること。**

　さらに、前著『超ミニマル主義』で伝授したように、**15分単位で刻む**ことも忘れないように。1時間想定であれば「45分あれば大丈夫ですよね？」と提案することで、お互いの集中力を高めて効果を最大化できるからだ。

　なお、なかなか捕まらない多忙なキーパーソンとの「確実なアポ」を取りたい場合は、メールではなく、電話や対面でアポを打診すべきだ。筆者は、予定を全く押さえられない社内外の超重要人物には、時に「アポを取るためのアポなし訪問」という実力行使に出ていた。

　当人がエレベーターに乗った瞬間「15分でいいので、いつでもいいので時間ください」と直訴したり、秘書の方に深々と頭を下げて同様の言葉を伝えていた。

　相手も血の通った人間、こちらの真剣な声や面持ちに触れてしまうと「なんとかしよう」と思うもの。こう考えると改めて、「相手から対面、または肉声でお願いされる状況」はできる限り避けたいと誰もが思うだろう。

コミュニケーションのオンライン化が進んだことはいい面ばかりではない。そのせいでコロナ禍前よりも、安易にミーティングを入れる人が増えてしまったからだ。

　さらに、オンラインミーティングでは移動時間が不要なため、前後の余白時間なしで予定を入れてしまい、よりストレスを感じる人が増えているという。

　繰り返すが、「スケジュール的にいける」という理由だけで安易に予定を埋めてはいけない。タイムマネジメントとは、自分の首を絞めるための技術じゃない――あくまで、あなたを楽にするためのもの――言うまでもないだろう。

　ご時世か、「好きに、のんびり生きようよ」という類の言葉が飛び交うようになった。もちろん、そう生きられたら最高だ。しかし、そのための時間を生み出すための技術論抜きに、ただそう唱えたところで理想は理想、夢は夢、で終わる。

　なぜなら現代は、あなたの時間を奪う要素が無数に存在するからだ。スマホや過剰な情報、メンタルや体の不調、そして仕事……と挙げ始めたらキリがない。

　だが何よりも、人間関係こそが最大の時間泥棒である。

　だからこそこの難題と心して向き合ってほしい。引き続き、その解決策を伝えていこう。

※1　日本経済新聞「ムダな会議、年15億円の損失　大企業ほど時間多く」(2018年9月6日)

突然の〝無茶ぶり〟を
軽やかにかわす防御策

「安易なYES」の積み重ねがあなたの
「時間（命）」を削り取り、「本当にやりたいこと」
のためのエネルギーを奪い去ってしまう

「あ、そうだ。これちょっとお願いできないかな？」

　よく耳にする言葉だ。こういうセリフが伴う依頼は「無茶ぶり」であることが多い。

　わかっていても、断るにはそれなりのスキルと勇気を要する。日本人の多くが「感じ悪いやつだと思われたくないし」と、つい受けてしまう。

　そうやって少しずつ「安請け合い癖」が染みつき、気付かないうちに人生を蝕んでいく。

　そんな「安易なYES」の積み重ねがあなたの「時間（命）」を削り取り、「本当にやりたいこと」のためのエネルギーを奪い去ってしまうからだ。

「断る気まずさは一瞬、安請け合いは一生」

　この原理原則を心に刻んでほしい。こう考えると、どちらを選ぶべきかはわかるだろう。

　では、どうやって断ればいいのか。

　メールを活用する方法はこれまでのメソッドで解説済みなので、ここではより難易度の高い、口頭での「お断り術」を説いていく。ポイントは文章と同じだからご心配なく。

　わかりやすく伝えるために、「あなたと上司との会話」という想定で、ポイントを押さえながら解説してみたい。

　会話の流れとポイントさえ理解できれば、あらゆる職場、どんな場面でも応用可能だ。

<h2>いい加減な上司と懸命な部下</h2>

上司「あ、そうだ。これちょっと、お願いできないかな？」
（Point①面倒そうな態度をせず、あえて前向きな姿勢で）
あなた「お疲れさまです。締め切りはどんな感じですか？」
（Point②内容を聞く前に、必ず先に締め切りを確認する）

上司「実は急ぎの案件で、明後日までにお願いしたい」
（Point③締め切りが直近の場合は、警戒心を高めよう）
あなた「なるほどです。内容を詳しく教えてもらえますか？」
上司「3日後に迫るプレゼン資料を、整えてほしいんだ」
（Point④この回答で上司自身の時間配分ミスが原因と判明）

あなた「それは大急ぎですね。大切なプレゼンですよね」

（Point⑤すぐ拒絶せず、理解と思いやりの言葉を口にする）

上司「そうなんだよ。わかってくれてありがとう」

あなた「実は予定が詰まっていて、状況をしっかり確認してお返事したいので、10分ほどいただいていいですか？」

（Point⑥対面での即答はせず、必ずいったん持ち帰る）

あなた「お待たせしました。○と○と○という今週締め切りの重要タスクを抱えていて、今日と明日は打ち合わせが5本あるんです」

（Point⑦ここで初めて深刻な顔を見せながらも、堂々と話す）

上司「そうか……」

あなた「ご迷惑をおかけしてしまうので、今回は見送らせていただいた方がいいですね。たいへん申し訳ありません」

（Point⑧低姿勢ながらも、言葉を濁さず強めの口調で）

上司「なんとかならないかな？」

あなた「私が抱えるタスクやアポよりも優先すべきでしたら、今から各方面に、後回しやリスケのお願いをしてみますが」

（Point⑨丁重な言葉使いでこう言い切れば、必ず相手は別の人にお願いした方がいいと判断する）

上司「いや、それなら大丈夫だ」

あなた「今回はお力になれず、申し訳ありません！」

　全体を通してのポイントは、とにかく最初から最後まで「嫌な顔を一切見せず、さわやかに対応する」である。改めて、ポイントを復習してみよう。

謙虚な「傾聴の姿勢」で臨む
↓
締め切りを先に聞くことで「お断り対策」を立てやすくする

↓

締め切りの迫り具合で無茶ぶりかどうかを見極める

↓

内容を聞いて、受ける価値があるかを判断

↓

合意と理解を示すことで相手を油断させる

↓

冷静に「断りの準備」をするために持ち帰る

↓

予定とタスクを頭に入れて理論武装を固める

↓

友好的な態度を見せつつ毅然とした態度でNOと言う

↓

最後まで気を抜かず敬意を見せて礼儀正しく

　この技法がもたらすメリットは他にもある。

　こうやって理路整然とした断り方が板に付けば、あなたに無茶ぶりをしようとする人がいなくなっていく。さらに、「あいつは筋の通った人間だ」と周りに信用されるようにもなるのだ。

　そして、どんどんやってくる**大量の「お願い」の中から、「あなたにしかできない仕事」「実力を伸ばしてくれる挑戦」を選び取れるようになっていく。**

　取捨選択した上で、受けると決めたお願いごとには全力で応え、相手に感謝されるほどのレベルに仕上げよう。すると、次のステップにつながるいい依頼が舞い込んでくるようになる。そうやって信頼とスキルを築き上げていくのだ。

　念のためにお伝えしておくが、これは「ただサボりたい人」のためのものではない。

　他人からあなたの時間（命）を取り戻し、本当に大切なことに全力を尽くす人生にするためのメリハリ術である。

重い〝接待と仕事ディナー〟
を軽くする技術

仕事ディナーの前倒し術と、
疲れるだけの二次会を回避する技

　若い世代には特に、接待や仕事ディナーを不得意とする人がとても多い。何を隠そう、人付き合いが苦手な筆者は、会社員時代の最大のストレスが夜の会食だった。

　なぜなら、日本は「二次会」や「カラオケ」というカルチャーを生み出した国であり、接待のための会食とは「夜遅くまで行うもの」「目上の人に次の店に誘われたら断れない」という独特の慣習があるからだ。

夜が遅い業界で試みた前倒し術

日本では、平日のディナーを仕事の会食に回す人が結構いる。そういう習慣は、暴飲暴食を誘って帰宅を遅くさせ、朝の目覚めも日中のパフォーマンスも最悪という日を増やしてしまう。

20代の駆け出しの頃、会社の先輩から「社会人として必須」だとして接待会食を仕切らされていた時期があった。お酒が弱かったため辛くて、どうすれば翌日に疲れを残さないで済むかを必死になって考えた。

日本では、夜の会食は早くても19時からというのが常識。筆者がいた、クリエイティブ産業やエンタメ業界なら20時開始なんて当たり前で、21時なんてこともよくあった。

夜が遅い日本では、18時開始とするだけで混雑を避けられたり、有名店の予約が取りやすいことを多くの人が知らない。そうやって当時は、先輩や接待相手が喜ぶような人気のお店や話題のお店を見つけては18時から押さえていた。

目的は少しでも早く帰るためだったが、結局はみんな遅れてくるため18時に始められることはほぼなかった。お店からもクレームが入るし……この前倒し作戦は断念することになる。

わずか30分がもたらすアドバンテージ

仕事で成果を出せるようになり、自分のペースで仕事ができるようになった30代半ばの頃、20代では形にできなかった前倒し作戦に再び挑むことになる。

義務ではなく、「この人とはゆっくり食事しながら語りたい」と心から思える仕事の関係者をディナーに誘うようになった。

その頃は、あらゆることを前倒しにして大きな手応えを得ていたので（この詳細は『超ミニマル主義』参照）、さらに早くて17時半スタート。わずか30分だが、この時間から食べ始めるメリットは枚挙にいとまがない。

○ ベストな席に座れる可能性が高い
○ 店内が静かでリラックスできる
○ 早い時間の少量のお酒は睡眠に悪影響を与えない
○ 入眠までに飲食物の消化が完了し、上質な睡眠をとれる
○ まだ明るい時間から飲む泡のお酒は最高!

相手が仕事関係者だとしても、興味がある人との会食だから通常の接待で感じる重さはない。楽しく過ごせれば会食がそのまま、仕事を忘れて自分を取り戻すセルフケアタイムになる。

20時には切り上げられるので、帰宅してゆっくり入浴する時間も確保できる。そんな夜は当然、睡眠の質も高い。

重量級だった仕事ディナーという業務が結果的に、脳疲労とストレス、さらに肉体疲労の解消につながったのだ。しかも自腹が痛まない会社経費だから痛快である。

17時半スタートを可能にする裏技

だが、これにはいくつかのテクニックが必要だ。

まず17時半から空いている良質なお店を押さえておく必要がある。多くのお店が18時オープンだが本気で探せば必ずある。

もし18時開店のいいお店があった場合、まずしばらく通って常連になり、タイミングを見てこう相談してみよう。

「開店の準備で騒がしくても一向に構わないので、30分だけ早く入れてもらえませんか」

「いい席は不要で、外のテラスか入り口ドア近くのような邪魔にならない場所で大丈夫です」

「つくり置きの前菜を少しとお酒を一杯だけ注文できませんか」

　会社員時代、こうやって筆者は常時2〜3店舗確保していた。

　だが会食の相手が、早い時間からのディナーに当惑することもある。その時のキラーフレーズを伝授しておこう。

「早い時間から、いいお酒といいつまみを出してくれる馴染みの店があるんです」

「たまには世間が働いてる早い時間に乾杯しませんか」

　相手に「いつもと違うディナーだ」「たまには特別な雰囲気での食事もいいな」と思ってもらうのが狙いである。

　つまり相手は、いつも以上に早く仕事を終わらせてオフィスを出る必要があり、毎日の退屈なルーティンから外れた「非日常な気分」で来てくれることになる。

　結果として、**相手の「記憶に残る有意義なディナー」**にできる可能性が高くなるということだ。

ハードルの高さ以上のメリットがある

　わざわざ人を誘って食事を共にする目的は、「ただ一緒にご飯を食べる」だけじゃない。
「相手のことを知り、自分のことを知ってもらう」「会食を経て、より親密になる」といったことが狙いでセッティングするはず。
　だから、相手が「前倒し」を受け入れ、あなたを特別扱いしようと判断した段階で、会食ディナーはもはや「成功している」といえるだろう。

　ちなみに、フリーランスとなってからは17時スタートを基本としている。とはいえ、会食の時間は自分の一存では決められないし、相手が組織勤めの場合はそうスムーズにはいかない。
　日本では──17時だろうが18時だろうが──19時より早い前倒しディナーを実践するには高いハードルがある。
　しかし、あきらめずにこのスタイルを続けていると「○○さんとの食事はいつも早い」と徐々に慣れてくれるようになる。さらに「あの人との早い時間からのディナーはいい」と喜んで予定をやりくりしてくれる人も出てくる。
　これは机上の空論ではなく、筆者が実証済みだ。
　相手が「前倒しディナーは特別」と考えてくれる利点は、あなたの想像以上であると伝えておきたい。

一歩先を行くワークスタイルの国々

　ちなみに、ニュージーランドやフランス、北欧諸国などの働き方先進国では、ディナー前に**「軽く1杯＋フィンガーフード」**という習慣がある。

終業時間前の16時台に、同僚や取引先と近くのパブに行き、ブレストのようなラフな会合をしたり、昇進や結婚などのお祝いを口実にそういった懇親の場を持つのだ。

　だが2時間、3時間とダラダラ飲むことは決してない。短いと30分、長くても1時間で終わり、飲み会疲れなど一切なく、みんないつも通り家族とのディナーのために家路につく。

　人によっては最初の乾杯だけ参加して、文字通り一杯だけ飲んで15分で出る人もいる。当然、そういう人を白い眼で見る人間などいない。とにかくカジュアルで自由なのである。

　これは「チームワークや懇親のため」ということもあるが、彼らは体験的に、早い時間の軽いお酒はリラックス効果が高く、脳疲労やストレス解消につながることを知っているのだ。

　なお、これらワークスタイル先進国にも当然、アフター5の接待や仕事ディナーは存在するが「二次会は常にセット」という慣習は当然ない。

　そして、17時や18時スタートの会食が当たり前のようにある。

だからか、酔ったスーツ姿のビジネスパーソンが、夜中にフラフラ歩いているという光景に遭遇することは滅多にない。

こういった国々の街角で夜中に泥酔しているのは、アルコール依存症の人、素行が悪い人、血気盛んな若者、そしてお祝いや特別なパーティで盛り上がりすぎちゃった人たちくらいなのだ。

疲れるだけの二次会を回避する技

念押ししておくと、自身で会食をセッティングする場合——お祝いやサプライズといった特別な時を除いて——決して「二次会」を組み込まないこと。

もし当日、相手から二次会に誘われたとしても、確固たる意志を持って柔和な表情と丁重な口調でお断りしよう。たとえ人生の先輩だとしてもだ。

事前に、相手が「二次会好き」だとわかっている場合、筆者はいつも前もって**「翌朝締め切りの重要な仕事があるので、一軒目で失礼させていただきます」**と伝えるようにしておく。

これまでの人生で、二次会が生産的だったり有意義だったことなんてほとんどない。

「いい雰囲気のまま、この流れでこの人ともっと語りたい」とこちらから誘ったり、そう思う相手からの誘いに乗ったこともあるが、そんなことは1年に一度あるかないかだ。

とはいえ、この国にはまだ「二次会はマスト」と思い込んでいるブーマー世代が現役に多くいる。彼らが一次会で酔ってしまうと、「行けない」と伝えてあっても悪気なく誘ってくる。

そんな時のために、いくつかの効果的な「ゴメンナサイの常套句」を伝授しておきたい。

①まずは躊躇せず「お礼と謝罪の言葉」を述べよう
「お誘いありがとうございます。とてもうれしいのですが、申し訳ありません」

②「明朝に予定がある」という作り話をすかさず口にする
「明日朝の会議に必要な資料が完成しないまま会食に来てしまいました。早朝から作業をしないといけないため、今日は早めに失礼します」
「明日とても重要なプレゼンがあって、今日は早く帰宅してそれに備えないといけないんです」

③丁寧に頭を下げ、真剣な面持ちで再び謝罪の言葉を伝える
「本当に申し訳ありません」

　もし、それでもしつこく誘う人がいたら、筆者は二度とその人と食事に行くことはしない。
　②はあくまで、筆者が実際に使って機能した**「自分の身を守るための爽やかなウソ」**だ。
　ぜひ自分流にアレンジして、常套句を2つほど用意しておき、迷わず即答できるように備えておこう。こういう時に少しでも「ためらい」を見せると押し切られる可能性があることは、もうあなたは理解できるだろう。
　日本社会では時に、小さなウソを活用しないと自分のことを守り切れないこともあると覚えておこう。

若い世代への提言

　ただ日本では、若い人が目上の人との会食でこの「前倒しディナー」を提案するのはやはり容易ではない。だから、いくつかのアドバイスをしておこう。

①最初は友人やパートナー、同世代の仕事仲間、気心の知れたクライアントを相手に、恐る恐る実験だと思って試してみる

②上の世代が若い世代に対して持っている「お酒を好まない」「付き合いが悪い」というイメージを逆利用して、自分のキャラクターとして活用してしまおう

③若い頃から前倒しディナーを実践することで、成功体験が積み重なり、だんだんと「あの人との会食はいつも早く始まり、早く終わるからいい」と、あなたにポジティブなイメージを抱いてくれるようになっていく

　もし次の会食の予定があるなら、まずはそこからチャレンジしてみよう。今からトライアンドエラーを重ねていけば、いつか必ず軽快に実行できるタイミングが来る。

　それは、筆者の人生で実証済みなので信じてみてほしい。

　2020年からのコロナ禍を受けて、いよいよ組織人にもワークスタイル自由化の波がやってきた。

　もしあなたが、フレックス制度やリモート勤務、ハイブリッド勤務（在宅とオフィス勤務の組み合わせ）を選べるなら、フリーランスに近い自由度を手にしていることになる。

　前著『超ミニマル主義』と本書を通して提案し続けてきた「前倒し術」は、ただの小手先のハックじゃない。**「自由で幸せな生き方」を実現するための最初の重要なステップ**なのである。

人間関係をアップグレード する〝人とのぶつかり〟

自分の本気を声にすることを
恐れないでほしい。信念に従って
行動する勇気を持ってほしい

　世界的に見て、日本人は「人とぶつかること」を極度に嫌う傾向
がある。
　欧米と違って、遺恨を残さないディベート（議論）の文化がない
からだろう。このことからくる「嫌われると仕事に支障をきたす」
という考え方に加え——多くの場合「周りと穏便にやらないと居場
所がなくなる」という、「村八分」を恐れる日本特有の価値観が
ベースにある。

感情と理性それぞれの衝突の違い

　確かに、「稚拙な言い合い」や「罵り合い」といった感情的な衝
突の場合、関係の修復は非常に困難だ。
　その時は、**なるべく時間を空けずまずは実直に謝罪する。**そして
**頭を下げて時間をもらい、遺恨が残らないよう可能な限り腹を割っ
て語り合うようにする。**
　理性よりも、感情で動く血の通った人間同士の「すれ違い」の修
復作業においては「効率的なハックス」なんて存在しない。
　時代が変わろうがAIが普及しようが、「誠実さ」「情熱」「時間を
かける」という昔ながらの非効率な手段しか通用しない。

　こういった、ただの「感情のぶつかり」ではなく、チームの目標を達成するための理性的な「前向きなぶつかり」は決して悪いことではない。

　それどころか、レコード会社のプロデューサー時代にミリオンヒットを創出したチームでは、一つの例外もなく**壮絶な「前向きなぶつかり」**を経験した。

　むしろ、衝突がなく平穏に進んだチームでヒットを出せたことは一度もない。おもしろいことに、たった一度もないのだ。

　そして、プロジェクトの理念や方向性、仕事のクオリティといった本質的なテーマで、「前向きにぶつかれる」相手とは固い絆で結ばれたことも多々あった。

　そもそも仕事の目的とは、「みんなと仲良くすること」でも「誰からも嫌われないこと」でもない。

　プロジェクトチームと社会にとっての「いい結果」を目指して働

くことである。この「真の目的」を達成するために——感情ではなく、考え方やアイデアの違いで——衝突せざるを得ない時は堂々とやるべきだ。

ただし、「それは違う」と思っても**まずは相手の主張に耳を傾けよう。まず傾聴から入る——これが絶対ルール**だ。

人は話を聞いてもらえるだけで頭がクールダウンするもの——あなたにも経験あるだろう。

そして相手の意見を尊重しながら、冷静かつ理論的に自分の意見を伝えること。何よりも、礼節を持って「前向きな気持ち」で相手と対峙することが大切となる。

こじれた関係を吹き飛ばす唯一の方法

とはいえお互い人間だから、その話し合いの中でヒートアップしたり、険悪な雰囲気になったり、その後も気まずさを引きずることがある。

「今は我慢。チームの全員が感動するほどのヒットにできれば、全ての苦労が報われ、最後にみんなと一緒に泣ける」

そんな時はこう考え、ヒットを目指してさらに邁進した。

「プロジェクトの成功」こそが、ぶつかった相手への真の返礼であり、メンバー全員を幸せにできる唯一の方法だと知っていたからだ。

そうやって共通のゴールを目指し、やるべきことに真摯に従事していると、わだかまりの消えるタイミングが必ずくる。

もし、その「前向きなぶつかり」がブースターとなってヒットにつながったならば、衝突した相手はもちろん、仲間ともその喜びを心から分かち合える。

これこそが仕事における最大の感動である。

　それは、学生時代のサークル活動で得られる感動とは、比べものにならないほど壮大だ——筆者は、この感動を得るために働いていると言える。

　そうなれば、苦い衝突は「必要な道のり」だったと納得できる。「大いなる目標」に向かう過程で起きた「小さな出来事」だと振り返ることができる。

　それは「いい思い出」に昇華し、その相手とは何年経っても、その思い出を肴に盃を交わすことができる——まるで同郷の友のように。個人的には、これこそが最大のギフトだと思っている。

　筆者が、大手レコード会社のヒットメーカーという立場を捨ててフリーランスになっても、態度を一切変えなかったのはそういった友たちだった。

孤立を恐れない勇気

　逆に言えば、みんな仲良く軋轢なくプロジェクトを遂行できたとしても、成功しなければ誰も幸せになれない。

そして、「誰とも揉めないように」とビクビクしている人は、結局は尊敬されないし大切にされることもない。

「誰とも波風立てず、なんとなく仲良し」で働いていると、全ての人間関係が表面的で薄っぺらいものになってしまい、結局は誰からも愛されなくなってしまう。

だってそうだろう。いつも周囲の顔色を窺い、常に忖度して、自分の意見を明確にしない人──つまり「本心が全くわからない人物」に対して誰が心を開くだろう、誰が信頼してくれるだろう？

まさに社会人になってからの筆者がそうだった。そんな自分が日に日に嫌いになっていく上に、仕事でも結果が出ない。

だが転機が訪れる──伝説のヒットメーカーと呼ばれる先輩が率いるチームに異動になったのだ。

彼は、本音を隠さず話しては場を凍りつかせ、予定調和を嫌い、決まり事をよく覆していた。最初は「なんて人だ」と呆れていたが、だんだん影響を受けるようになっていく。

「これだ！」と確信すると空気を読まず熱狂する。非常識なアイデアや、前例のない企画への挑戦を恐れない──筆者はいつの間にか、人の目や既定路線に縛られず働いていた。「危ういヤツ」と社内で浮いた存在となり、警戒されるようになる。

不思議なことに、ヒットを出せるようになったのはその頃から。そんな筆者を苦手に思ったり嫌った人もたくさんいたし、社内にも社外にも友達は少なかった。

八方美人マインドを手放す

孤独に苦しんだ時期は長く、辛いことも多かった。それでも、あの時以来ずっと「いびつな自分のまま」で歩んできた20年以上のビジネスキャリアに後悔はない。

　組織で揉まれ、人間関係に苦労しながらも、この年齢までなんとかやってこれたし、他人の評価とは関係なく自分に対して胸を張れる仕事もいくつかやり遂げられた。

　そして何より──「前向きなぶつかり」を経て絆ができた友たちが、その後の人生を支えてくれているからだ。

「社会に出ると友達ができなくなる。今のうちにつくっておけ」

　学生時代の先輩によく言われたが、決してそんなことはないと今なら言える。有名な言葉**「100人の友より、1人の親友」は、間違いなく真理**だと思う。

　だから、「安心してほしい」と声を大にして言いたい。

　自分の本気を声にすることを恐れないでほしい。信念に従って行動する勇気を持ってほしい。

　全員とわかり合うなんてのは幻想で、みんなとうまくやれる日なんて一生来ない。もしあなたが、誰からも愛されない、誰も愛せない「八方美人」になっているならば、今すぐやめよう。

　それを手放せた瞬間から、今まで何だったのかというくらい生き

るのが楽になる。

　すると、「誰にも嫌われたくない」という不安から解放され、本来のあなたを取り戻すことができる。そして「本当に大切にすべき人」が明確になっていく。

　そうやって人は初めて、「みんな」じゃない「一人の人間」から深く愛されるようになるのだ。

ライフイノベーション

STEP

7

お金と働き方の
軽量化

Method   01 〝ポジティブエスケープ〟を装備して攻める
Method   02 〝ミニマム・ライフコスト〟で自分を守り挑戦する
Method   03 会社員が〝お金から自由〟になる唯一の方法
Method   04 〝ミニマリスト×サイドFIRE〟という最強の働き方
Method   05 〝シリコンバレー式〟ライフワーク移行術
Method   06 〝ビジネス思想家〟に学ぶサバイバル時代の生き方
Method   07 〝健康寿命100年時代〟の人生デザイン論
Method   08 〝遊ぶように働く〟生涯現役のためのワークシフト
Method   09 〝なぜ人間は働くのか?〟人類史に見る仕事のルーツ
Method   10 先住民に学ぶ〝ポスト資本主義ワークスタイル〟
Method   11 循環型フリーエネルギー〝お金〟を生む仕事とは
Method   12 持続可能な所得増をもたらす〝アーティストモード〟

01

〝ポジティブエスケープ〟を装備して攻める

自分を守るため、大きな挑戦をするために
準備しておく、前向きな逃げ道、
「ポジティブエスケープ」のすすめ

「背水の陣」

苦手な言葉ナンバーワンだ。

「もうダメだ。一か八かやるしかない」

追い込まれた精神状態で死に物狂いになると「火事場のばか力」が湧き出てきて、ガソリンが燃えるかのごとく瞬間的に高いパフォーマンスが出ることがある。

短期的な成功に意味がない時代

忘れてはいけないのが、それで手にする成功はしょせん「短期」で終わるということ。いや文字通り、大きな炎は「一瞬」で燃料を使い果たしてしまう。

仕事でそんな無謀な挑戦が通用したのは、30年近い社会人経験であった気もするが記憶にないほどだ。そもそも寿命が延びて「人生100年時代」といわれる現代において、そんな「一発屋」のような成功なんて、もはや意味をなさない。

あなたの周りにもいるだろう――「若い頃は、眠らず休まずで死ぬ気になって働き、大儲けしたもんだ」と――大昔の成功を自慢げに語る人が。そんな話を聞くたび虚しくなる。大切なのは、その人が「今どうか」だから。

そもそも「背水の陣」とは戦闘用語だ。

安全な場所にいる軍の上層部が「後がないから死ぬ気で戦え」と、兵士を突撃させるための洗脳ワード。お偉いさんにとって兵隊は弾薬と同じ消耗品のようなもの。

残念ながら日本には、こうやって従業員を追い込むブラック企業が今でも多くある。高度成長期やバブル時代には通用したかもしれない――昔だとしても当然それは許されざる犯罪行為だが。

脱成長時代の今日においては有害でしかない。

40代になるまで気の弱さを克服できず、気合や根性を嫌悪してきた筆者は、「後がない」と考えた途端、震えあがって失敗していた。

そんな中、大きなリスクを取れたのは、「逃げ道」を確保して「いざとなれば大丈夫」という安心感を手にした上で挑戦していたから。結果として、逃げ道ありきの方が変な力も入らず集中力を維

持できて、持続的にいい仕事ができることを知った。

　今から解説するのは、小心者だったからこそ編み出せたメソッドと言えるだろう。

人生は戦争でも競争でもなく山旅

「背水の陣」より「逃げ道あり」の方が何倍も合理的だ。

「逃げ道」を確保した途端、萎縮せずに思い切った行動に出られるし、精神論なんて不要だからモチベーションも長続きして、いい成果を持続させやすい。

　ベテラン勢は、「やる前から逃げることを考えてどうする、もっと強気で攻めなきゃダメだ」と反論してくるかもしれない。

　だが、戦いや競争とは程遠い登山では、発想は全く逆のところにある。

　テントを背負い山道を1～2週間かけて歩き続ける**バックパッキ**

ング登山（山旅）において、事前準備で最も重要なのは「エスケープルート（非常時の逃げ道）」の確認である。

それを確保することで初めて、険しい山に挑むことができる。むしろ、その準備ができない人は「危険がともなう山に入る権利がない」とまで言えるだろう。

尊敬する一流の登山家はみな、万が一の時のことを考え抜き、その対策を徹底する。生還できる手立てがあるからこそ限界ギリギリの挑戦ができ、前人未到の記録を打ち立てるのだ。

登山に限らず命に関わる冒険全般において、向こう見ずな人ほど死亡率が高く、小心者であればあるほど生存率が高いという。

エスケープルートとは緊急時だけでなく、「攻め」のためのツールとしても機能する。思い切って挑戦できることで成功率は高まり、大きな成果をもたらしてくれるのである。

自分を守るため、大きな挑戦をするために準備しておく前向きな逃げ道のことを「ポジティブエスケープ」と呼んでいる。

それにまつわる経験談が一つある。

筆者は幼少期から心が弱く、大学までチック症と重度の赤面症で苦しんだ。レコード会社の地方営業所で社会人デビューするも——仕事はできない上に——世間知らずな性格が部内で叩かれ、メンタルヘルスに問題を抱え失声症を併発。

東京勤務となってから人間不信が悪化。過労で駅で倒れたり、ストレスで寝ている間に奥歯を噛み砕いたり。結局、会社にも業界にも馴染めないままニュージーランドに移住。

なぜ、こんな人間が15年も競争の激しいレコード会社で働き続けられたのか。その理由の一つに「ポジティブエスケープ」があった。

「いざとなれば明日から、会社に行かなければいい」

まるで呪文のように、心の中でそう唱え続けていたからだ。

皮肉なことに、「いつ辞めてもいい」と思うことで逆に心に小さなゆとりが生まれ、「じゃあ、もう少しだけやってみよう」と気持ちを切り替えることができた。

後に仕事の一つとなったアウトドア活動では、当時からメーカーのサポートを受けて専門誌に寄稿したりしていた。さらに、大学時代に教員免許を取っていて教師になる夢を忘れていなかった。何と言っても「ニュージーランド移住」という夢の存在が大きかった。

だから無理して会社にしがみつく必要はない。本当の限界がきたらスパッと辞めればいい。そう思っていたのだ。

もし、「この会社をクビになったら人生おしまいだ」と背水の陣のごとく、追い込まれた精神状態で働いていたらどうなっていただ

ろうか。

　メンタルが弱い筆者なら、心を完全に壊して再起不能になっていただろう。「いつ辞めてもいい」という根拠のない逃げ道が、暗闇に差し込む小さな光となり、筆者を救ってくれたのだ。

　とはいえ、教員免許があっても試験に受かって就職先の学校を見つけないといけない。アウトドアスポーツだけで食べていくなんて、他のプロスポーツと同様ハードルはとんでもなく高い。

　そして、ニュージーランドの永住権にいたっては、他と比べものにならないほど難しい——実際、15年もかかった。

<h2 style="text-align:center">精神的なセーフティネット</h2>

　それでも、これらの「ポジティブエスケープ」は間違いなく、精神的なセーフティネットとなって筆者を支え続けてくれた。

　さらに言うならば——前向きな逃げ道があったことで——上司や先輩から理不尽なことを強要されても、ギリギリのところで拒絶して魂を売らずに済んだ。

　組織に勤めていると、「減給・仲間外れ・降格・クビ」が怖くて、つい組織や上の言いなりになってしまう。

　官僚主義と資本主義に取り憑かれている日本社会では——それが環境や人を傷つける行為だとしても——「命令だから」「職務だから」と自分の心に嘘を重ね続け、多くの人が少しずつ人の道を外れていってしまう。

　だがその罪悪感は、認知的不協和（※1）という重いストレスとなって脳にダメージを与え、精神を蝕んでいく。

　余談だが、世界中の若い世代が一斉に立ち上がったことがきっかけで、非倫理的な経済活動を繰り返す企業や経営者、人の道を外れ

た資本主義の現状を社会が許さなくなってきた。遂に時代が変わりつつあるのだ。

　筆者には、「自分の心を守るため」という思いもあったが、それ以上に仕事で思い切った挑戦をするために「ポジティブエスケープ」を確保していた。

　他の業務を全放棄して、心から惚れ込んだ新人アーティストだけにフルコミットしたり、無理だと猛反対されても既定路線を無視したハイリスクな戦略に打ってでたりしていた。

　そうするうちに、いつの間にかヒットを量産できていたのである。

　厳しいサバイバル時代を生きる我々は「ポジティブエスケープ」があるからこそ、精神的に辛い状況を乗り越えることができるし、何よりも思い切った挑戦ができる。

もしあなたが職場で苦しんでいたり、仕事で成し遂げたいことがあるならば、あなただけの「前向きな逃げ道」を見つけ出してほしい。

それを確保することで、会社や部署、上司の判断という狭い価値観にとらわれることなく、もっと大きな視点に立てるようになる。

「自分には〝あれ〟があるから、いつ辞めてもいい」

そのひと言を唱えるだけで恐怖心は小さくなり、どんな臆病な人間であっても、いくつもの挑戦ができるようになる。

ちなみに、英語の「エスケープ」には「長期休暇」という爽快な意味があることもお知らせしておこう。

※1 Leon Festinger『A Theory of Cognitive Dissonance』Stanford University Press（1957）──認知的不協和とは、心理と行為に矛盾があることで生じる強いストレスのこと

〝ミニマム・ライフコスト〟で自分を守り挑戦する

「ミニマム・ライフコスト思考」を持って
生きることが「お金の不安」から
自由になる唯一の道

　もう一つ、強力な心のセーフティネットがある。
「ミニマム・ライフコスト」 というマネー哲学だ。
　断言しよう。
「生まれつきの億万長者」や「使いきれないほどの大金を稼ぎ続けること」を除き、**「ミニマム・ライフコスト思考」を持って生きることが「お金の不安」から自由になる唯一の道**だと。

健康に生きるための最低限の生活費

　まず**最低1ヶ月、できれば3ヶ月かけて「ライフコスト＝生活費」**を、**100円単位**（それ以下は四捨五入）で計算しよう。

　筆者のアドバイスを受けて実践した人のほぼ全員が「わずかこれだけで生活できるのか……！」と驚くからおもしろい。

　そこから2ヶ月かけて、ライフコストをさらに減らすのだ。

　そうやって算出した、**「自分や家族が健康的に生きるために最低限必要な生活費」を「ミニマム・ライフコスト」と名付け、20代から今日に至るまで30年ほど実践し続けている。**

　残念ながら、「なんだ家計簿か」とバカにする人は多い。そういう人はお金の呪縛から逃れられず、暴走するマネーシステムに翻弄されながら人生を送ることになる。

　こう考えてみてほしい。

　あなたにとっての**「家計簿」とは、法人における「PL表（損益計算書）」**だと。

　PL表を付けず、「支出（損金）と収入（収益）」を把握していない会社の経営は間違いなく不安定となる。そんな企業の株を買おうなんて誰も思わないだろう。

　そういう視点で「家計簿を付けたことがない人」を見てほしい。「生活にいくら必要か」と「どれくらい働けばそれをまかなえるか」を把握しないまま、常に「お金への不安」に追い立てられて働き続ける。そんな人は持続的にいい仕事はできないし、真に豊かな人生を送るのは難しいだろう。

　だが筆者に言わせると、資本主義社会に生きるほぼ全ての人がそういう状態に陥っている。

　筆者が、**ニュージーランドで半自給自足の暮らしを営んでいる理由は「ミニマム・ライフコスト」を極限まで下げるため。**

　世捨て人のように思われるがそうじゃない。

　脱成長時代を生き抜くため、マネーシステムに翻弄されないため──そして、仕事で思い切った挑戦をするために設計した、実に機能的な人生戦略なのだ。

　ここ湖畔の森で営むミニマル・ライフは、組織やシステムに依存せず「お金に縛られない働き方」を可能にする。目指していた「自給自足サイドFIRE（※1）」だって実現できた（詳細は後述）。

　ここでは、独身時代は月5万円、家族3人なら月15万円で豊かに暮らせる。「最低限これだけあれば大丈夫」とわかっていて、その「最低限」を稼ぐ術もあるので生きる不安はない。

　その結果、「人生で本当にやりたいこと＝ライフワーク（※2）」に

心おきなく集中できるようになった。

　筆者の場合、月15万円は「①メディアで記事を2本書く」「②1社の相談役を務める」「③オンラインイベントを2回実施する」のどれか1つでまかなえてしまう（その半分を不労所得でまかなう**「自給自足サイドFIRE」**なら、①記事1本か③イベント1回だけでOKとなる）。

　そして、**理論上は「月15万円を稼ぐための労働以外は、何をしてもいい」**ということになる。

　①②③それぞれに要する時間は、ラフに見積もって2日ほど。簡略化して考えるならば、月30日間のうち2日だけ集中して働き、残りの28日間は完全なる自由時間となる。

　じゃあ残りの28日間を、引退後の老人のようにのんびり暮らしたり、だらだらとゲームや動画に興じているかというと、そうじゃない。夢中になっている「ライフワーク」があるので、28日間の大半をそれに費やしている。

　ミニマル・ライフの強みは、「ライフワーク」でマネタイズを考えなくていい点にある。

　友人の有名起業家と対談した時、彼はこう言った。

「金儲けを考えた時点で、発想は小さくなって斬新なアイデアが出なくなる」

　その通りである。筆者自身も、社会人になってから一度も「稼ぐためだけ」に働いたことがない。

「素晴らしいアーティストと音楽のため」「誰かの役に立つコンテンツを提供したい」「社会にメッセージを届けたい」というように、常にお金以外の目的があった。

　そんな目的に邁進して働いていたら、自然に高いパフォーマンスを持続できていた。その結果、感謝の言葉と共に、考えもしなかった額のお金が巡ってきたのである。

自分の心が望むライフワークで人や社会に貢献できれば、それほど幸せなことはない。金銭なんかよりこの喜びこそが、高いモチベーションを維持してくれることを体験的に知っていた。

　実はこの体感は、人類学で理論的な説明がされていた。

　長い人類史において、貨幣制度が普及したのは「数分前」と直近すぎるため、「お金のために働く」という感覚は、生存本能として我々のDNAにインストールされていないのだ。

　そして我らが祖先が――身体能力と知能面で人類より優れていた――ネアンデルタール人との生存競争に勝ち残った理由は「協力し、助けあう能力」が高かったからだという。

　つまり、ただ収入を得たいという「利己的」な行動よりも、仲間やコミュニティの役に立つような「利他的」な行動の方が合理的であり、正しい生存戦略ということになる。

　お金のためだけに生きることをやめるべき理由は、もう伝わったことだろう。

<h2 style="text-align:center;color:#ccc">アーティストや起業家が
教えてくれる大切なこと</h2>

　仕事の関係で過去20年にわたり、多数の芸術家や音楽家、クリエイターや起業家から「どう生きるか」についての人生相談を受けてきた。

　彼らの最大の悩みが、**「創作活動やプロダクト開発のための時間 vs. 生活費を稼ぐための時間」というバランスの取り方**だ。

　アドバイスはいつも同じ。次の4つを実践してほしいと話す。

①「生活習慣5つの教え～睡眠・休息・食事・運動・遊び」を徹底して、いいパフォーマンス維持する
②「ミニマム・ライフコスト」を割り出して、それを最小化する
③それを稼ぐための「労働」以外の、全ての時間を「創作活動・プロダク

ト開発」に費やす（つまり「Dream Big!」）

④創作活動・プロダクト開発において「マネタイズ」を考えない

　まず、旧世代のアーティストたちは健康意識がとても低かったために、①を実践できた人はほぼ皆無だった。次世代でも、スタートアップの起業家の大半は実践できていないようである。

　②と③は、世界中のアーティストや起業家が、昔から実践していたライフハックだ。家賃が安い倉庫街や都心から外れた場所に集まり、そこでミニマル・ライフを送りながら思う存分、自由に創作活動をしていた。

　例えば、トップブランドのお店が並ぶNYのソーホーや、トレンドの発信源となり地価が高騰したブルックリンはもともと、中心部から逃れた芸術家たちが移り住んだ地区。

　日本だと、東京の下北沢や中目黒などがそれにあたる。シリコンバレーだって、若い起業家たちが集ったことが始まりだ。

　彼らは金銭的には貧しかったが、志高く心は貧しくなかった。「どうすればお金をかけずに上質に暮らし、いいものを創れるか」と考え、アイデアとセンスの限界に挑み続けた。

　もし最初から大金があれば、そんな試行錯誤は不要となる。「お金」ではなく「頭脳と感性」をフル動員することで——後に大きく花ひらく——圧倒的な感性と創造性を磨き上げ、あきらめない心を育んだのである。

　そんな彼らの生き様は、お金で解決することが最も「非創造的な行為」であると教えてくれる。そして、そんなつまらない生き方はしたくないと思う。

　注目すべきは、社会を変えるインパクトを生み出したアーティストや起業家の多くが、幼少期から30代までにこのクリエイティブ

な清貧期を経験し、④を徹底していた点にある。

　つまり、金銭的なリターンを考えずに創作活動やプロダクト開発に熱中していたということだ。

　古い世代だと、ゴッホ、ココ・シャネル、孫正義氏など。最近だと、エド・シーラン、SHOWROOM代表の前田裕二氏、J.K.ローリングなど。ここに書ききれないほど無数にいる。

　何度でも言おう。「お金に縛られない生き方」は、超富裕層や特権階級だけのものではない。
「ミニマム・ライフコスト」を把握した上で、小さな勇気を持てれば誰にでも可能だ。さらに、社会や経済の混乱に振り回されない、インディペンデントな生き方だって実現できる。

　そして、「守り」のためだけじゃなく、人生を懸けたいと思うほどの「攻め」のためにこそ活用していただきたい。

※1　「FIRE」とは「Financial Independence（経済的自立）、Retire Early（早期リタイア）」の略で、不労所得で生活費をまかない、働く必要がない状態のこと。「サイドFIRE」とは、不労所得に、好きな仕事からの副収入を掛け合わせたスタイルのこと。本書では、通常の「FIRE」より何倍も実現性が高い「サイドFIRE」を推奨している。筆者が実践したのは、自給自足を掛け合わせることで、さらにリスクが低い「自給自足サイドFIRE」である
※2　外山滋比古『ライフワークの思想』旺文社文庫（1978）、本田健『「ライフワーク」で豊かに生きる』ゴマブックス（2014）

会社員が〝お金から自由〟になる唯一の方法

お金の使い道を「投資・消費・浪費」に
分けて考え、「消費」は極限まで減らして
「浪費」はゼロを目指す

　きっとここで、こんな声があがるだろう。

　「アーティストや起業家ならわかる。でも、一般の会社員や公務員が、お金から自由になって働くなんて無理だよ」

　それは違う。少なくとも筆者は会社員時代から、その思考で働いていた。ニュージーランド移住後は、そのスタイルをより極めただけだ。

ライフイノベーション──　●　STEP 7　お金と働き方の軽量化

会社員時代の生活コスト最小化術

　昔から見栄のためのブランド志向や物欲もなし。お金を使ったのは、フライフィッシングや登山といったアウトドア活動、ニュージーランド移住につながる活動、後述する有益な「投資」活動だけ。

　アウトドアで最低限必要なギアとウエアは、学生時代のバイトで買い揃えていた。30代になってからは、スポンサーが付いて無償提供されるようになり、その出費さえも最小化できた。

　15回を数えたニュージーランド視察の航空券も、貯めたマイルを使うなどして一度も自腹を切ったことがなかった。

　結果、15年間の会社員生活は一度もボーナスに手をつけることなく終了。30代で成果を出せるようになるまでは、「会社に貢献できていないのに特別賞与なんてもらっていいのか」と思っていたくらいだ。

　レコード会社の基本給は低く、しかもあまり上がらない。大きなヒットを記録してやっとボーナスだけが急上昇し、30代半ばで別のレコード会社にヘッドハンティングされて倍増。

　平均的な会社員よりかなり収入は多くなったが、生活レベルは一切上げず「新入社員時代＋α」の生活費で暮らしていた。

　片や、マスコミやエンタメ業界で働く人たちは──資本主義の慣習に則って──所得が増えると服や持ち物が派手になったり、外車に買い替えたり高級マンションに引っ越していく。

　そんな中、筆者はキャンピング仕様にDIYした国産の中古バンにずっと乗り続ける。時にモバイルオフィス、時にバンライフの相棒として──ニュージーランド移住直前に、雨漏りして修理不能となって強制廃車になるまで愛し続けた。

　住む部屋もそうだ。いくら給料が上がっても、敷地内に墓地が

あって「幽霊が出る」と退去が絶えない築40年という、格安の部屋に住み続けた（実際には何も出なかったが）。

　当然、家計簿は徹底的につけて「ミニマム・ライフコスト」を把握。そして、**お金の使い道を「投資・消費・浪費」に分けて考え、「消費」は極限まで減らして「浪費」はゼロを目指す。**

　例えば飲食費は、弁当とマイボトル持参で半減させる。家具と家電は中古で必要最低限のみ。レトロな古着ファッションを愛し、いつも同じような格好をしていた。

　同僚からは変わり者扱いされ、友人からは心配されていた。

会社員時代の投資ルールとお金の勉強

　逆に、**有益な「投資」には躊躇せずお金を使った。**

　冒頭に書いた**「大好きなこと・夢につながること」**や、高性能のモバイルデバイス、寝具や食事といった**「自身のパフォーマンスUPと人生の可能性UPにつながること」がその対象**である。

　「投資先」を間違えると、大きな「浪費」になってしまう。だが決して恐れないこと。いつでも「投資」とはリスクが伴う行為であり、これこそが人生の質を決めるからだ。

　「浪費」と「投資」は紙一重、いや表裏一体だと覚えておこう。

　だが筆者の場合、学生時代に決めた**「10年働いたらニュージーランドの大自然に移住して、資本主義から距離を置いて自給的な暮らしをする（実際は15年かかったが）」**という明確なビジョンがあったため、ブレない「投資判断」が可能となり「浪費」に転ぶことはなかった。

　何かにお金を払う時、必ず自分にこう問いかけた。

「これは、ニュージーランドに持っていけるか」

「これは、ニュージーランドで目指す暮らしにつながるか」

　人生の優先順位に迷いがなく、取捨選択の基準がハッキリしていたので、無駄な買い物はせずに済んだ。

　そして、移住後の自給自足スキルに直結する、釣りとアウトドアの技術、畑と植物の見識を高める努力は惜しまなかった。

　同時に、「資本主義の本質＝お金の仕組み」を把握すべく徹底的に勉強した。大金が飛び交うショービジネスの構造と虚構を観察しながら働くだけで多くを学べたが、さらに投資の本を読み漁っては、セミナーや勉強会に参加した（この2つの学びから「自給自足サイドFIRE」という着想を得ることになる）。

　なぜ「お金」の勉強をしたか。

　資本主義への依存度を減らすといっても、完全に逃れることはできない。残りの人生の大半は、このシステムの影響下にあるだろう。そもそも世捨て人になりたいわけではないし、社会にはコミットし続けたい。

　何よりも「期限付きで一度しかない人生に妥協したくない。自分自身と大切な人を守り抜きたい」という思いが強かった。

　「自然界と資本主義の世界を生き抜くため」という両極端な探求から得た知見は、今日までの人生を支え続けることになる。

「誰もが依存し、盲信している資本主義のシステムとは恐ろしいほど脆弱で、人生を預けるに値しない」

「誰もが依存し、破壊に加担している自然環境も悲しいくらいに脆弱だが、人生を預けて守るに値する」

　いつの間にか、こう考えるようになっていた。

セーフティネット＝衣食住の確保

移住後に必要な「衣食住」のうち、「住」だけは自作する自信がなかったので、「自宅購入資金を貯める」という目標を持って働いていたことも大きかった。これが、無駄遣いのさらなるストッパーになったことは言うまでもない。

ちなみに「衣」は──今はひどすぎるが──当時から古着が有り余っていたので、お金はかからないと知っていた。

つまり、**ただお金をケチる「節約」ではなく、自分の価値観で大胆にメリハリをつけてお金を使う「選択」をしていた**だけだ。我慢したり耐え忍ぶことなく、「自分の理想に向かって、自分の意思で選んでいる」という爽快な気持ちしかなかった。

そして、仕事で大きなチャンスが巡ってきたり、人生で大きな挑戦をする時ほど、家計を引き締めて「ミニマム・ライフコスト」を下げるのが習慣になっていた。

独身時代は、こう考えていたことを思いだす。

「いざとなったら、月10万円で不便なく暮らしていた学生時代の生活レベルまで下げればいい」と。

そう腹をくくることで、「クビになっても、得意の引っ越しのバイトを10日間すれば、ミニマム・ライフコストは稼げるから大丈夫。しかもいい運動になる」──パートナーができてからは「それぞれ10日ずつバイトして、月に20万円稼げればいい」──という確かな安心感と、静かな勇気を得ることができた。

さらに最悪の場合、自分一人であれば「磨いてきたアウトドアスキル、キャンプと釣り道具を詰めたバックパックさえあれば生きていける」と思っていた。自然豊かな海辺にある自給自足に適した無

料のキャンプ場を知っていて、そこに行けば無収入でも死ぬことはないと確信していたからだ。

　得意の魚釣りと近隣の農家さんの手伝いで、1人分の食料調達は可能だと、学生時代の自給的なバンライフで実践済みだったし、そんなキャンプ生活を想像しては心躍っていたくらいだ。

筆者が学生時代から社会人のある時期まで乗っていた、バンライフの相棒

拡大成長病がもたらす不安と焦り

　周りを見ると、同世代や先輩たちは、歳を重ねるごとにライフコストを上げて、「物質・非物質」両方の荷物をどんどん抱え続けていた。そうするうちに身動きが取れなくなって疲弊し、パフォーマンスを落としていった。

　何より、あまり幸せに見えなかった。

　周りに惑わされず、拡大成長病を患わず、筆者はミニマル主義を貫き、いいパフォーマンスを維持していた。仕事では、無責任な多

数意見や、根拠のない前例主義にも負けず、自分の感性に従って大勝負できるようになっていったのである。

　こうやって身軽さと生活レベルを維持し続けていると、もう1つのギフトを手にできる。いつでも人生をリセットして、迷わず新しいライフステージに向かえるようになるのだ。まるで、小さなバックパック1つで自由に旅をするように。

　例えば、転職や起業、フリーランスにシフトしたり、**夢に挑戦する時、「最低限これだけあれば生きていける」とわかっている人間は強い。**

　実際、「独立して自由に働きたい」「大好きな場所に移住したい」という人は無数にいるが、その9割が「収入が減ることへの不安」を理由に実行に移せない。人は、一度でも生活レベルを上げてしまうと、それが下がることを異常に恐れる。

　そんな人には**「日本においてはもはや、物質的な豊かさを求める時代は終わった」**と伝えたい。「安全で便利で快適な（だけの）世界」から「真に豊かで生きるに値する社会」へと変成させていくべき（※1）──独立研究者でベストセラー作家の山口周さんもこう述べている。

　今こそ、美しい日本語「足るを知る」という言葉を思い出し、「自分にとって、足りているとはどういう状態か」と心に問いかけてほしい。

　プロローグにも書いたが、そのために「渇望症」から脱却し、あなたの中に眠る「本来の自分」という彫刻作品を削り出して、本当の意味で豊かな人生を生きるのだ。

　ウルグアイで市民のために多くの改革を成し遂げた、ホセ・ムヒカ元大統領もこう言っている。

「モノが増えれば心配ごとが増える。真の自由とは、消費活動（買

い物と所有）を最小限にすることだ」

　彼は在任中、給与の9割を寄付して豪華な官邸にも入らず、古い車に乗り、質素な農園の自宅で暮らした。

　健康に生きるために最低限必要な、お金やモノはあった方がいいが、「身の丈」以上のお金やモノを獲得しても「精神的な豊かさ」や「生きがい」は決して手にできない。

　ある「一定以上の収入」を超えると、その後どんなにお金を手にしても幸福度は平行線をたどることは、いくつものエビデンスが教えてくれる。

映画『世界でいちばん貧しい大統領　愛と闘争の男、ホセ・ムヒカ』
©CAPITAL INTELECTUAL S.A, RASTA INTERNATIONAL, MOE／発売：アルバトロス

　守銭奴になれ、ストイックに生きろと言っているわけじゃない。

　一度しかない人生で、本当にやりたいことのためにリスクを取って挑戦するための準備を怠ってほしくないだけだ。

　国のトップである大統領だってできるのだから、「会社員だからできない」なんて思い込みはすぐに手放そう。

「ミニマム・ライフコスト」を軸に生きない限り、あなたを資本の奴隷にするマネーシステムから逃れることはできない。

　そして、仕事で大勝負する時、将来のために大きな一歩を踏み出す時のために「ポジティブエスケープ」を確保しておくのだ。

「ミニマム・ライフコスト」と「ポジティブエスケープ」は、攻めと守りの両方を兼ねる、人生の2本柱だと心に刻んでほしい。

※1　山口周『ビジネスの未来 エコノミーにヒューマニティを取り戻す』プレジデント社（2020）

〝ミニマリスト×サイドFIRE〟 という最強の働き方

投資からのリターンに、ライフワークの収入と
自給自足を掛け合わせた「自給自足サイドFIRE」
という形で、ミニマム・ライフコストの自給に成功

　21世期に入るなりデジタルテクノロジーとグローバリゼーションが世界を席巻し、VUCAの時代に突入。変化を恐れて革新や挑戦を怠った、保守的な日本の大企業を次々と失速させた。

　終身雇用制度が崩壊するなど労働環境が激変し、これまで信じられていた常識やルールが次々に消滅。

　さらに、政府主導の「働き方改革」やコロナ禍を経て、その動きはさらに加速。旧態依然とした日本でも仕事慣習の刷新が求められ、古い働き方がいよいよ通用しなくなってきた。

誰もあなたを守ってくれない社会

　もし、あなたが今、命を削って会社に奉仕しているならば、たとえそれが有名な大企業であっても、一生面倒を見てくれることはない。だから考え直した方がいい。

　大手企業の不正が暴かれたり、巨額な負債を抱えてあっさり倒産したり、名前も知らない海外企業に買収されるようになった。もはや、国内には絶対安泰な企業は存在しない。

「1つの会社で働き続けること」とは「1社に依存し続けること」であり、昔ながらの働き方は「ハイリスク・ローリターン」の危険

な人生の投資となってしまった。そもそも、会社より人間の寿命の方が長いのだから当然のことなのだが。

　では、国に頼れるかというとそうではない。
　最低限の生活費を給付する「ベーシックインカム」導入が何度か議論されてはいるが、その代わりに「生活保護」「失業手当」「年金」などを廃止すべきという意見が出る。
　生活保護や失業手当の手続きに問題があることや、高齢化や年金の運用ミスによる「年金消滅危機」が幾度となく取り沙汰されてきた。さらに、パンデミックでまともな対策を打てず、政府には国民を守る能力がないことが露呈してしまった。

ミニマム・ライフコスト自給という考え方

　企業も国も、誰もあなたの生活を守ってはくれない。道は険しく濃霧で一歩先も見えない。今いる場所が安泰である保証もない。
　「わかってはいるけど、どうしたらいいかわからない」
　誰もがそう困惑し、動けなくなっている。
　そんな時代だからこそ理想に向かって、思い切ってワークシフトすべきだ。とはいえ「背水の陣の覚悟で飛び込め」なんて無責任なことは言いたくない。

　「ミニマム・ライフコスト」を最小化できたあなたが、次にトライすべきは**「ミニマム・ライフコストの自給」**だ。国に頼らず**「ベーシックインカムを自分で確保する」**と言い換えてもいいだろう。これはある意味、米国のミレニアル世代でブームとなった**「FIRE(経済的自立・早期リタイア)」**の発想に近い。
　筆者は、**投資からのリターンに、ライフワークの収入と自給自足を掛け合わせた「自給自足サイドFIRE」という形で、ミニマム・**

ライフコストの自給に成功。

そもそも、「サイドFIRE」の実現性は、世界3位の経済大国で生きながら、世界随一の物欲のなさを誇る日本のミニマリストが最も近いところにいる。その鋭い金銭感覚をもって、本気で投資の勉強をすれば決して夢物語じゃない。

その思考術を理論じゃなく、感覚としてインストールできるように、ここからは物語風に書こうと思う。

あなた自身が、登場人物の「都内で一人暮らしの30代半ばの会社員A」だと仮定して読み進めていただきたい。あなたの心の行動スイッチを押すことができたら幸いだ。

ある決心

ある日曜の朝。あなたは、家具が何もないシンプルな自室で、窓からうっすら入ってくる日光を眺めながらふと考える。

「もうこれ以上、自分自身に嘘をつきたくない」

新卒で入った今の会社には慣れてきたが、仕事は決して楽しくはない。友人も、たまにデートするパートナーもいる。趣味はそこそこ楽しめているし都会暮らしは刺激的だ。

適度に休めていて睡眠も7時間は確保できている。気になるのは、栄養バランスの悪さと運動不足。そして、「働きがい」を失っているせいか、学生時代のような活力や意欲が湧かない。日々の「生きがい」さえもあまり感じない。

昔から「本気でやりたいこと」がある。

今の仕事はそれとは無縁だし、会社員だからそれをやる時間もあまりない。でも辞める勇気もない。そうこうしているうちに20代は終わり、30代も半ばとなってしまった。

　ミニマリストになって10年、資金も貯めた。今日35歳の誕生日を迎え、いよいよアクションを起こそうと考えている。

　そのために、今日まで「浪費」という名の贅沢はせず、「消費」のムダも減らすべく努めてきた。その上で、「やりたいこと」につながる「自己投資」はしっかりやってきたつもり。
　家計簿アプリ「Money Forward」を使ってライフコストを削減してきたから、月8万円あれば「健康的に生きていける」とわかっている。何より、格安のシェアハウスに暮らしてきてよかった。ここには、いざとなったら助けてくれる気心の知れた仲間もいる。

「自分のミニマム・ライフコストってこんなに低いんだ」
　最初にそれを知った瞬間、心に平穏と小さな勇気が生まれ、自然に「冒険できる」と決心していた。
　最初に考えるべきは、退社して定期収入がなくなった後に、この

ミニマム・ライフコストを「具体的にどう稼ぐか」だ。

8万円であれば、最低時給の全国平均が961円だから（※1）、8時間労働すれば日給は7688円となる。つまり、「月の約1/3の11日間」バイトすればクリアだ。

シェアハウス仲間のつながりで、日給1万円のバイトを見つけてあり、それなら「月の約1/4の8日間」だけで済む。

うん、なんとかなる。

他の先進国に比べると日本の賃金は低いが、周りの途上国や敗戦直後の日本を考えたら自分は恵まれていると思う。だから贅沢は言わないつもりだ。

ライスワーク人生との決別

世間では、ミニマム・ライフコストを稼ぐための時間労働は、「食うための仕事＝ライスワーク（日本人による造語：Rice Work）」と呼ばれている。そして、今の自分は「ライスワークがフルタイム」になっていて生活が占拠されてしまっている。

このまま人生を終えたくないと思う。

「やりたいことを仕事にするために、正社員を辞めようと思う」と幼なじみに伝えてみたら、「え？　プータローになるの？」と驚かれてしまい思わず黙ってしまった。

違う違う。それは「個人事業主」や「フリーランス」っていう働き方だよ。『1万円起業 片手間で始めてじゅうぶんな収入を稼ぐ方法』（クリス・ギレボー著／飛鳥新社）によると、「マイクロビジネス」と呼ばれるスタイルであり、グローバル基準でみれば立派な「起業」なんだよ。

こう答えたかったけど言えず……。

見栄えのために会社をつくって「代表取締役社長」という肩書を

手にしてもいいが、設立コストに20万円以上かかってしまう。見栄えのために貴重な資金を使いたくないし、ミニマルじゃない。

とはいえライスワークも、適当には選びたくない。

とにかく食えればいいと、限りある自分の命（時間）を「お金のためだけ」に費やすことはもうしたくない。たとえそれが月の1/4〜1/3だとしても。

ちなみに、ライスワークに対して、金銭的な見返りがなくても生涯かけて究めたいことを「ライフワーク（Lifework）」と呼ぶそうだ。いい言葉だ。

自分への「投資」だと思い、月会費を払って学んでいるコミュニティ〈LifestyleDesign.Camp〉の学長が、ライフワークへの移行期にやらざるを得ないライスワークについてこう話していた。「カフェをやりたいならば、職種にこだわらず飲食の仕事をしよう。音楽の世界を目指すならば、ライブハウスや地元のミニFMなどで、どんな雑用でもやってみる。パリで働くのが夢なら、どんなバイトでもいいからフランスに関係する職を探すべき」

シフトダウンを恐れない

どんな人間も「寿命」からは逃れられない。だから、「自分の時間＝自分の命」であることを忘れたくない。もうこれからは、命を無駄に使わない。そう自分に誓っている。

よし、明日の朝イチでアポを取っている上司に胸を張って自分の決意を伝えよう。まずは、正社員から業務委託にしてもらえないか相談するつもりだ。給与と社内ランクを下げてもらった上で業務量を減らしてもらい、その期間を新しい仕事への「移行期」として活用したいと考えている。

理想は、残業ゼロの週3勤務にしてもらうこと。その場合、バイト扱いになってもいいと腹をくくっている。収入は半減するが、ミニマム・ライフコストはカバーできる計算だ。

　もしその収入が想定より低くてカバーできない場合、入社以来ずっと給料から自動天引きして貯めていた定期預金を切り崩せばいい。仮にその収入が想定の8割だとしても余裕で5年はもつ。

　親から「せっかく貯めたのに」と言われたが、今こそあの貯金を人生に投資すべき時だと考えている。「ローリスク・ハイリターンが唯一可能な投資先は、自分自身」と、あらゆる投資の本に書かれていたから迷いはない。

　30代半ばで「サイドFIRE」を実現した有名なYouTuberちーさん（※2）は、いざという時のための貯金を「生活防衛費」と呼んでいたが、まさにそれ。お金の勉強を続けてきたが、一種のゲームのようで途中から楽しくなった。

　実は、この「生活防衛費」以外にも資金を貯めてNISAに投資してきた。「サイドFIRE」を目指し、このタイミングでさらなる投資を開始してもいいと思っている。

　お金の勉強のために熟読した、キングコング西野亮廣さんの著書『夢と金』（幻冬舎）に、「お金が尽きると夢が尽きる」とあった。夢の実現のために億万長者になる必要はないが、お金の仕組みを丹念に学び続けないと夢は叶わないと知った。

「ライフワークへの移行期」は1〜2年に収めたいが、向こう5年は大丈夫という事実は精神的なセーフティネットとなり、新しい仕事でより思い切ったことができる気がする。

　いきなり週3は認められず、「週4はどうだ」と聞かれる可能性もあるが、最初はそれでもしょうがない。コミュニティのメンバー数名が、学長のアドバイスを受けて働き方を「週に働く日を1日ず

つ減らしながら」シフトしていくのを見ていたから、具体的な移行イメージは頭にある。

ライフワークへの移行戦略

仮に「ライスワーク週4」からのスタートだとしても、折を見て「ライスワーク週3→週2→週1」と徐々に減らしていく戦略だ。

平日の「5日間」が、「ライスワーク週2＋ライフワーク週3」と、ライフワークが逆転する時こそがターニングポイントだと思っている。

ステップ1

月	ラ イ ス
火	ラ イ ス
水	ラ イ ス
木	ラ イ ス
金	ラ イ フ

ステップ2

月	ラ イ ス
火	ラ イ ス
水	ラ イ ス
木	ラ イ フ
金	ラ イ フ

ステップ4

月	ラ イ ス
火	ラ イ フ
水	ラ イ フ
木	ラ イ フ
金	ラ イ フ

ステップ3 （ターニングポイント）

月	ラ イ ス
火	ラ イ ス
水	ラ イ フ
木	ラ イ フ
金	ラ イ フ

いきなり「週0」にして（つまり辞めて）、貯金だけで生活したり、新規でバイトを始めるよりは、今の会社での勤務日を減らしていく方法が最もリスクが低いと思っている。

今の職場では——どこでも通用するビジネスマナー、スケジュー

リングやタスク管理の基礎、社内外とのコミュニケーションや書類仕事といった──「ベーシックスキル」を学ばせてもらったから、恩返しと引き継ぎを兼ねて半年はいてもいい。

とはいえ、スパッと完全に辞める選択肢もある。見つけてある──ライフワークにつながる──前述の日給1万円のバイトを週2日やれば、ミニマム・ライフコスト分は確保できる。

さて、Aの物語を読まれて、どう感じられただろうか。

ここに書いたのは、「会社員からフリーランスに転身したい」と相談に来る、運営するコミュニティの仲間や、友人へ伝えてきたアドバイスのダイジェスト版に筆者の実体験を加味したものだ。

これは机上の空論ではなく、実際にこの手法でライフワークへの移行を成功させた仲間が何人もいる。

最近の例だと、財閥系企業に勤める40代半ばの女性が「安泰という幻想」を捨て、この方法でライフワークへの完全移行に成功。今では、培ってきた経験に新しいスキルを掛け合わせ、AIに奪われることのない次世代ビジネスの世界で引っ張りだこになっている。ちなみに、彼女の移行期間は2年だった。

残った全時間・資産をライフワークに投資する

ここで、重要なことをお伝えしたい（以下、わかりやすくするために全て単純計算となっている）。

仮にAが「日給1万円」の仕事で、8日間の「ライスワーク」という最小限の労働で、ミニマム・ライフコストの8万円をまかなうことができたら──それは「ミニマム・ライフコスト自給」が実現することになる。

それさえできれば、今の日本では飢え死にすることはない。その

瞬間、Ａは「自由な人生の入り口」に立ったことになる。

あなたは、この考え方を理解できるだろうか。

さらに、「サイドFIRE」が実現してミニマム・ライフコスト月８万円の半分４万円を、投資からのリターンでカバーできれば、ライスワークの日数は月４日間（週１日）で済む。

先出のYouTuberちーさんが実践する「年利2.5%ルール（※3）」にならうと、2000万円の資金があれば、税引き後で月４万円（年48万円）の不労所得を手にできる。

仮に、Ａの10年間の平均年収が380万円だとして、手取りは約300万円になる。月８万円のミニマム・ライフコストを10年間維持し、収入の残りを貯めていたならば、「年200万円の貯金×10年分＝資金2000万円」が実現する。実際に筆者は、新卒から34歳でヘッドハンティングされて給与が3倍になるまでの間に、これ以上の資金を貯めることができた。

今の時代においてコスト意識の高いミニマリストは最強なのだ。

ここで忘れてはいけないのは、**1ヶ月（30日）に残された「自由な時間＝22日間（サイドFIREでは26日間）」から「全週末＝8日間の休暇」を差し引いた「14日間（サイドFIREでは18日間）」全てを「ライフワーク」に投資すること。**

興味に駆られてライフワークと関係ない仕事に手を出したりせず、あくまでライフワークだけに集中投下すること。

ただし、いいパフォーマンスでライフワークに取り組むためには、「5つの教え〜睡眠・休息・食事・運動・遊び」を守ることはお忘れなく。これを怠ると体調を崩してしまい、ライフワーク事業の計画が崩れてしまうからだ。

不安だし、とりあえずもっとお金が欲しいから、最低時給961円

のバイトを見つけてプラス7万～8万円は稼ぎたいって？

　残念ながらそうした瞬間、フルタイム社員時代と変わらない日数を働くことになる。それじゃワークシフトする意味がない。

　もしくはライフワークで、「信念を曲げればフィーが倍増するかも」「ここで妥協すれば収入増になる」なんて考えるのもアウト。その瞬間、せっかくの「至宝のライフワーク」が「ただの労働」に転落してしまうからである。

　もう、命の安売りはやめにしよう。

生存のためのインフラを活用する

　忘れてはいけないのが、国が提供するサービスだ。「ライフワーク移行期」に、ライスワークが見つからず無収入の場合は「失業手当」を利用すべきだし、さらに貯金ゼロで生活できない場合は躊躇せず「生活保護」を受けた方がいい。

　日本では「生活保護は恥ずかしい」という間違った思い込みが多いが、税金を払ってきたのだから堂々と使おう。だが、その申請は面倒だと言われる。手続きをサポートしてくれるNPOがあるので、まずはそういったプロに相談すること。

　ちなみに、生活保護の受給額は地域によって違うが、単身者だと1ヶ月平均11万～13万円なので（2022年）、Aのミニマム・ライフコストを充分にカバーできると知っておいてほしい（家族が1人増えるごとに＋5万円程度）。

　上の金額はあくまでラフな概算だが、この情報が頭に入るだけで「路頭に迷うことはない」と安心できるし、挑戦が怖くなくなるだろう。

　さらに**厚生労働省は2022年から、退職して起業に失敗した場合、失業手当を受け取れる期間を最長4年まで延長した**（※4）。国

による、**個人事業主やスモールビジネス向けの「担保なし・保証人なし融資」の制度**もある。日本政策金融公庫の「新創業融資制度」（※5）と、2023年3月より始まったばかりの「スタートアップ創出促進保証制度」（※6）である。

　欧米と比べると、日本は挑戦しづらい環境にあると言われてきたが、いよいよ流れが変わってきた。

　会社を「スキル獲得のためのプラットフォーム」、国を「生存のためのインフラ」と捉え、遠慮することなく両方とも最大限活用しよう。ただし、最後の最後に自分を守れるのは、あなた自身であることも忘れないように。

ライフワーク逆転現象

　最後に、大切なことをお知らせしておきたい。

　この働き方シフトでは、ライフワークの収入ゼロからスタートするが、あきらめずに続けていると少しずつ、その仕事がマネタイズされていく。

　粘り強くそのまま働き続けると、ライフワークで「ミニマム・ライフコスト」をカバーできる日がやってくる。

　つまり、「人生でやりたかったこと」からの収入が遂に、あなたの生活を支える「ベーシックインカム」になるということ。

　まさに感動の瞬間。そしてそのチャンスを逃してはいけない。

　その瞬間こそライスワークを辞めて、ライフワークのみに切り替えるべきタイミングだ。「不安だから」「念のために」と、決してライスワークをずるずる続けないこと。

　その時こそ最大の勇気をもって決断しよう。

　そのまま**ライフワークが軌道に乗り、そこからの収入が「ミニマム・ライフコストの倍近く」になるまでは、**決して安易に生活レベ

ルを上げないこと。

これは、業績が上がった途端に喜び勇んで豪華なオフィスに引っ越し、そのコスト増に耐えられず消えていく愚かなスタートアップ企業と同じ道をたどらないためである。

この「最後の誘惑」さえクリアできれば、引き続きその先も正しい判断力を失わずにすむ。そして、「ライフワーク100％」状態をある一定期間続けることで、ライフワークの売り上げが「ライスワーク100％」時代の収入を超える瞬間が必ずやってくる。

その時が来ることを信じて、潔さと勇敢さを持ち続けてほしい。あなた自身と、人生の未来のために。

その後、「生活習慣5つの教え」を守りながらライフワークに集中し続けることで、驚くなかれ、収入はどんどん上がっていくことになる。

この現象は、筆者が実際に体験しているだけじゃなく、周りに実例がいくつもある。ただし、あなた自身が「あるモード」に入らないとそれは実現しない。このことに関しては、最後のメソッドで解説したい。

※1 NHK NEWS WEB「最低賃金 きょうから順次引き上げ 全国平均の時給961円に 2022年現在の全国平均」(2022年10月1日)

※2 YouTube「ちーのゆるFIREな日々」

※3 アラサーdeリタイア管理人ちー著『ゆるFIRE 億万長者になりたいわけじゃない私たちの投資生活』かんき出版(2022)

※4 日本経済新聞「起業失敗でも失業手当 受給権利、3年間保留可能に」(2022年1月6日)

※5 日本政策金融公庫「新創業融資制度」

※6 中小企業庁「経営者の個人保証を不要とする創業時の新しい保証制度(スタートアップ創出促進保証)」(2023年2月)

〝シリコンバレー式〟 ライフワーク移行術

何十年というロングスパンで働いても
苦痛にならず、年老いてからも喜んで続けたい
と思える仕事（＝ライフワーク）を見つけよう

　前メソッドの「Aの物語」だが、おもしろいことに**シリコンバレー発祥の「リーン・スタートアップ」という起業メソッド**が、このワークシフト術が決して無謀ではないことを教えてくれる。

　これは、米国の著名アントレプレナー、エリック・リースによって世界中に広められた起業スタイルのこと。ちなみに、**「Lean(リーン)」とは「スリムな・無駄のない」という形容詞**だ。

超ミニマルで大胆な起業スタイル

　日々の経営コストと事業開発コストを「①最小限に抑え」、お金と時間を無駄に消費しないよう**「②手を広げすぎない」起業方法**である。

　会社として「①ミニマム・ライフコスト哲学」を徹底し──資本金やマンパワーや時間資産といった全リソースを分散させず──「②1つのビジネスモデルに集中投下」させることで、できる限り持続可能な経営を目指すものだ。

　思い切った「ハイライト思考」をもって「一点突破」にかける、超大胆なメリハリ経営と言っていいだろう。

今では、理想の経営手法の一つと言われるようになり、多くの大企業が新規事業スタート時に導入している。

「食べログ」や「グルーポン」など、リーン・スタートアップの成功例は多数あるが、最も有名なのは「Instagram」だろう。

リーン・スタートアップとはもともと、**「斬新ゆえにハイリスクなビジネスモデル」に挑む起業家が、事業の成功率を高めるための手法**だ。

前例がないビジネスモデルの場合、見本にできる事業や参考になるベンチマークが存在しない。よって、事業開発の基本が「ゼロベースからの暗中模索」となり、無数のトライ＆エラーが必要となって軌道に乗るまで多くの時間を要する。

この点がまさに、前メソッドに書いた「ライフワーク」へ挑戦する際に持つべき心構えである。

それゆえ、起業してからしばらくは通常の何倍もの試行錯誤を強いられる可能性が高い。エリック・リースは、「迅速なフィードバックと軌道修正の繰り返し」を奨励しており、それが長期にわたることを覚悟し、備える必要がある。

「失敗できる回数＝チャンスの数」だから、その創意工夫に費やせる期間が長ければ長いほど可能性は高まる。しかし悠長にやっていると、事業が軌道に乗る前に資金が底をついてしまう。

つまり倒産を意味する。

起業や経営に必ず付きまとうこのジレンマ。この相反する要素を解決する方法を、リーン・スタートアップ術は示してくれている。

企業を個人に置き換えてみる

さてここで、このミニマルな起業メソッドを「Aの物語」にあてはめてみよう。

Aが働いて貯めてきた「銀行預金」は、スタートアップ企業でいうと、創業メンバーや投資家からの「出資金」にあたる。つまり、Aの「貯金」とは、「ライフワーク」にチャレンジするための「資本金」ということになる。

　リーン・スタートアップ企業の「ハイリスク・ハイリターンの新規事業」が、Aの「ライフワーク」にあたり、その企業の「ビジネスモデルが黒字化するまでの創業期」が、Aの「ライスワークからライフワークへの移行期」となるのだ。

　筆者は、50代となった今も変わらず「消費・浪費」を最小化すべく努めている。2010年にニュージーランドへ移住してから「ライフワーク」中心の働き方にシフト。それから**十数年にわたり、お金と時間、労力と情熱といった全リソースを「ライフワーク事業」に投資**してきた。

　その結果、**幸運にもさらなる「リターン（新たな専門スキルと資金）」を得ることができ、今まさに「ライフワーク」で新たな挑戦をしようとしている。**これによって、50〜70代にかけてが人生のハイライトになると確信している。

「そろそろ引退を意識する世代なのに？」
「仕事のピークは30〜40代で、50代から守りに入るべきでは」
　そう思われた方もいるだろう。だが、よく考えてみてほしい。

　世界では、医療の進歩と栄養状態の向上によって寿命が延び、「人生100年時代」に突入したと言われるが、そもそも日本人の平均寿命は世界トップクラス。

　そう考えると、50〜60代で守りに入るなんてナンセンスだと思えてこないだろうか。

日本では、もともと年金は「55歳」で受給できたが、いつの間にか「60歳」へ引き上げられ、今や「65歳」である。

さらに、2021年の「高年齢者雇用安定法」によって「定年70歳」が企業の努力義務となった。これは事実上「年金受給年齢が70歳」に延長される日が近いということ。

さらに同年、サントリーホールディングスの新浪剛史社長が「45歳定年」という考えを公言して大炎上（※1）。この意見へ賛同する経営者が多数いたのに対し、非難の声の大半が従業員だったことが象徴的だった。

欧米の主要国では、「昇進格差が生じる年齢」が30代前半なのに対し、日本では44歳というデータがある。そのレポートの中で、ある人事のスペシャリストは、日本の「働かない中高年」の存在を指摘する（※2）。つまり、新浪社長の「45歳定年説」には統計的な根拠があったのだ。

大半の日本企業では、「うちに身を捧げてくれれば将来、昇給や昇進を与えるよ」というニンジンをぶら下げて、若い従業員に無理な労働を強いてきた。

雇われている側は、いつかもらえる（はずの）ニンジンを夢見て──その分岐点が44歳だとすると、新卒入社なら20年以上もの長い期間──「自分の時間」「家族」「健康」「環境破壊や人権侵害」といった犠牲を払い、ひたすら従順に働いて社内出世を目指す。

だが、昇進格差が明確化する年齢（44歳）を超えてもそれを手にできず、「この会社での将来が見えた」と絶望した瞬間、仕事へのモチベーションと会社への忠誠心が消滅。

しかも、狭い世界での出世だけを目指してきた代償として、外の世界で通じるスキルも勇気も手にしていない。だから当然、転職やフリーランスなんていう選択肢は怖くて選べない。

結果、「生活基盤を失いたくない」という目的だけで働くようになり、ずるずると会社にしがみついてしまう。会社はそういった「働かない中高年」をなんとか外に出そうと画策する。

国も会社も、あなたを守りたくても守れない

まさに、「なんとか固定給を確保し続けたい」という雇われ志向の従業員と、「働かない人はいらない」という経営側による悲しくも不毛な綱引きである。

そして、そんな中高年を、「企業側で面倒見てね」と終身雇用を求める政府と、「国のお金（国民年金）でなんとかしてね」と、終身雇用を廃止したい経済界が押し付けあってる状態だ。

政府の失策や、経済界の身勝手を責めたくなるが、話は簡単じゃない。2007年、日本は世界最速で「超高齢社会（人口の20％以上が65歳以上）」に突入し、翌年からは遂に人口減少に転じてしまった（※3）。日本は今、どの国も経験したことのない超アンバランスな「少子高齢化」に直面しているのだ。

こうした状況を受けて、見識者たちはこう言い始めている。「近い将来、年金受給年齢は80歳になる」「年金制度そのものが廃止される可能性もゼロではない」と。

繰り返し言おう。企業はもちろん経済界も国も、誰もあなたや家族を守ってはくれない。いや、守りたくても守れないのだ。

自分を守るために、今すぐ古い考え方から脱却して、「依存心」ではなく「独立心」を持つと覚悟を決めよう。

本書が提案したいのは、やはり「ライフワーク」だ。

この先、何十年というロングスパンで働いても苦痛にならず、年老いてからも喜んで続けたいと思える仕事（＝ライフワーク）を見つけてほしい。

　リーン・スタートアップ企業にならい、「仕事をもらう、見つける」ではなく、「自ら新しい仕事を創る」発想を持とう。そしてこれこそが──遂に到来したAI台頭時代において──最も重要になると頭に叩き込んでいただきたい。

※1　朝日新聞デジタル「サントリー新浪社長『45歳定年制』を提言　定年延長にもの申す」（2021年9月10日）

※2　ITmedia「45歳定年制は、なぜ『45歳』なのか　日本企業の慣習と働かないおじさんの関連性」（2021年10月25日）

※3　総務省統計局HP「人口減少社会『元年』は、いつか?」（2012）

〝ビジネス思想家〟に学ぶ
サバイバル時代の生き方

「定年なし・年金なしの生涯現役社会」に備え、
今から「₁パラレルキャリア」と
「₂マルチステージ」を構築する

　誰も、すでに存在しないレールにしがみつき、機能していないルールに縛られたまま衰亡の道を進みたくないだろう。

　そうならないためには、**多くの日本人が信奉する「ゼロリスク志向」と「安全神話」が、妄想だったと気付く必要がある。**

　具体的に言うと、**非現実的となった「シングルキャリア（年功序列×生涯雇用）」という生き方から脱却し、「定年65歳後の豊かな年金生活」という幻想から目を覚ます**ことだ。

　そして、近い将来起こるだろう、**「定年なし・年金なしの生涯現役社会」に備え、今から「①パラレルキャリア」と「②マルチステージ」を構築していく**のだ。

　なんと恐ろしい時代だって？　そんなことはない。今から好きな生き方にシフトできるのだから。「命を削って嫌々働き、定年後にやっと自由」の方が恐ろしい生き方なのだから。

パラレルキャリア

　まず**「①パラレルキャリア」とは、経営の神様と呼ばれるピーター・ドラッカーが、前世紀の終わりに人生のリスクヘッジのために提唱した概念**だ。

彼の著書『明日を支配するもの—21世紀のマネジメント革命』（ダイヤモンド社）で、その意味が解説されているが、要約すると次のようになる。

「企業の平均寿命はわずか30年なのに、一社だけに依存する働き方は危険」

「本業一本の人生ではなく、複数のキャリアを並行して築くべき」

ちなみに、日本企業の平均寿命を2つの情報ソースで見てみると、「23.3歳（※1）」と、「37.5歳（※2）」と開きがあるが、30年というのが大げさではないとわかるだろう。

現時点の年金受給65歳で考えても、新卒から40年以上もあり、70歳だと45年以上、80歳となると55年以上にもなる。一つの会社に固執することがどれほど無意味かわかるだろう。

なお、**ドラッカーが提案する「①パラレルキャリア」とは、単なる収入増のための「副業や兼業」ではない。社会貢献や自己実現につながるような、「本質的なセカンドキャリア」——つまりライフワーク——の構築を意味している。**

ボランティア活動、趣味のセミプロ化、起業の下準備までその範囲は広く、ポイントは短期的な報酬を目的としないことだ。

昨今、スペイン人によるベストセラー（※3）によって、欧米で認知されるようになってきた——欧米にはない概念の日本語——「IKIGAI（いきがい）」のためと言ってもいいかもしれない。

マルチステージ

もう一つの「**②マルチステージ**」とは、世界的ベストセラー『LIFE SHIFT 100年時代の人生戦略』（東洋経済新報社）で、経営学者のリンダ・グラットン教授と経済学者のアンドリュー・スコット教授が提起した、**VUCA時代にふさわしい人生デザイン論**だ。

先進国に住む人の平均寿命は、産業革命以降の200年間ずっと延び続け、もうすぐ100歳に到達することになる。

これまでの常識だった「固定化した3つのライフステージ（学習期→仕事期→引退期）」は、もはや通用しない。もっと多彩かつフレキシブルで、**長期にわたって現役を続けられる「マルチステージ」**へ誰もが移行すべきだと主張する。

さらに二人は——多くの国で健康寿命が延びていて、健康に老いることが可能になっている調査データを提示しながら——「今の80代は、20年前の80代よりも健康で若々しい」「少なくとも70代、できれば80代まで働く想定で今から備えるべし」と主張し、こう呼びかける。

「時代変化に追随すべく、新たな学びとスキルを得るために、**年齢に関係なく、学びのステージに何度も立ち戻ろう**」

「次のステージに行くために、**無報酬や低収入の準備ステージが生まれることを恐れてはいけない**」

自分のキャリアに置き換えてみる

「②マルチステージ」でいうと、筆者は大学卒業後も、働きながら時間を捻出しては**「英語」「お金の投資」「モバイルテクノロジー」「淡水域の生態系」「土壌・植物学」**を夢中で学習した。これは「学びのステージ」にあたる。

これら5つのジャンルでの学びと、「会社員ステージ」の仕事で身に付けた知識とスキル全てが、移住後の「フリーランス・ステージ」を支えてくれている。

ニュージーランドでは、**食料自給率を高めるために「オーガニック農法」と「外洋でのカヤックフィッシング」を実践しながら学び続けた**。10年以上が経ち、50代となった今まさに、その成果に確かな手応えを感じている。

「①パラレルキャリア」も、無意識のうちに実践していた。

20代の終わり頃、勤務していたソニー・ミュージックで仕事の成果を出せず苦悩していた。「このままじゃマズい」と、収入は減るが、数字のノルマがない新人発掘の部署へ異動願いを出して、自ら出世コースから外れる。ゆるく働きながら②マルチステージで言うところの「準備ステージ」に入る。

その1年で、当時まだ黎明期にあったネットとデジタルデバイスの活用法を、スペシャリストに師事して集中的に猛勉強。さらに、学生時代をしのぐほど積極的にアウトドア活動を行い、大手釣り具メーカーのオーディションに合格する。

翌年から、釣りやアウトドア関連のメディアに出るようになっていく。プロデューサーとなって成果を出せるようになったのは、まさにこの直後──期せずして「①パラレルキャリア」が「ポジティブエスケープ」の役割を果たしていた実例である。

数年後には、登山雑誌の表紙や巻頭特集で何度も取り上げられたり、複数の連載を持つようになった。それが執筆業のきっかけとなった上に、この本格的な活動を通して得た「自然界に関する知識」「野外でのサバイバルスキル」が、今の自給自足ライフの礎（いしずえ）となっている。

そして、**「準備ステージ」の1年に学んだデジタルテクノロジーは、その後のプロデュースワークの軸になっただけでなく、今のワークスタイルの土台**となっている。

さらに、プロデューサー全盛期に上智大学と京都精華大学で非常勤講師を務めた「①パラレルキャリア」も、自著の出版につながるなど、10年以上経った今も人生を支え続けている。

もう一つ、かけがえのない「①パラレルキャリア」経験があった。**会社員をしながら15年間、ニュージーランドを徹底的に研究した**ことだ。関連する「本・記事・番組」ほぼ全てに目を通し、移

住視察のために計15回も渡航した。

人生100年時代の鍵を握る
ライフワーク

これらの経験から言えることが3つある。

1. 「パラレルキャリア」としての経験は、間違いなく「日々の生きがいや人生の支え」になる
2. それを何年も継続しているうちに、その道のエキスパートになって「ライフワークに昇華」していく
3. それが「新たなステージへのステップ」や「収入源」につながるだけでなく「人生の基盤」にもなり得る

なお、この2冊の良書には共通点も多い。

例えば、**生涯を通して「一つだけの仕事や組織」に、労力や時間といったリソースを集中させる危険性**を何度も説いている。何よりも、**「ビジネスパーソンの精神的・経済的自立」**を強く訴えている点が象徴的だった。

ここで、再び日本に目を向けてみよう。

2018年には**厚生労働省が副業解禁**をうたい、2019年には**政府主導の「働き方改革法案」**が施行。それ以前から、世界的な潮流に押されて国内の社会風潮も大きく変化していた。

さらに2020年からのパンデミック以降の、新しい働き方へのシフトも追い風となり、「パラレルキャリア」と「マルチステージ」は格段に実行しやすくなっている。

そんな中、国内の大手保険会社が、1250人を対象に就労意識調査を実施。その結果、「健康であるならば60歳を超えても働きたい」と考える人は約80％もいることがわかった（※4）。

ただし、高齢になってまで、おもしろくもない業務に追われた

り、満員電車で命を削ったり、環境破壊や搾取に加担するような仕事はやりたくないだろう。

ワークスタイルの自由化と、キャリアデザインの多様化の時流に乗って**「やりたくないこと」からできる限り距離を置くよう努めよう**。そして、時間がかかってもいいので、「やりたいこと（ドリーム）＝ライフワーク」に一歩一歩にじり寄るべく、すぐにアクションを起こしてほしい。

ずっと働き続けないといけない「人生100年時代」に生まれた我々は不幸なのだろうか。

決してそうは思わない。

なぜなら、**格段に長い「命＝時間」というギフトを得たことで、一昔前は容易ではなかった「ライフワークの事業化」や「夢の実現」に、より多くの時間をかけられるようになった**からだ。つまり、前メソッドの「リーン・スタートアップ理論」で言うならば、それだけチャンスが増えるということ。

短期一発勝負の人生より、何度も失敗できる長い人生の方が断然いいと思うのは筆者だけじゃないはず。

たとえ、大きな失敗をしてお金や時間を失ったとしても、昔と違ってまだまだ先が長いから、何度でも「やり直しがきく」というアドバンテージはとても大きい。

人生とは──その平均寿命と違い──ずっと右肩上がりなんてことはなく山あり谷ありだ。まさに1つの山脈を踏破するバックパッキング登山と同じ。現代はVUCA時代というけれど、どんな時代でも、人生なんていつもVUCAなのだから。

その前提で生きていれば、「マルチステージ」の言葉通り──**「上昇ステージ（登り）」「下降ステージ（下山）」「停滞ステージ（平坦な山道）」**と──大小さまざまなステージがあっていいと受け入れられるだろう。

そのバリエーションが多様であればあるほど、豊かでおもしろい人生になると思っている。そして、「後退ステージ」や「停滞ステージ」は無駄にならないどころか確かな糧となり、後にやってくる「上昇ステージ」の礎となる。

　このことは波瀾万丈の我が人生でも実証済み。だから「変化」「失敗」「足踏み」「停滞」「後退」を恐れる必要は一切ない。むしろ、どのステージも大切に味わうべきだ。

　そう思えば、与えられた長寿というチャンスにとてもワクワクしてこないだろうか。少なくとも筆者は感謝している。

　人生を懸けて成し遂げたいライフワークに、さらに数十年という「命＝時間」を費やせるのだから。筆者が「心身＝人生のインフラ」を妥協なく整えてきたのは、「人生100年時代」に生きられる〝権利＝1回限りの命〟を使い切るためだったのだ。

　だからこそ本書では、3つのSTEPを費やして**「心身＝人生の最重要インフラ」を築き上げる技術**を詳説してきた。

　最後に——先にも登場したホセ・ムヒカ元大統領の、真の豊かな生き方を示唆する言葉を紹介したい。

「自由とは、人生の大半の時間を楽しいことに費やすことだ」

※1　東京商工リサーチ「平均寿命23.3年 ～2022年 業歴30年以上『老舗』企業の倒産～」（2023年2月16日）

※2　帝国データバンク「帝国データバンクの数字でみる日本企業のトリビア」（2020年）

※3　Francesc Miralles & Héctor Garcia『Ikigai: The Japanese Secret to a Long and Happy Life』（2017）

※4　フコク生命「人生100年時代を生きる全国の20〜60代を対象に『70歳までの就労意識』をテーマとした調査」（2020）

〝健康寿命100年時代〟 の人生デザイン論

　原始時代から人間の平均寿命は20〜30歳で推移して近代でやっと上昇、戦後期まで50代だったことは書いてきた通り。

　きっと多くの祖先たちが「やり残したことがある。もう少し長く生きたい」と願いながら天国へ旅立ったことだろう。

　秦の始皇帝や邪馬台国の卑弥呼をはじめ、「不老長寿」に魅入られた権力者たちの伝説はいくつもある。「不死」という概念に、ある種のロマンを感じるのは人間の性かもしれない。

人間の本当の寿命

　科学の分野においても、世界中の天才たちが長寿研究に心を奪われてきた。50年以上前の「老化細胞」の大発見から始まり、2016年には権威ある科学誌「ネイチャー」が「人の最大寿命は120歳」という論文を掲載。

　我々の「オーガニックデバイス」の使用期限は、想像以上に長かったわけだ。環境や生活習慣や疾病など、後天的なマイナス要因が重なった結果、個々の寿命が決まっているという。

　そして遂に2020年、長寿研究の権威デイビッド・シンクレア教授が「老化は不可避ではなく治療できる病」という主張を掲げるレ

ポートを発表して、世界に衝撃が走った（※1）。

　とはいえ、晩年を認知症になって過ごしたり、生命維持装置につながれての「100年ライフ」を望む人はいないだろう。本書が提案するのは、**ただの寿命100年ではなく「健康寿命100年ライフ」**だ。

　理想は、命尽きる寸前まで「さあ、今日も最高の１日にするぞ」と、生きがいを感じながら楽しんでライフワークに従事し、愛する家族や仲間と幸せに暮らし続けること。

　世間では、この生き方を「ピンピンコロリ」と言うらしい。これぞ、まさに究極の「メリハリ人生デザイン術」といえよう。

具体的なワークシフト案

　ここでは、**「脱成長社会×健康寿命100年時代」における、ライフワーク事業化のための人生デザイン案**を、世代を追ってまとめてみたい。そして、筆者がニュージーランド移住後に実践してきた「自給自足サイドFIRE」への道のりも補足しておこう（本書では、リスクが低く実現性の高い「サイドFIRE」を推奨）。

　資本主義が、いよいよ破綻しつつあることに反論できる人はいないだろう。文明を発展させ、多くの人類的な課題を解決してきた資本主義はとりわけ優れた社会システムだったが、永続できる完璧なシステムなど存在しない。

　我々が生きている間に確実に到来する「ポスト資本主義社会」に備えて──行きすぎた「拡大成長中毒」から卒業し──この先まだ何十年も続くあなたの未来のために、今すぐに持続可能な働き方にシフトしていただきたい。

［全世代に伝えたい5つのポイント］

1. 〈脳疲労とストレスの軽量化〉〈体の軽量化〉〈食事の軽量化〉で詳説した32のメソッドを実践して、「心身＝人生の最重要インフラ」を整え、いいコンディションで維持する

2. 「右肩上がり」ではなく、常に「持続可能性」を目指すこと。直面する「脱成長時代（※2）」においては、拡大成長を前提にしてしまうと、どんなに秀逸な人生プランでも必ず破綻する

3. 「ライフワーク事業への移行期」には、必ず期限を決めること。最低1年、できれば3年はみた方がいい（筆者も実際に3年近くかかっている）。この移行期においても「焦らない」という脱成長思考を意識しよう。
   （期間を決めるのは、高いパフォーマンスを集中的に引き出すためでもあるが、あなた自身と、パートナーや家族の不安を取り除くためでもある）

4. パートナーがいて、その方の収入が一家の「ミニマム・ライフコスト」をカバーできれば、それが家族の「ベーシックインカム」となる。パートナーからの、その「あなたへの出資金」は決して無駄にせず —— 数年かかってもいいので —— 大きなリターンで恩返しすべく努めよう。
   （パートナーシップとはこういう時のためにあり —— 籍を入れる入れないに関係なく —— 相手は単なる恋人ではなく「人生の相棒＝ライフタイムバディ」だと、筆者は思っている）

5. お子さんがいるなら、全員参加の家族会議を開き、何度も話し合うこと。頭を下げて挑戦への本気度をみんなに伝え、ライフワーク事業の構想をプレゼンしよう。あなたの幸せを願う家族ならば理解し、サポートしてくれるはず。
   （そして、家族の同意を得て一家の「ミニマム・ライフコスト」をさらに下げ、人生最大の挑戦に備えるのだ）

20代から「ミニマム・ライフコスト」を低く抑える

「ミニマム・ライフコスト」をしっかり把握して働き、本書の生活習慣メソッドを徹底できれば人生は安泰だ。筆者が実践したように、**20代から「ミニマム・ライフコスト」を低く抑えることで「サイドFIRE」の実現性は格段と高くなる。**

どこかに勤めながら、どの業界でも通用するベーシックスキルを体得するのが効率的だ。それは、「基本的なビジネスマナー」「雑務を最速で処理する技術」「効率的なスケジュール＆タスク管理」「最低限のコミュニケーション能力」といったもの（『超ミニマル主義』と本書では、その全てを網羅している）。

この世代で重要なのは、**ある時期を「見習い期間」とみなし、その職場を「お金をいただきながら、座学じゃなく専門スキルを実践できるビジネススクール」と考える**こと。ただし、ブラック企業だと「見習いだから」といいようにこき使われ、あなたの労働が低賃金で搾取されてしまうので注意すべし。

「ライフワーク事業化」に挑戦したい人は、自身の「ベーシックスキル」のレベルと「専門スキル」の有無を確認しよう。その基本装備さえあればワークシフト可能なので「ライスワーク」を併用しながら移行期をしのいでほしい。

30代は「ライフワーク事業化」への行動を起こすには最良の時期

本来は自立可能なスキルと、最低限の貯金は手にあるはず。「サイドFIRE」を目指すなら**投資の知識を習得してお金の投資を始めよう**。社会システムの裏側を学べて、世界情勢へのセンスを磨ける。筆者は、書籍やセミナーに相当な時間を投じて投資の勉強したが、今はあらゆるソースから得られる。いい時代だ。

そして本書のメソッドを実践すれば、20代と変わらぬ肉体を維持できるどころか、より高いパフォーマンスを発揮できる。**「健康寿命100年時代」に生きる30代は、平均寿命が50代だった頃の10〜20代と同じ**。何をやるにしても最も可能性があり、失敗をしてもやり直しが利く世代だ。

つまり、「ライフワーク事業化」への行動を起こすには最良の時期。貯めてきた「資本金」を惜しまず大胆に、あなた自身に投資し

よう。お金とは、貯めるためにあるのではなく人生で活用すべき最良のツールなのだから。

　ちなみに、この世代の親世代はしっかり年金がもらえる。もし親や親族が裕福ならば、あなた自身が「リーン・スタートアップ」だという構想──「次世代へ資金を還元してほしい」というキラーフレーズを用いて──をプレゼンして「ライフワーク事業」への出資を依頼してみよう。

　「ただの借金ではないこと」と「あなたの本気度」をみてもらい、出資金を獲得できた成功事例をいくつも知っている。

40代は「サイドFIRE」に踏み出すにも最適な世代

　それなりの資金を手にしている上に、本書のメソッドによって30代と変わらぬ体力を維持し、豊富なビジネス経験による高い思考力と判断力で働くことができる。

　「人生100年時代」において、「資金・体力・経験」のバランスが最もよく「サイドFIRE」に踏み出すにも最適な世代。

　筆者は、39歳で全てを捨てて移住したニュージーランドで「衣食住」を確保したことで「自給自足サイドFIRE」が実現。

　田舎の一軒家を購入し、契約するアウトドアブランドから提供されるウエアを日常着とし、自給自足ライフを開始して「ミニマム・ライフコスト」を限界まで下げた（当面は期待できない「ライフワーク」の収入と、堅い投資から得られるキャッシュフローを組み合わせて生活費に充てることで、「ライスワーク」は一切しないという戦略だ）。

　「自給自足サイドFIRE」が精神的なセーフティネットとなり、ライフワークで何度もハイリスクな挑戦ができた。**不安を最小化した上で、最大限の時間資産をライフワークに投資する戦略**が功を奏し、後に大きなリターンを得ることができた。

　前メソッドに書いたように、会社員時代から移住後のライフワー

ク事業に向けて準備を整え、自給自足スキルを磨いていた。その努力が実り――幸運にも結果として――投資からのインカムに手をつけることは一度もなかった。

「40代は冒険すべき世代じゃない」という古い常識を持つ人は未だ多いが、今やそうじゃない理由は繰り返し述べてきた通り。

50代以上はどうすればいいか

40代から本書の生活習慣メソッドを実践すれば、30代と変わらない活力を維持できる。筆者の体で実証済みだから、これは誇張ではない。さらに、50代でも本書のメソッドを継続できれば「健康寿命100年」が確実に視野に入る。

そして、この年代から「年金受給年齢80歳」となることを覚悟して、今から備えないといけない。

つまり、もしあなたが50歳なら、この後まだ30年も働くということ。もし今の仕事が楽しくないならば、すぐに「ライフワーク事業化」へ動き始めるべきだ。

「健康寿命100年時代」における50代は、戦後の20〜30代に当たる。しかも、一昔前の50代とは比較にならないほど若い上に、高い経験値と固有の専門スキルを身に付けている。

だから、今から新しいことを始めるのに「遅いということは決してない」と言い切れる。むしろ「60代に入る前に始めておいた方が楽だよ」と強く進言したい。

現在53歳の筆者がまさに今、これまで習得した全スキルと資金を投じて人生最大の冒険に出ようとしている。自分の人生の本番は60代からで、真の結果が出るのは70代だと考えている。

今の60〜70代は、その親世代と比べれば驚くほど若々しい。前述した50代と同じ思考をもって、思い切ったワークシフトに挑戦していただきたい。共に、長い人生を楽しもう――**100年ライフで**

は、大器晩成型こそが確かな戦略になるのだから。

「定年後にやりたいことをすればいい」

　よく耳にする言葉だ。筆者もニュージーランド移住前によくそう言われた。だが、「人生を懸けて成し遂げたいこと」を先延ばしにする気には全くなれなかった。

　おもしろいことに、そうやって「先延ばし思考」を持っている人ほど、早くも30代から「もう若くないから」と言い始める。

　40代あたりから「夢を追いかけてる年齢じゃない」と主張し、50代になると「もういい歳だから」と、「夢」や「生きる目的」を完全に放棄してしまう。じゃあ一体いつから、本心が望む「やりたいこと」を始めるつもりなのだろうか。

　人生100年時代となった今、**あなたが何歳だとしても「ライフワーク」へのシフトは可能**だと言い切れる。

「体の衰えを言い訳に挑戦しないなんてもったいない」。そんな強い想いが筆者を駆り立てた。そして、「自身の経験から編み出した技法を全てシェアしたい」「それに可能な限り研究・調査の出典を添えたい」という願いが、この本を分厚くしてしまった。

　我々が手にしている「長寿」というチャンスを、今回の人生でフルに生かそうじゃないか。

　何度でも言おう。この恵まれた時代に生を享けたことに感謝して、一度しかない命の無駄遣いは、もうやめにしよう。

※1　デビッド・A・シンクレア、マシュー・D・ラプラント『LIFESPAN:老いなき世界』東洋経済新報社
　　　（2020）
※2　斎藤幸平『人新世の「資本論」』集英社新書（2020）

〝遊ぶように働く〟生涯現役のためのワークシフト

長寿というカードを活用しながら──
「定年・年金なしの生涯現役ワークスタイル」
にシフトしていく

かつては「資本主義最高の優等生」と讃えられた日本。

先進国で初めて恒常的な下降期を経験し、今は「成熟国が直面する長期経済停滞」の見本となり、世界中の経済学者の研究対象となっている。

生涯現役にシフトすべき理由

日本の国としての借金は1270兆円と膨大で（※1）、GDP比で何と約2.6倍と世界一高くなっている（※2）。その借金額は国民1人あたり1000万円を突破しており、平均年収の倍以上だ。

2位以下は、財政破綻したギリシャや、アジアやアフリカの途上国が続く。先進国で唯一ワースト10に入るイタリアでさえ、GDPの約1.4倍だから、日本の財政がどれほど危険な状態かわかるだろう。

「終身雇用＆年金制度」というレールが終焉しつつある理由が、これでより伝わるはず。だから、我々は働き方を──**長寿というカードを活用しながら**──**「定年・年金なしの生涯現役ワークスタイル」にシフトしていく必要がある。**

古き良き？悪しき？時代の遺産

それでも、「会社に人生を捧げる代わりに、定年まで面倒をみてもらいたい」と星に願う人はまだいる。

仮にその昔、幸運にもそのレールに乗れたとしよう。実際のところ、それが可能だったのは長い日本史においてわずか20年ほど。誰もが「会社と国が生涯守ってくれる」という幻想に生きていた時代だ。

でも、それって本当に幸せなことだったのだろうか。「戦後復興」や「高度経済成長」という響きのいいスローガンのもと、兵隊のように働かされたあの時代の先輩たち。

長時間労働や各種ハラスメント、労働環境の劣悪さは、今でこそ告発されるようになったが当時は泣き寝入りするしかなかった。当時の日本企業は、どこも軍隊式が基本で、労働者の権利が守られることはまれだった。

たとえ最初に入った会社がブラックだったり、全く自分に合わなかったとしても辞められない。「最後まで勤め上げるべし」という同調圧力は強烈で、耐えきれずに転職すると周りからは「敗者」のような扱いを受けてしまう。

そうやって、「年功序列」「終身雇用」「充分な年金」といった安定を手にする代償として、先人たちは多くの「大切なこと」を犠牲にした。自分の「命＝時間」「健康」「夢」、そして「家族」と「自然環境」である。

その結果、異常なまでの高ストレス社会となった。自殺者はずっと年3万人台で推移していたが、近年2万人台に下がってきた。それでもまだ途方もない数で、自殺率はG7でトップのまま。

うつ病は年々増加し、「過労死＝KAROSHI」はそのまま英単語

になり、日本の「狂気的な急成長」の負の遺産として世界に知られるようになった。

ずっと働きたいか

　それでも言おう。今の我々は幸運な時代、恵まれた国に生きているのだと。

　もし、**心から愛せる「ライフワーク」に出合えて、それを中心に生きることができれば、「死ぬまで働いてもいい」——いや「死ぬまで働きたい」**と思えるようになる。

　すると誰かを妬んだり、物欲に狂ったり、余計なお金を求めて命を削る、なんてことはしなくなる。大切にすべきことを蔑ろにしてまで「仕事が優先」なんて二度と思わなくなる。

　すると自然に、精神が正常化するから「利益のためなら家族や他者や環境を傷つけてもいい」なんて利己主義も消えてしまう。

　心に余裕が生まれ、生活の基盤である「地域コミュニティ」、生活をより良くするための「政治」や「市民ムーブメント」にも参加できるようになる——これこそが精神的な豊かさの象徴だ。

　仕事が楽しくなると、働く目的が「金儲け」という邪念から切り離されるからいい。その結果、発想に制約がなくなって創造性が高まり、脳機能が向上してパフォーマンスも上昇し続ける。

　命令されなくても主体的かつ能動的に仕事に集中できるようになるから、周りからは「いつもモチベーションが高い」「がんばり屋だ」などと言われる。しかし、本人にすれば「楽しい」「本気で遊んでる」だけで、「モチベーションを上げよう」「がんばろう」なんて意識もしていない。

　そんな仕事を見つけられれば、「夢は定年後に」なんて考えもしなくなるし、仕事を早く辞めたいとも思わなくなる。

子どもの頃のパフォーマンスを取り戻す

　人間というのは、「やれ」と強制されると能力の半分も発揮できない。「本気の遊び」でこそ最も高いモチベーションと集中力、最大のパフォーマンスを発揮できる生き物だ。

　楽しく夢中になれば無理せず自然に、その高次の状態を持続できるようになる。そう、努力は決して夢中に勝てないのだ。

　その状態を手にできるかどうかで人生は決まる。でも、それは決して特別じゃないことに気付かれただろうか。

　子どもの頃、大好きな遊びに没頭している時、誰もが経験したことがあるはず。「脇目もふらず無心になって楽しんでいたら、あっという間に一日が終わっていた」という、あの身振るいするほど心が満たされた状態だ。許されるならば、それを何日間も、なんなら何ヶ月だって続けられたことだろう。

　誰もが子どもの頃、そうしたいと願ったはず。だが、親の管理下で自由は制限され、常に学校という存在に邪魔される。夏休みだって大量の宿題が出されるから、「毎日ただ本気で遊び続けること」なんて実はあまりできなかった。

　大人になり、自分の時間を自分で管理できるようになった今こそ、その夢を叶えるのだ。自分の意思で、毎日を、一年を、いや残りの人生全てを「宿題のない夏休み」にしてしまうのだ。

人間の本能に立ち返る

　日本の政治はひどいが、奴隷社会ではない。北朝鮮やロシアなどの独裁政権とも違う。日本で働いて自立しているならば、あなたの人生は自由で、誰にも管理されていないことになる。

そもそも今の仕事だって、しがらみや親の希望があったにせよ──昔の日本じゃないのだから──最終的には自分で選んだはず。

日本はひどい格差社会になってしまったが、飢え死にすることはまずない。独裁国家、紛争国、貧困国を考えれば、年齢に関係なくあなたには無限の可能性がある。

歴史を見ても、今の日本人は史上最も自由に生きられる立場にある。我々は、改めてこの幸運を噛みしめるべきだ。

そして想像してみてほしい。もし、あなたの人生の大半を費やすライフワークで何かの課題解決につながったらと。もし誰かの助けになったり社会貢献になったなら、そんな感動的なことはない。

そういったことに、何にも代え難い生きがいと喜びを感じるのは筆者だけじゃないはず。実は、これは個人的な感覚ではなく、人類の特性の1つであることはご存じだろうか。

人間の祖先が、弱肉強食の厳しい生存競争を勝ち抜いたのは、「個の能力」が高かったからではなく「助け合う能力」が高かったから（※3）。その結果、我々の脳は「助け合う」ことに──つまり「利他的に行動すること」と「感謝されること」に──最大級の快感を覚える構造になったという。

そして、「助け合う能力」とは「他者の能力を、自分やコミュニティのために引き出す能力」と言い換えることができる。当時の過酷な生活環境に限らず、この能力なしに「現代社会を生き抜くなんて不可能」ということは説明不要だろう。

いつの時代も──**「独りでやれること」には限界があるが**──**「みんなで力を出し合いチームワークで成し遂げられること」には無限の可能性がある。**

プロローグに書いた【超ミニマル・ライフ3原則】の「①パ

フォーマンス最大化」を考えた時、他者と協力することで初めて、本当の意味での「最大化」が実現するのである。

資本主義ハッカー（※4）の台頭

「争う前提のビジネスで、利他の精神や社会貢献なんて夢物語だ」

そんな声が聞こえてきそうだが、筆者の周りでは最近、成功事例が次々と登場してきている。例えば、友人の長坂真護さんは「アート」という、資本主義で最もマネタイズが難しいジャンルでそれを実現している。

彼は**「サステナブル・キャピタリズム（持続可能な資本主義）」**をテーマに掲げ、資本主義の仕組みをハックして途上国の支援をしている。筆者が目指していた資本主義から距離を置く形ではなく、資本主義のど真ん中で勝負しているのだ。

彼の個展は、近年の百貨店催事場の売上最高額を次々と更新し、2021年の作品売り上げは8億円を突破（※5）し、ここ数年で20億円を超えた。だが、彼はその売り上げの5％しか受け取らず、経費を差し引いた収益の残り全てを、「世界最大級の電子機器の墓場」があるガーナのスラム街の環境改善と貧困の解決に使っている。

つまり、**「アートが売れれば売れるほど誰かを助け、環境を改善する」**ということ。環境を破壊し、弱者から搾取しながら安価に製造される粗悪な大量生産品とは真逆だ。

しかも彼のアートは、ガーナに捨てられた電子ゴミを再利用して創られているから痛快だ。いや、最高としか言いようがない。

さらに、「お金を稼げば稼ぐほど世の中がよくなる」というビジネスモデルを大成功させているソーシャル企業も台頭しているが、これに関しては後のメソッドで触れてみたい。

長坂真護さんの作品『真実の湖Yes sir』©MAGO CREATION

アーティストのように働くとは

　ただし、注意がある。たとえ**仕事が社会貢献につながるとして
も、自分の「健康」や「家族」を犠牲にしてまで働いてはいけな
い**。これはきれいごとじゃなく戦略的な提案だ。その働き方は持続
可能ではなく、生涯現役が実現しないからである。

　そういった犠牲を払わずに、**仕事が「100%ライフワーク＝本気
の遊び」になれば、子どもの頃のハイパフォーマンスがよみがえ
り、無理せずとも持続できるようになる。**

　すると、金銭的な「見返り」がなくとも夢中になれるから、仕事
は楽しさと喜びに満たされていく。さらに、前述した人間の「利他
の本能」が本格的に起動する。

この高次の状態を**「アーティストモード」**と呼ぶ。

「適当に働くことは命の浪費でしかない。喜びに満ちた本気の遊び こそが最高の仕事」

常々こう言ってきたが、それは筆者自身がこの感動を知っている からだ。震えるほどの生きがいと幸福感をエネルギー源にして働く ことができている。

先の長坂真護さんはもちろん、筆者が知る社会を変えようとする 他の資本主義ハッカーも同様にアーティストモードで働いている。 この状態でライフワークに持続的に従事する人こそが「究極の遊び 人」であり、自分もそうなりたいと思っている。

21世紀の先進国に生きる人間に与えられた「自由に、自分100% で働く権利」はあなたの手にある。その権利を何に行使するかは、 あなた次第だ。

子ども時代を思い出し、大人になるにつれて失ってしまった、あ の情熱を取り戻そう。人間の美しき本能を取り戻そう。

「子ども心」や「遊び心」、「幸福感」や「生きがい」という、枯れ ることのない再生可能エネルギーで、あなたの最強モーターを駆動 し続け、生涯現役アーティストとして働き続けてほしい。

アーティストのように生きるか、お金の奴隷として生きるか、そ の決断をする時が来たのだ。

※1 時事通信「国の借金、22年度末1270兆円＝物価高対策で過去最大」2023年5月10日
※2 財務省「これからの日本のために財政を考える」2023年
※3 ルトガー・ブレグマン『Human Kind 希望の歴史』文藝春秋(2021)
※4 山口周『ビジネスの未来 エコノミーにヒューマニティを取り戻す』プレジデント社(2020)で提唱された考え方
※5 時事通信「先進国が投棄した廃材でアートを作り続ける美術家・長坂真護による日本橋三越本店最大規模の展覧会が大盛況のうちに終了」(2021年12月7日)

〝なぜ人間は働くのか？〟
人類史に見る仕事のルーツ

冒険心こそが生命活動の根源であり、
探究心や好奇心をも凌駕する
最上位の「遊び心」

　人類は「昨日（※1）」までずっと、夢中になって狩猟採集生活を営んでいた。「仕事と暮らし」を分ける概念はなく、全てが生き生きとした生命活動だった。それは尊い生業ゆえ金銭的報酬など不要で、行為そのものが報酬であり喜びだった。

　しかも、その頃の祖先たちは朝から晩まで働いたりせず、狩猟や採集、家事に従事するのは1日のうちわずかな時間だけ。

　文明の利器などなく、今とは比べものにならないほど過酷な環境だったため平均寿命は短かったが、理想的な体型を維持して幸福度も高かったと考えられている。

　現代の我々と比べて、一体どちらが豊かなのだろうか。

いつから働くことが苦しくなったか

　今のように**「仕事が食うための苦しい労働」になってしまったのは、約1万2000年前の農耕革命の後に定住してから（※1）**。つまり、長い人類史においてはわずか「数時間前」の出来事。

　土を耕して種をまき、水と肥料をやって雑草を抜き、次の季節の種をまきながら収穫し、日の出から日没まで畑仕事に奔走。その後も、収穫物の分配や管理作業、保存食づくりや家事、余剰分の防犯

や監視といった無数のタスクがある。

　このことは、筆者が15年近く、狩猟採集と農耕のハイブリッドな森の生活を実際に営んできたからよく理解できる。

　種から育てて数ヶ月後に収穫する行為には当然、喜びはあるがそれより、森での栗やクルミ拾い、潮干狩り、魚釣りの方が数倍楽しいのである。労働の要素が強い畑仕事よりも、狩猟採集の方が遊びの要素が多く、生きていて最も楽しい瞬間と言っていいほどだ。

　さて、農耕と定住によって大きな社会変化が起きる。
「作物の貯蔵と所有」が可能になったことで、「持つ者」「持たざる者」に分かれる身分制度社会へ移行していったのだ。

　人間が土地に縛られ、家屋や持ち物といった物質に縛られるようになったのはこの時からである。

『サピエンス全史』（河出書房新社）の著者ユヴァル・ノア・ハラリは、この**農耕革命が、人類をハイカロリーな炭水化物（小麦や米）の奴隷にした**と語る。それは同時に、**人間を「所有欲と独占欲」の奴**

隷にしたといえるだろう。

それ以前の狩猟採集時代はどうだったか。

なんと、**「平等なシェアリング社会」**だったという。

弱肉強食の自然界を生き抜くためには、個々の欲望よりも協力し合うことが絶対で——倫理観や優しさなどではなく——それは、ただの合理的な戦略だったのである。

いつからお金のために 働くようになったか

「賃金労働」に関しては、わずか200年ほど前の産業革命以降のこと。つまりこれは、人類にとっては「数分前」の出来事で、かなり新しい活動ということ。

そして、仕事によるストレスや精神疾病に苦しむようになったのは、同時期に資本主義が加速してからだ。労働による肉体疲労は古くからあったが——労働による「心や脳の疲れ」は、人類にとってかなり特殊な現象なのである。

繰り返すが、**農耕革命から1万年以上、産業革命から200年以上経つのに、現代人の精神構造、体と脳の仕組みは未だ狩猟時代のまだ。ここに、現代人の「不幸の根源的原因」がある**（※2）。

例えばそれは、野生動物の生態からも読み取れる。ライオンが1日の大半を、群れや家族でのんびり平和に過ごしている姿はドキュメンタリーなどで見たことがあるだろう。

獰猛な動物たちも空腹でなければ、目の前に獲物がいてもお構いなし。無駄な殺生は生態系を崩し、巡り巡って自分たちの首を絞めることを本能的に知っているからだ。

だが、いざとなったら全力で獲物を追いかけ、驚異的なパフォーマンスを発揮し——高次の「アーティストモード」になって——「食べるために」猛烈に働く（とはいえそれも1日のわずかな時間！）。

　しかも、野生動物も、狩猟民だった祖先も、食べすぎで肥満になったりしない。睡眠不足で体調を崩したり、運動不足で生活習慣病になったりもしない。

　当然、働くストレスでうつ病になったりもしない。「狩り」や「採集」とは、受け身の「苦しくつまらない労働」ではなく、本能に従っての「本気の遊び」だからだ（※3）。

　「母の5つの教え〜休んで食べ、寝て運動し、よく遊ぶ」を、生物の営みとして遂行しているだけであり——それは、ただの「守るべき生活習慣」ではなく、誰も抗えない自然の摂理であり、生命の活動原則にすぎないといえるだろう。

　現代人が「もっと稼がなきゃ」と苦しい顔をしながら、1日の大半を費やして働く行為は、狩猟民や動物が「食べもしない余分な獲物」を、朝から晩までヘトヘトになって追い続けるようなもの。

　当然、彼らはそんな「自分や他の生き物を不幸にする無駄な働き方」は決してしない。彼らにとって、日本人が命を削って過重労働

する姿は、笑えない残酷なコメディのようで理解不能だろう。

　動物も狩猟民も「義務感」や「指示されたから」じゃなく、美味しいご馳走にありつけるから歓喜して集中し、創意工夫と遊び心に満ちた「アーティストモード」に入っているだけ。

　つまり、彼らにとっての狩猟採集という行為は、「HAVE TO DO」というよりは「WANT TO DO」なのである。

8時間労働と週休2日に科学的根拠なし

　まず「週休2日」の根拠には諸説あり、**「ユダヤ教の安息日（土曜）＋キリスト教のミサ（日曜）」**というのが最も有力だ。

　産業革命直後は休日なしで毎日18時間以上も働いていた。1900年代後半の労働運動での**「24時間を3つに分けたい」というスローガン**が**「8時間労働」**のルーツになっているという。

　労働運動の結果、現在の「週休2日・1日8時間労働・月45時間の残業規制」に帰着したが——日本は欧米から30〜40年遅れての採用となる。次のように、月45時間の残業規制なんて数年前だ（※4）。

> 1947年：8時間労働＆週休1日（それまでは、12時間労働・月休2日）
> 1993年：週休2日（2002年：公立学校が週休2日に）
> 2020年：月45時間の残業規制

　それでもまだ——「昨日」まで営んでいた狩猟採集生活や、人間の集中力の持続時間を考えると——「人間の限界を超えている」というのが本書の見解だ。

　昨今、ニュージーランドや北欧諸国などで「週休3日制」を検討し始めたが、筆者のコミュニティ〈LifestyleDesign.Camp〉でも、「週休3〜4日」への挑戦者が増えている。そして多くのメンバーが、収入やステータスを下げてでも「自分や家族のための時間」を

優先し──**労働日数・時間の短縮、フルリモート・在宅勤務へのシフト、ホワイト企業への転職、自然豊かな地方への移住といった戦略**によって──楽しそうに暮らし、生き生きと働きながら本当の意味での「幸せな人生」を手にしつつある。

　筆者のような自給自足ライフでも、末期状態の資本主義への依存度を下げられるが、労働時間を減らすだけで「あなたの時間＝命」が搾取されないよう抵抗できるのだ。8年目に入った当コミュニティでは、コロナ禍を受けて働き方への社会意識が変わったことで、この「脱成長型ワークシフト」の動きは加速している。

遊び心こそが人を人たらしめる

「遊び＝WANT TO DO」こそが、ヒト科の生命活動の根源であることは、2歳になったばかりの息子を育てていてよくわかる。彼は生まれてから今日に至るまで常にアーティストモード全開だ。

　初めて眼で世界を認識したり、首を動かして周りを見たり、ハイハイしたり、立って走ったり、言葉を覚えて話したりといった成長ステップや学びの全てに喜びと主体性がある。

　彼をそうさせるのは、「好奇心と探究心」という人間の本能──つまり至高の「遊び心」だ。そこには「やらされてる感や義務感」も「労働や苦役」なんて一切ない。

　野生動物の子どもたちも同様で、遊びの延長で狩りや食料調達を覚えるという。息子同様に当然、金銭的報酬なんて目的にない。

「プレイフル・ラーニング」とは、同志社女子大学の上田信行教授が提唱されている先進的な「学び方メソッド」のことだ。

　ハーバード大学などで教育工学の研究に従事し、学習環境デザインを追求してきた彼の著書によると、**「プレイフル（Playful＝直訳：おもしろい、遊びたわむれる）」とは、物事に対してワクワクする心の状**

2歳の息子は多くの人間の本質を教えてくれる

態を指す言葉。

　子どもが、そういった状態で夢中になって勉強に向き合えれば、学力が上がるだけでなく、学習意欲や自分で考える力、自尊心までも育めるという（※5）。

　彼の著書『プレイフル・シンキング 働く人と場を楽しくする思考法』（宣伝会議）では、**「大人も子どものように夢中になって仕事に取り組むことができれば、全てが遊びになる」** という主張をベースに、理想的な働き方を学術的なアプローチから解説している。

冒険心という最上位の
プレイフルマインド

　その昔、人類がリスクをかえりみず、暮らし慣れた東アフリカの大地を出て、地球全域に散らばった理由は複数あるとされる。

　その中で、**「冒険心」こそが最大のモチベーション**だったという説が一番好きだ。なぜなら、**冒険心こそが生命活動の根源であり、探究心や好奇心をも凌駕する最上位の「遊び心」**だからである。

もし「冒険心」説が事実なら、人間の生息域が北極圏から赤道直下まで、地球の全範囲まで広がっていることに感動を覚えないだろうか。我々はいつも感情で動き、言葉や理論で説明できない非合理的な行動ばかりする。

　そして、世界史を見ると──人類の「出アフリカ」を含め──イノベーションはいつも、非常識で大胆なアイデアや行動によって生まれている。論理性を追求する思考法、合理的なルールはとても便利だが、人間の発想に制限をかけて可能性を狭めることもあると覚えておいてほしい。

「私は、決して頭がいいわけじゃない。ただ、誰よりも好奇心があるだけだ」

　この有名なアインシュタインの言葉と、登山家ジョージ・マロリーの非合理的な名言の真意を改めて噛み締めたいと思う。

「そこに山があるからだ──Because it's there」

　そして人は誰もが、命懸けで生まれてきたことを忘れてはいけない。安心安全な母の胎内から危険な外界に出る「誕生」は、冒険心なしには挑めない。妻の出産に24時間、一時（ひととき）も離れることなく立ち会い、体験を共有できた筆者はそう言い切れる。

　始まりからいきなり人生最大の冒険に挑み、今日まで生きてきたのだから、「冒険しない人生に意味はない」と思えてこないだろうか。誕生という大冒険は、登山家マロリーが挑んだエベレスト登頂の何倍も生命リスクが高かったのだから。

　さあ今こそ、あなたがプレイフルに生き、完全なるアーティストだったあの頃を思い出そう。

　「あの頃」とは、「昨日」まで狩猟採集という生き方で地球と共生していた時代のことであり──自身の心の声に忠実で、生きることに全力集中だった子ども時代のことだ。

金銭的報酬のためだけに働く行為は、人間の本能に反する生命活動となるため、決して長期的なベストパフォーマンスは出せない。短期燃焼型のモチベーションしか得られないから、生涯現役で楽しく働くなんて絶対にできない。

　あのアーティストモードを取り戻し、健康的かつプレイフルに働くことができれば毎日の景色が激変することになる。冒険心こそが命を、人生を、輝かせるのだ。

　そうなれば、「濃いコーヒーや栄養ドリンクを飲んで覚醒する」「気合でモチベーションを上げる」ような──利那的に燃焼してすぐ尽きる──心身に負担の大きい〝ガソリン〟も不要となる。

　それは、**「再生可能エネルギーで静かに稼働し続ける、サステナブルな省エネモーター」が自分の中に宿ったような感覚**と言えばもう理解できるだろう。

　このプレイフルなモーターを手にしたあなたは、「命（時間）」を、本当に大切なことのために使えるようになる。そして、真に豊かな人生を生きられるようになるだろう。

　最後に、この孔子の言葉をあなたに贈りたい。

「天才は努力する者に勝てず、努力する者は楽しむ者に勝てない」

※1　人類史250万年を単純化した時間軸。「昨日」まで狩猟採集生活を送り、「数時間前＝1万2000年前」の農耕革命をもって定住し、「数分前＝200年前」の産業革命から物質的な豊かさを獲得し、「数秒前＝10〜30年前」からネット＆スマホ社会となった
※2　ユヴァル・ノア・ハラリ『サピエンス全史』河出書房新社（2016）
※3　松村圭一郎他『働くことの人類学』黒鳥社（2021）
※4　厚生労働省「労働時間法制の主な改正経緯について」
※5　上田信行・中原淳『プレイフル・ラーニング』三省堂（2012）

先住民に学ぶ〝ポスト資本主義ワークスタイル〟

人から受け取る「感謝・信用・愛」の
エネルギー量に比例して、あなたの
「自己肯定感」はどんどん高まっていく

石油やガスとは違い、**人間の「感謝・信用・愛」とは――太陽が
もたらすソーラーパワーのごとく――枯渇することのない地球上で
最もパワフルなフリーエネルギー**だ。

それそのものが素晴らしいギフトだが、さらに、かけがえのない
ギフトをもたらしてくれる。

一度でいい、**期間を決めて「テイク」や「リターン」のことは考
えず、躊躇せず「ギブ」「シェア」し続けてみよう**。見返りは一切
求めず、まずは「あなたを必要としている人にスキルを提供する」
「助けを求めている人に手を差し伸べる」を心掛けるのだ。

そうやって初めて、「感謝」というエネルギーがあなたのところ
に巡ってくるようになる。しばらくすると、それが積み重なって
「信頼／信用」となり、それがあなたへの「愛情」に変化してい
く。ここがポイントだ。

人生を決める自己肯定感

**人から受け取る「感謝・信用・愛」のエネルギー量に比例して、
あなたの「自己肯定感」はどんどん高まっていく**。これは、生きる
上でとても大事な感覚だ。「何をやってもうまくいかない」と思っ

ている人の大半が、この感覚を持てていないことに原因がある。

自己肯定感とは、「自分の存在に価値がある」と思える感覚のことで、自尊心と言い換えることができるが「独力」で育むのは非常に難しく、それができるのは悟りを開いた僧侶くらいだろう。

さらに、日本の家庭や社会は「あまり褒めない」——時に「否定から入る」——という文化ゆえ自己肯定感を育みにくい。

ちなみに、筆者が暮らす英語圏には、やたらと褒め合う文化があり、「その髪形いいね」「君の笑顔が好き」と、挨拶程度の会話の中でも褒められるが未だに慣れない。

他者との「比較や競争」に勝つことで自己肯定感に近い高揚感は、一時的に獲得できる。だがそれは、ガソリンのごとく一瞬で燃え尽きる。つまり持続可能ではないということ。

日本の社会と教育には、熾烈な「比較・競争システム」が組み込まれている。そのルールに従って必死に努力し、評価を得ても満たされる日は絶対に来ない。これこそが我々の苦悩の原因だ。

「人からの感謝・信頼・愛」こそが鍵で、「人から褒められること」や「人との比較や競争に勝つこと」の何倍も、いや何百倍もあなたの自己肯定感を強くしてくれる。

幸福度の鍵を握る自己愛

その先に待つ、さらに素晴らしい景色がある。

自己肯定感が高まれば自然と、あなたは心身を大事にして自分のことを愛せるようになる。その結果、手にできるのが**最大のギフト「セルフラブ状態＝真の心の平和」**だ。

その満ち足りた自己愛のエネルギーは、全ての活動の原動力となり、あなたを支え続けることになる。

自分自身を認め、受け入れて、大切に扱えるようになって初めて、あなたは幸せになれる。すると、その内なる再生可能エネル

ギーはどんどん大きくなり、他者や他の生き物、自然環境を、今まで以上に大切にできるようになっていく。

「妬みや憎しみ」「他人との比較」という負の感情も非常にパワフルで、あなたからエネルギーを根こそぎ奪い去る。

自己肯定感は下がって自分に自信を持てず、自分を大切にもできない。必然的にセルフラブが成立せず、「人生なんてこの程度だ」という虚しさを抱え続けることになる。

その不足感を満たそうとして「拡大成長病」を患い、余分なモノやコトの獲得に目がくらんで自分を見失う。時間の余裕も人間性も消え、他者や自然環境に配慮できなくなってしまう。

周りにいるだろう、そういう状況で苦しんでいる人が。念のために、あなた自身がそうなっていないか自問してみてほしい。

幻ではないフリーエネルギーの存在

ぼんやりと見えてきた、人間界を循環する「感謝・信頼・愛」というフリーエネルギーの原理を、わかりやすく教えてくれた人がいる。湖畔の自宅の隣に住んでいた友人で、ニュージーランド先住民マオリの末裔だ。

西洋人が貨幣を持ち込む前、**マオリ社会では「通貨」の代わりに流通していた、ある「価値観」があった**という。それは「**MANA（マナ）**」と呼ばれ、マオリはそれを最も大切にし、「マネー」ではなく「マナ」を得ることを至上の命題としていた。

日本語だと「徳・品位」が近いだろう。個人的には、「心の気高さ」や「魂のレベル」と解釈している。

人は最大値のマナを持って生まれ、利己的な行いを重ねることでそれを失っていくが、愛のある「利他的な行動」をすることで人か

ら感謝され、マナを高められるという。

このマオリの教えに、循環エネルギーの原則が見える。

誰もが生まれながらに最大値のマナを所持しているならば、マナを独占すべく「利己的」になる必要がない。だから、まずは「利他的」に行動して内なるマナを「他者にシェアすればいい」となる。

しかも、その「与える行為」そのものが「マナの獲得」にもなるからいい。つまり、資本主義的な「ギブ＆テイク」ではなく、先住民の価値観では常に「シェア」が先ということ。

お隣のマオリの友人のご先祖様のポートレート

先に手放す

少し論点が変わるが、ここまで書いてきたことにつながる大切な考え方を伝えたい。

「何かを手にする前に、何かを先に手放すべき」

「手放すものが大きければ大きいほど、得るものは大きくなる」

これは、筆者がずっと実践してきた**人生のリセット哲学**だ。

例えば、40歳目前で全てを手放し、ニュージーランドに移住して年収が1/10になった時や、50歳を境に大半の仕事を辞め、年収を半分近くまで減らしたリセットがそれにあたる。

　その結果、想像を超えるほど素晴らしい物事が、後にもたらされた──いや巡ってきた。事前に「何が得られるか」なんてわからないし、そもそも見返りへの期待もしていない。

　思い起こせば会社員時代にも大胆な「手放し」をやっていた。

　30代半ばで部長職に抜擢されるが、「自分の身の丈を超えている」と降格を申し出て現場に戻る。その後に出会ったのが──当時はデビュー前の無名の新人──「絢香」と「Superfly」だった。後に彼女らが記録的なヒットを叩き出し、スターダムに登り詰めたことは説明不要だろう。筆者は「肩書き・ステータス」を手放したが、その何倍も素晴らしいものを手にできたのである。

　子どもの頃から大小さまざまなフルリセットを敢行してきたが、必ずその後、「手放した物事以上に大きなギフト」が巡ってきた。だから、何かを失うことへの恐れがない。

　むしろ、**「今回は、こんな大きなものを手放した。さあ、次は何が巡ってくるか」**とワクワクするくらいだ。

　だが、人は「何かを手放すこと」を恐れすぎる傾向があり、「自ら放棄するなんてあり得ない」と誰もが考えてしまう。「手放すことは損でしかない」という、金銭的な損得感情の罠に陥ってしまっているからだろう。

人が失うことを恐れる理由

　調べてみると、そういった資本主義病ともいえる「打算的思考」に加え、人間心理には「損失回避性」という「何かを得ることよりも、それを失うことへの拒否感」を持っていることがわかった。

行動経済学のリサーチによると、この「損失回避性」における感情を数値換算すると、「損失への痛み」は「獲得への満足度」の2〜2.5倍もあるという（※1）。

　貯蔵技術がなく、食べる分だけを狩猟採集していた祖先にとって、「何かを失うこと」は生命の危機に直結した。だから、本能としてそういった思考回路を身に付けてしまったのだ。

　だが、今の日本は「いらないモノまで貯め込む、何もかもが過剰な状態」にある。両手いっぱいに荷物を抱え「1つも渡さない」と構えながら、さらに「何かを得よう」としている。そんな状態で何かをつかもうとするから大切なものを落としたり見失ってしまう。

　さらに、目の前に現れた「人生を変えるようなビッグチャンス」というギフトをつかめず逃してしまうことになる。

　部屋やデスクの整理と原理は同じ。収納する前に不要物を手放さない限り、片付くことは一生ない。

「世界経済フォーラム」が、コロナ禍を受けて2021年に開催したダボス会議のテーマが、**人類の「グレートリセット」──今こそ「全く新しい経済と社会のシステム」の構築に挑むべき**──だったのだから（※2）、我々が考え方と生き方のリセットを断行するのに、ふさわしい時代に入ったといえるだろう。

循環する世界

「シェア」の生き方にシフトする上で重要なルールがある。「Love Yourself First（※3）」という大前提を決して忘れないことだ。**「自分や家族を大切にできない人は、他者を大切にすることはできない」**という原理原則は、読者のみなさんならもうおわかりだろう。

　この考え方に加え**「生活習慣5つの教え」という土台**が整って初めて「利他的な行動」が持続可能となる。すると、さらなる「感

謝」がもたらされるようになり、それが「信頼／信用」へ発展し、地上最大のエネルギーである「愛」を次々と受け取れるようになる。

　そうすれば、自然界の循環に優るとも劣らない「人間界のエネルギー循環」という大きな流れに乗れるようになる。先住民マオリの「マナ」の概念は──太古から脈々と継承されてきた──この「永久不滅の本流」にこそ身を委ねるべきだと教えてくれる。

　5〜7代先の子孫のことを考えて行動してきたマオリにとって、「資本主義は、自然界の循環システムや人類史においては一時的な小さな流れ」にすぎないのだろう。

　先住民に限らず、人は誰もが生存本能を持っている。

　だから、持続可能じゃない流れ「不確かな資本主義システム」に身を預ける行為が危険極まりないことを、誰もが心の奥底では勘づいているのだと思う。

　ここまで読まれて、**「恩送り」**という美しき日本語を思い浮かべた方もいるだろう。これは、**人から受けた恩を、当人に返す「恩返し」ではなく他の人に送る行為**のこと。

　これに近い価値観をテーマとした2000年公開の名作『ペイ・フォワード（原題：Pay It Forward＝直訳：前もって支払う）』をご覧になったことはあるだろうか。

　原作者の実体験がベースとなった映画で、一人の少年が自主的に「マナを贈る＝恩送り」を実践することで、コミュニティに起きる感動的な変化が描かれている。

ギフトエコノミーとソーシャルビジネス

　こういった、**金勘定ではない「善意や貢献」を循環させる仕組みのことを「ギフトエコノミー」と呼び、ポスト資本主義を担う新し**

い経済システムとして長く注目されてきた。

　世界中で、ギフトエコノミーの社会実験が行われているが、有名な成功例として「カルマキッチン」があげられるだろう。

　カルマキッチンでは、メニューに値段がなくて、**「あなたの食事は、前のお客さまが支払い済みです」**と告げられる。次の客のために支払う金額を決めるのはあなたで、支払わなくてもいい。「うまくいくはずない」と反射的に思われたかもしれないが、驚くなかれ、米国発のカルマキッチンは世界に広がっている。

　カルマキッチンのように、資本主義をハックする痛快な成功事例が日本にも（前出の長坂真護さん以外にも）登場している

　一つは、世界中から最新のソーシャルグッドな情報が集まる『IDEAS FOR GOOD（※4）』を運営するハーチ株式会社。

　ここでは、従業員同士がポイントを贈り合う画期的な賞与システム「GIFT」を導入している。

　マオリ族の「マナ」のごとく──**「いい仕事をしてくれてありがとう」とポイントを贈り合い、獲得ポイントに応じて賞与額が決まる**のだ。「恩送り」ならぬ**「感謝贈り」**とも呼べるギフトエコノミーを社内制度に取り入れた好例である。

　代表の加藤佑さんに取材してみたところ、効果絶大とのこと。現場からはこんな声が上がっているという。

「同僚に助けられたこと、感謝すべきことに気付けるようになる」
「感謝が可視化されることで、知らなかった自分のギフト（才能）を発見できる」

　そして、個々のメンバーだけでなく、組織全体のパフォーマンス向上に寄与しているという。

　もう一つは、「恩送り」の考え方を経営方針の軸に据える株式会社ボーダレス・ジャパンだ。ソーシャルビジネスで13ヶ国に展開

し、2022年にはグループ全体で75億円以上を売り上げた（※5）。

この会社は、100%再生可能エネルギーの「ハチドリ電力」を自ら運営しながら、社会起業家に出資してサポートを行う事業を柱としている。

画期的なのは——NPOや慈善事業ではなく——れっきとした株式会社なのに、出資先から配当金を受け取らない点にある。

ボーダレス・ジャパンが支援するソーシャルベンチャーが成功すればするほど、収益が上がるから事業が持続可能となり、継続的に社会問題が解決されていくということになる。

まさに資本主義ハッカーである。

「本当にそんなことできるの？」と思われた方は、「世界に貢献する日本人30人」に選ばれた、田口一成社長のベストセラーで、愛と志に溢れる『9割の社会問題はビジネスで解決する』（PHP研究所）を読んでいただきたい。そこに、全てのノウハウが包み隠さず公開されている。

ライフワークを見つけられていない方、今の資本主義社会に絶望されている方は、田口さんのこの著書と、『IDEAS FOR GOOD』に掲載されている数々の記事を読めば、大きなヒントと未来への希望をもらえることだろう。

特に後者には、世界中のソーシャルビジネスの成功例、画期的なギフトエコノミーの構造、社会実装済みのシェアエコノミーの実例が多数紹介されている。

せっかくなので——行きすぎた資本主義に挑む——筆者が最も尊敬する2人が書いた衝撃の本を紹介しておきたい。

今のシステムをリプレイスせずに社会を変える方法を知りたい方は、独立研究者の山口周氏の著書『ビジネスの未来 エコノミーにヒューマニティを取り戻す』（プレジデント社）を——**根本的なシステ**

ムチェンジの考え方を知りたい方は、経済思想家・斎藤幸平氏の『人新世の「資本論」』(集英社新書)を読んでみてほしい。

先住民の苦悩から学ぶ大切なこと

　ニュージーランドのマオリに限らず、世界中の先住民たちが、無理やり押しつけられた資本主義のマネーシステムと、所有と独占が常識の西洋文化に馴染めず貧困に喘いでいる。

　合わない食生活やストレスで健康被害や短命、メンタルヘルスやアルコール問題に苦しむ。生活苦で軽犯罪に走ってしまう人もいて、そんな姿に「どうしようもない人たち」と非難する人間が多くいるが、その批判は間違っている。

　そうやって先住民を非難する人たちの大半が、先住民たちがもともと住んでいた土地に住む、いわば侵略者。世界中の先住民の土地が、西洋によって侵略されて植民地にされたが、最も悲惨な例の一つがオーストラリアのアボリジニだろう。

　アボリジニは、入植してきた白人に大量虐殺され、残った人たちは何千年も暮らしていた豊かな土地から不毛の地に追いやられた。今では、多くが貧困状態で安価なファストフードに頼ってしまい、平均寿命はなんと50代という（※6）。

　2014年に開催された「先住民族世界会議（WCIP）」（※7）に参加した隣人のマオリの友人がこう言っていた。

　西洋列強が植民地政策を推し進めた19世紀頃、各地の先住民の多くは、それぞれの土地で「充分に足りている豊穣の地」を見つけ出して、そこで豊かな食生活を送っていたという。だから与え合い、分かち合う習慣が当たり前となっていた。

　結果、彼らには「見返りやリターンを得るために行動する」という思考回路がインストールされなかったため、「お金をもらうため

に労働する」という概念自体を理解できないのだという。

　個人的な仮説だが、過酷な暮らしによって太古の祖先がDNAに刻み込んだ「損失回避性」というプログラムが、19世紀頃の先住民の間で起動しなかったのは、当時の豊かな生活環境のおかげで生存への不安が少なかったからだろう。その結果、「足るを知る」精神性を獲得し、利他的な本能がより前面に出たのだ。
　「充分に足りている豊穣の時代」に生きる我々全員が、そんな先住民たちの気高い美意識に原点回帰し、「グレートリセット」すべきタイミングが来ている。そう感じないだろうか。
　「マナ」の価値観こそが、次なるシステムの根幹になってほしい。そう願っている。

※1　橘玲 特別監修「文藝春秋SPECIAL 2017年夏号（脳と心の正体）」文藝春秋（2017）
※2　「世界経済フォーラム（World Economic Forum）」HP
※3　働く女性を救うべく日本のセルフケアシーンを牽引する、我が友でメイクアップアーティストにして植物療法士の早坂香須子さんが大切にしているメッセージ
※4　「社会をもっとよくする世界のアイデアマガジン—IDEAS FOR GOOD」
※5　「株式会社ボーダレス・ジャパン」HP
※6　家森幸男『遺伝子が喜ぶ「奇跡の令和食」』集英社インターナショナル（2021）
※7　国連「World Conference on Indigenous Peoples（WCIP）」

循環型フリーエネルギー

〝お金〟を生む仕事とは

「お金」とは、「感謝・信用・愛」と同じく、
人間界をサステナブルに循環し続ける
フリーエネルギー

　循環型エネルギー「人からの感謝・信用・愛」がもたらしてくれる、もう一つのギフトがある。

　ずばり、それは「お金」だ。

　お金を「働く目的」にすべきでないと書いたが——お金とは、仕事（ライフワーク）で得られる「素晴らしき結果の一つ」にすぎないということを改めてここで伝えたい。

お金も人を幸せにする
エネルギーの一つ

　復習しよう。あなたが仕事で「人や社会」に貢献すればするほど——つまり「恩送り」して「マナ」を誰かに提供すればするほど——「ありがとう」という言葉とともに「感謝と信頼」、そして「愛情」があなたのもとへともたらされる。

　こうなると誰もが、「これこそが働く喜びだ」と体中があたたかいエネルギーで満たされ、「これ以上のギフトはない」と全てが報われた幸せな気持ちになる。

　ここで終わらないのが、人間社会のおもしろいところ。

　満たされたあなたが、その内なる「自己肯定感／自己愛」というエネルギーを自分の中で何倍にも増幅させて、それを世界に「恩送

り」し続けると、いつの日か──時に何年もかかって──それは「お金」というエネルギーに変換されて、あなたに還ってくる。

実体験した人間界エネルギーの循環

　実際に筆者が何度か経験している。まずは、レコード会社時代の一例を紹介したい。

　心から惚れ込み、全身全霊でプロデュースしたアーティストたちがデビューした後、ファンレターが届くようになる。そこにはこんなことが書かれてあった。

　「イジメられて毎日が嫌だった頃、毎朝この曲を聴いて勇気をもらい、学校に向かってました」

　「入院していた時にこのアルバムに出合い、ベッドでずっと何度も何度もリピートしてました」

　「何をやってもダメな自分がキライだったけど、もう一度自分を信じようと思いました」

　そこには必ず「ありがとう」という言葉が添えられていたことを、今でも思い出しては胸が熱くなる。

　売り上げやランキングといった数字の成果も嬉しいが、こういった血の通った感謝の言葉をエネルギー源にして働いていた。筆者が関わったヒットの全ての源泉はここにあったのだ。

　フリーランスでの体験は、以下の例がわかりやすいだろう。

　上智大学と京都精華大学で、非常勤講師をやっていた経緯から、「この人の講義はおもしろい」と噂が流れ、他大学から講義の打診が舞い込むようになった。

　学校側や先生からのオファーであれば、講師料や経費負担の提示があるが、学生からの依頼の場合はノーギャラが多い。だがいつも学生のオファーを優先していた。なぜなら、学生企画の方が講義に

やる気のあるメンバーが集うからだ。

　講義中に学生たちが歓喜する姿や、講義後に涙をためて感謝の言葉を伝えてくれることが感動的だった。多い年で30回以上の講義を、無償かつ交通費自腹（つまり赤字）で行っていたが、数年後その経験が複数のプロジェクトに展開していく。

　まず、大学での「ライフスタイルデザイン講義」の内容をベースに書いた拙著がベストセラーに（これが拙著『自由であり続けるために 20代で捨てるべき50のこと』である）。次にNHKから、学生と新卒者向けの番組へのアドバイザーの打診がきた。そして、ある大学で出会った、天才起業家のスタートアップにエンジェル投資することになったのだ。

　他にもこういった経験はいくらでもある。

きれいなお金と、そうじゃないお金

　そうやって受け取るお金は、とても感動的だった。

　世の中には、「きれいなお金」と「汚いお金」の2種類あるという話は聞いたことがあるだろう。これらの体験と、半世紀以上生きてきた経験から、それは真実だと感じている。

　お金とは、「捉え方一つ、使い方一つ」でエネルギーの質が変化する不思議な存在だ。正のインパクトで人を幸せにしたり、社会をいい方向に導けるし、負のインパクトで人を不幸にしたり、社会を混乱させることもある。

　筆者は学生時代に、資本主義の理不尽さと貨幣制度の矛盾に気付き、「どうすれば、これら非人道的なシステムから脱出できるか」と考えてきた。その思索を続ける中、「お金とは不浄な存在で、人を狂わせて社会を不平等にする」という、偏った思想を抱いた時期もあった。

そのまま、危うく「世捨て人」になるところだったが（笑）持ち直し、ある時期からこう考えられるようになったのだ。

「感謝や愛と一緒に受け取るお金は、尊い存在である」
「お金の量は、人から自分への信頼度に比例するものだ」
「心から納得できる仕事の結果として手にするお金は幸せだ」
「お金とは無機的な物質ではなく、有機的なエネルギー」
「どう稼ぐかじゃなく、どう使うかにお金の存在価値がある」

この思考が芽生えてからは、「お金へのネガティブな感情」が消えて、「お金を受け取ること」に罪悪感を感じなくなった。

さらに、「お金を受け取ること」への感謝の念が高まり、お金への感情がポジティブになればなるほど心が平和になり、自身のアーティストモードが高まっていくのがわかった。

お金が文明をつくり駆動してきた

アーティストモードで働いていると、ライフワークを通して周りにどんどん貢献できるようになり、多くの「感謝、信頼、そして愛」（つまりマナ）を継続的に受け取れるようになる。

その先に巡ってくるものこそがサステナブルな所得増だ。

でもこれって別に難しい話じゃない。全てのエネルギーが循環する森羅万象の法則と、生きとし生けるものがつながり影響を与え合う自然界の摂理と同じだからだ。

そもそも**「お金」とは、「感謝・信頼・愛」と同じく、人間界をサステナブルに循環し続けるフリーエネルギー**だった。

古くは封建制度によって、近代からは資本主義によって「収奪と独占」が正当化されてしまい、その美しい循環が止められてしまったが——それ以前はずっと——人と人、コミュニティとコミュニティの間を巡っては、人と社会を幸せにしていた。

これこそが古代から人類が営んできた「経済」の原点だからだ。

「誰かが必要としているものを提供したら心から感謝され、結果として、さまざまな〝モノやコト＝ギフト〟を受け取る」

　古来、全ての仕事がそういった物々交換から始まっている。そして、「経済」のルーツはこの仕事の成り立ちにある。

　小規模グループで暮らしていた狩猟採集時代から、小さな集落で食べる分だけの作物をつくっていた農耕時代初期までの——つまり自給自足をしていた頃の——**「働く」ルーツは、モノやコトを贈り合うギフトエコノミーにあった**ともいえるのだ。

　お礼として交換し合う「物やスキル」に、ある時期から「お金」というギフトが加わったにすぎない。「物々交換」と「通貨交換」は、長い間ずっと同時並行で行われてきたのだ。

　そんなお金の歴史は我々が考える以上に古く、その期限は原始社会までさかのぼる。

　物々交換で最も高価値とされた、獲物や採集物といった「物品通貨」こそがお金の始まりだ。古代ギリシャで使われた世界最古の「金属通貨（硬貨）」はもちろん、それ以前に流通していた「家畜や穀類」「貝貨や布貨」も立派なお金である。

　祖先が発明した、**「感謝や信頼や愛というギフト交換」を容易にするお金という便利なツール**によって、文明はここまで発達してきたと言っていいだろう。

お金が人間性と文明を破壊する

　しかし産業革命以降、お金が無慈悲なシステムの主役として脚光を浴びるにつれ、崇高だった「誰かの役に立つ行い」という本来の「仕事の目的」が人の道を外れていく。

「家族や仲間、人のため」ではなく、「金儲けのため」に働く人ばかりになってしまったのだ。

　それに伴い、ギフトを受け取る側も「お金を持ってる側、払う側が偉い」「お金を払いさえすれば、感謝やお礼は不要」と勘違いし、人間性を失っていくようになった。

　そういった非人道的な感覚が、いつの間にか資本主義社会の「常識」として根付いてしまう。本来は、お金を払う前に笑顔で「ありがとう」と言うべきなのに。

　遂には、非情で「利己的」な人間や企業が市場を席巻するようになる。

「金儲けのために、モノを必要としない人にまで売りつける」

「立場の弱い生産者や従業員から搾取することで利益を上げる」

「地球資源を私物化し、自然環境を壊してまで利潤を追求する」

　その結果、現代社会は「経済競争に勝てば正義」という血も涙もない「マネー至上主義」に染められてしまう。この醜い思想は、人間をアーティストどころかモンスターにし、地球の気候さえも狂わせて文明を滅亡に導きつつある。

お金のために働くことをやめる

　もし「ライフワーク」が見つからないなら、まずは**目の前の「ライスワーク」**を、**「ライフワーク」にできないかと試行錯誤し、創意工夫を重ねることを強く勧めたい**。

　筆者も、やるつもりもなかった音楽の仕事を、自分の中で数年かけて「ライフワーク」に昇華させた経験がある。

　社会を変えたいと映像ジャーナリストを目指すが、第一志望のNHKに落ち、その練習で受けていたレコード会社に拾われる。最初は腰掛けのつもりだったが、「音楽で社会を変えられる」と気付

いた瞬間から、自分がアーティストモードに入っていくのがわかった。何より、音楽から多くのことを学ぶことができた。

どうすれば今の仕事を楽しみ、愛せるか——もしくは、学べることはないかを考え抜いてみてほしい。

「プレイフル・ラーニング」提唱者の上田信行教授も、「働くことがすなわち学び」「楽しさの中に学びがある」と言っている。筆者も大人になった今——子どもの頃は勉強嫌いだったのに——心躍る学びこそが、至高の遊びだと思えるようになった。

そして、あの故スティーブ・ジョブズはこう語っていた。

「素晴らしい仕事をする唯一の方法は、自分のやっていることを好きになることだ——The only way to do great work is to love what you do」

さらに彼は毎朝、自分にこう問いかけていたという。

「もし今日が人生最後の日だったなら、私は今日やろうとしていることをしたいと思うだろうか？——If today were the last day of my life, would I want to do what I am about to do today?」

あなたが今回の人生で、「一生続けたい」と思えるライフワークに出合えることを心から願っている。

Method

12

持続可能な所得増をもたらす〝アーティストモード〟

「平常心」のまま、無理なくいいパフォーマンスを
維持できている──まるで動的メディテーションの
ような──そんな無心状態がアーティストモード

　働き方において、「好きや得意」を仕事にすることや、「ライフワーク」に挑戦することはもちろん大切だが、**最大の要は「アーティストモード」に入ること**だ。

ゾーン、フロー、ピークパフォーマンス

　それは、**人が高次元の集中力を発揮する「ゾーン」や「フロー」より、さらに高次の状態のこと**。スポーツ心理学でいう、瞬間的に最大能力が引き出される**「ピークパフォーマンス」**が近いが、これとは違う。
　「アドレナリン（興奮ホルモン）」が出て、急激に心拍数と血流が速まる「非常時モード」ではなく──**穏やかな境地と満たされた気持ちで、「セロトニン（幸福感と集中力のホルモン）」が静かに体内を巡っている「自然体モード」**だ。
　あくまで**「平常心」のまま、無理なくいいパフォーマンスを維持できている──まるで動的メディテーションのような──そんな無心状態がアーティストモードである。**しかも数分間ではなく、数時間や数日間、時に数ヶ月間、意識せずともその状態を維持することができるのが特徴だ。

この感覚は、スポーツ科学が土台の西洋人には理解しづらいかもしれない。だが、剣道や柔道といった武道の心得や、茶道や華道に流れる禅の精神性がDNAに宿る日本人は、すんなり受け入れられるだろう。

ここで、あなたが好きな女性シンガーが、ステージで我を忘れてスローバラードを歌っている姿を思い浮かべてほしい。

素晴らしい集中力とパフォーマンスを発揮しているだけじゃなく、神々しい光を発しながら生命体として輝いていることだろう。なぜか。

それは、彼女が「音楽と歌を心から愛している」からである。

これこそが「真のアーティストモード」になった人の姿だ。さらに、ステージ上で限界まで深くこの状態に入るシンガーは、ステージを降りた後も、神々しくも温かいオーラを放ち続ける。

実際に、筆者が手がけた数人のアーティストがそうだった。

これは、シンガーだけの特権じゃない。**人は誰でもこの「真のアーティストモード」を手にできる。**

とことん仕事を好きになって愛することができれば、高次の集中力と創造性で働けるだけじゃなく——先のシンガーのように——愛のエネルギーを放ちながら周りを幸せにできるのだ。仕事の成果だけじゃなく存在そのもので。

あなたは今の仕事で、その状態に入ることができるだろうか。

「今の仕事で、あらゆる努力をしたけれどアーティストモードにはなれなかった」という方は、やはりライフワークに挑んでほしい。

もしくは、「アーティストモードには入れるようになったが、この仕事を生涯続けたいとは思えない」という方は、期限を決めて、いつか必ずライフワークへ踏み出してほしい。

筆者にとっての音楽の仕事がまさにそうだった。音楽とアーティ

ストを心から愛していたが、一生はやれないと思っていた。

真のライフワークとは生きる目的のこと

ライフワークに込められた定義、**「一生かけて究め続けたいテーマ」「生涯を通じて成し遂げたいこと」**は、もう理解してくれていることだろう。

実は、ライフワークの真の意味は、具体的な「職種」や「職業」のことではなく、**もっと抽象度の高い「生きがい」や「生きる目的」という言葉の方が近い**。それは「これがないと生きていけない」というほど大切で尊いものである。心理学的な言葉では「Deep Needs」に近いだろう。

要するに**仕事とは、その「生きる目的」に向かうための「乗り物」にすぎない**ということだ。

さて、**筆者にとっての「生きる目的＝真のライフワーク」とは**——言葉にすると恥ずかしいが——**「世の中の流れを少しでもいい方向に変えること」**である。

このルーツは幼少期にさかのぼる。周りの大人や学校を通して感じた、不条理な社会システムへの違和感と、近所の自然が横暴な経済システムによって壊された絶望感が発端だ。

それ以来ずっと怒っていたが、大学生になって社会勉強をして「怒りは何も解決しない」と冷静になる。そして、ドキュメンタリー映像という「乗り物」に乗って「ライフワーク」を実現しようと思った。

しかし、その夢は実現せず、偶然に音楽というパワフルな「乗り物」に出合う。その後、執筆という「乗り物」に乗り替えたが、変わらず同じ方向を目指して進んでいる。このまま目的地に向かって死ぬまでライフワークを追求し続けるだろう。

どんなに難しく、いくら苦労が多くても、こうやって「一生かけて追求したいこと」があるのは幸せなことだ。

少し暑苦しいこの「ライフワーク論」を受けて、ぜひ、あなたにとっての**「真のライフワーク＝生きる目的」**とは何か今一度、深く呼吸しながら胸に手をあてて考えてみてほしい。

答えはあなたに眠る彫刻作品にある

ヒントは、筆者のように**過去の原体験にあるかもしれないし、目の前に山積みとなっている社会課題にあるかもしれない**。たまたま見た記事や写真や映像が教えてくれるかもしれないし、あなたのパートナーや家族を守ることが天命かもしれない。

それを見つけるのはあなた自身だが、誰もがなんらかの役割を持って生まれてきている。

歩いて2日以上かかるニュージーランドの原始林。この状態になると全ての命が共生状態になる。小さな微生物から巨木まで、全ての存在に意味と役割があることを教えてくれる

あなたの「内なる部分」、そして「手の届く範囲」、さらにこの「広大な世界」と真剣に向き合ってみよう。しっかり観察する心と、探そうとする意思を持って生きていれば必ず出合えると約束しよう。

　ライフワークに従事することを決意しつつあるあなたに、先ほどの故スティーブ・ジョブズの言葉の続きを贈りたい。

　「それ（愛せる仕事）をまだ見つけられていないならば、探し続けるべきだ──If you haven't found it yet, keep looking」

　もう一度言おう。人生は一度だけ、しかも短い。そして、その締め切りはいつやってくるかわからない。

　あなたに眠る「真のアーティストモード」を目覚めさせるべく、生涯をかけてもいいと思えるようなライフワークを見つけだして一歩を踏みだそう。

　プレイフルになって、心が満たされたセルフラブ状態で働いていると、溢れるほどの幸福感に包まれるようになる。体の中心から無限に湧いてくる泉こそが愛だ。

　その最強のフリーエネルギーで誰かを幸せにしてほしい。それは、あなたの隣にいる人かもしれないし、遠くの知らない人かもしれない。

　その状態に入ることができれば、あなたに宿ったモーターは無理なく自然に、いいパフォーマンスを持続的に創出してくれる。その動力源は「無限のフリーエネルギー」だから、外からのエネルギー注入はもう必要ない。

　そうなると、あなたは太陽のようなエネルギーを放てるようになり、それが誰かの役に立ち、次第に周辺から──時に遠く離れたところから──「感謝」「信頼」「愛」が送り届けられ、それらと共に、あなたが必要とする「援助」「サポート」「人脈」「情報」が巡ってくるようになる。

そして、もうおわかりだろう。その結果の一つとして「お金」が巡ってくるようになるのだ。

このフェーズに突入すれば、この先は半自動的に収入が上がっていくことになる。

しかも、あなたの人間の器が大きくなるペースに合わせて、ゆっくり増えていくから身の丈を超えた額にならないのがいい。

何事においても**「最大の不幸は、身の丈を超えること」**だと思っている。もし身の丈を超えたお金が巡ってきたなら、それをなんらかの形でリリースして元の循環に戻せばいい。

そしてこれは筆者が実際に経験し、人生で実践してきたことだから単なる理想でもファンタジーでもない。

例えば、レコード会社を辞めた2009年、女性アーティストの「アルバム年間ランキング」の1位と2位を、筆者がプロデュースしたアーティスト2組が独占。この年の収入が最高額を記録──「自分の器を超えている」と思った。

プロデュースに従事してきた10年近く、狂気的な多忙さに時間（命）が奪われていく恐怖感と、所得がどんどん増えていくことに心の奥底で違和感を覚えていた。「今は異常事態で個人的なバブル期にあるだけ」と言い聞かせ、必死に心を落ち着かせていたことを思いだす。

翌年、ニュージーランドに移住してフリーランスになると、その年収は1/10以下まで激減。だがそういった事態に備え、10年以上かけてお金の勉強と、自給自足のトレーニングを重ねていた。ミニマム・ライフコストを極限まで下げるべく、自給自足ライフに入ったことは述べてきた通り。収入が減った不安より、収入が身の丈に

見合っていくことへの安堵感の方が大きかった。

　フリーランスになって9年目の2018年、仕事の収入が会社員時代の最高額を超えた。驚きだった。その時再び、「自分の身の丈を超えてる」と直感したと同時に、過去数年の異常な忙しさに気付く。「余分なお金より、もっと時間がほしい」と確信し、世間に「年収を半分にする」と公表。

　同時に、それまで年に地球を何周もしていた「世界での移動生活をやめる」と宣言。

　これは「忙しさ」を減らす一環でもあったが、ずっと心の隅にあった「自分は温室効果ガスを出しすぎている」という罪悪感を解消するためでもあった。こういった〝罪悪感〟や、先の〝心の違和感〟という認知的不協和を取り除かずに生きていると、脳と精神に深刻なダメージを与えることは前述した通り。

　もし、あなたに「自分への嘘」という認知的不協和があるなら、騙されたと思って解消してほしい。頭と心の重荷がなくなるやいなや急上昇する脳のパフォーマンスに感動するだろう。

　実は、そんな筆者の背中を押してくれた人がいる。

　飛行機をボイコットし続け、ヨットで大西洋を渡って国連に出席した、心から尊敬するグレタ・トゥンベリさんだ。

　仕事に関しては結局、1年がかりで仕事量を大幅に減らし、年収は4割減と目標は達成できなかったが、多くの時間を取り戻すことができた。

　その結果、ずっとやりたかったこと──10年前から構想していた前著『超ミニマル主義』と本書の執筆、主宰するコミュニティへのコミット、夢にまで見た子育てに時間を費やすことができた。

　言うまでもなく、これら全てが前述のライフワークにつながっている。

人間として今回の人生を与えられた以上、**我々が最後まで大切にすべきは「人間性」**だ。

人間性をもって働き、人間性をもって組織経営をし、人間性をもってお金を活用し、人間性をもってテクノロジーを活用し、人間性をもって経済システムを運営する。

だがいつの間にか、多くの人が「人の役に立つ喜び」や「感謝」という貴いギフトへ価値を置かなくなってしまった。「お金」の魔力が、彼らの人間性を奪ってしまったからだ。

「とにかく稼ぎたい」とお金を働く目的にしたり、「食うためにしょうがない」とお金に魂を売った者で、真に幸せな人生を手にした人間を筆者は知らない。

筆者が知る、人々に感謝され、信頼され、愛される人は、誰もが幸せそうに働きながら社会に貢献している。そして、そもそも「お金のために働く」なんて邪心を持っていない。

そんな人たちは惜しむことなく「マナ」を放出し続け、「恩送り」を繰り返した結果、逆に数え切れないほど多くの人たちから助けられることになる。

何度でも言おう――人類が過酷な原始時代をサバイブした理由は、「利己主義」ではなく、他者の能力を引き出して協力し合うことで、自身のパフォーマンスを最大化することができる「利他主義」の方が効果的だと本能的に知っていたからだ。

そうやって初めて、人はいい仕事ができるし、素晴らしいことを成し遂げられる。それらに付随して想像を超えた所得が巡ってくることは、もう説明不要だろう。

「**利他主義こそ、最も合理的な利己主義です**。利他的であることが結局、自分の利益になるのです。

深刻な危機に直面した今こそ〝他者のために生きる〟という人間の本質に立ち返らねばならない。

協力は競争よりも価値があり、人類は一つであることを理解すべきだ。**利他主義という理想への転換こそが、人類のサバイバルの鍵**なのです」

これは、ヨーロッパの知性と呼ばれる思想家・経済学者ジャック・アタリの言葉だ（※1）。

人類の祖が、小さなグループで狩猟採集生活を送っていた頃、常に危険と隣り合わせの生活においてはたった一人の「利己的な行動」が、グループ全体の危険に直結した。

祖先たちは自分自身と仲間を守るために、そういった人間を追い出した。荒野に独り取り残されると、それは「死」を意味する。だから誰もが身を守るために「利他的な行動」に努めた。

そうやって世代交代を続けるなかで、「利己的な遺伝子」は淘汰され、「利他的な遺伝子」が継承されたという（※2）。

よって「利他的な行動」は、ジャック・アタリが言う「理想」ではなく人間の「本能」なのである。

次の世界を目指して

そんな当時の「小さなコミュニティ」では、「自分はこのグループなしで生きていけないから、みんなとは一心同体だ」と意識を持つのは容易だったろう。つまり、自分が生き残るために「利他的な行動」をしていたにすぎない。

だが、今のこの「80億人近い超巨大コミュニティ」では、サイズ感が非現実的すぎて「1つ＝Oneness」という意識を持つのは不

可能なのだろうか。

　それでも筆者は、できると確信している。

　本来、地球上のあらゆる種がじっくり時間をかけて進化する。だが、農耕革命、産業革命、そして医療革命によって、我々の認知能力をはるかに超える速度で人口が爆発して、急激に大きくなっていくコミュニティの規模感に、人間の知性が追いつけていなかっただけだ。

　だが21世紀に入っていよいよ、この超巨大コミュニティにおいても利他的に生きる人間が増えてきた。もちろん、どの時代にも必ずそういった尊敬すべき人たちは一定数存在したが、それは今まさに、明らかに増加の一途をたどっている。

　つまり、いよいよ**我々の知性が、人類のコミュニティサイズに追いついてきたこと**を意味する。ジャック・アタリの言う「人類は一つである」という、我々に宿る「利他的な遺伝子」が、遂に再び発現してきたのである。

　そして、心理学の古典「マズローの5大欲求」にも同様の記述がある。**「生理的欲求」「安全欲求」「社会的欲求」「承認欲求」という欠乏欲求4段階の上に「自己実現欲求」がある**が——自己実現を目指す人は**「全ての人間の中で最も個性的で、最も利他的、社会的、人を愛する性質をもつ」**という（※3）。

　進化生物学者リチャード・ドーキンスも**「利他的に見える行為は実は姿を変えた利己主義であることが多い」**と述べる（※4）。あのユヴァル・ノア・ハラリも**「進化は強い社会的絆を結べる者を優遇した」**と言っている（※5）。

「誰かの役に立つことをしたら喜ばれて、その人以上に幸せな気持ちになった」
「ある行為が意図せず人のためになり、感謝の言葉をもらって心が

満たされた」

　誰もが、こんな経験はあるだろう。難しい理屈抜きで、人とは、何よりも利他的な行いに喜びを感じる生き物なのだ。

　先人たちが貨幣を発明する前、まだ小さな集落単位で自給自足生活をしていた頃、利他的な行動へ与えられるギフトはお金ではなく「感謝と信頼」、そして「愛」だけだった（もちろん、それで充分！）。

　何度でも言おう。

　現代では、それらのオマケとして「お金」が加わったにすぎない。「お金」とは利他的な活動の結果の一つにすぎない。

　最初に「感謝」がもたらされ、その積み重ねの先に「信頼や人望」があり、それが「愛」に変わる。次に「援助」「サポート」「人脈」「情報」が届けられ、最後に「お金」が運ばれてくる。この順番は絶対だ。

　この順番をすっ飛ばして「お金」だけを求めてもダメだし、「感謝と愛」が伴わない「お金」に意味はないし、そもそも美しくない。そこには正のエネルギーは宿らず負のエネルギー満載だ。

「感謝が伴わないお金はいらない」

　あなたはもう、こう思えるようになったことだろう。真のミニマル・ライフは、お金の不安がなくなって初めて完成する。

　そのマインドセットをもって、改めて今日から一緒に、あなた自身と他の誰かを幸せにできるいい仕事をしていこう。

　※1　NHK ETV特集「緊急対談 パンデミックが変える世界〜海外の知性が語る展望〜」(2020年4月11日)

　※2　松村圭一郎他『働くことの人類学』黒鳥社 (2021)

　※3　A.H.マズロー『人間性の心理学──モチベーションとパーソナリティ』産能大出版部 (1987)

　※4　リチャード・ドーキンス『利己的な遺伝子 40周年記念版』紀伊國屋書店 (2018)

　※5　ユヴァル・ノア・ハラリ『サピエンス全史』河出書房新社 (2016)

「More」よりも「Less」、
「Big」よりも「Small」、
「Fast」よりも「Slow」

「貧乏な人とは、少ししか物を持っていない人ではなく、無限の欲があり、いくらあっても満足しない人のことだ（※1）」

これは、あの〝世界一貧しい大統領〟ホセ・ムヒカ氏の言葉だ。

「もっともっと」という渇望が満たされる日は永遠に来ない。

それは致命的な病となって不安と焦りを増幅し続け、あなたの人生を蝕んでいく。

逆に、**「これさえあればいい」というミニマル・ライフは、不安と焦りを取り除き、時間のゆとりと心の平穏をもたらす。**

これは、最小限の衣食住だけを背負って、何日も山を歩き続けるバックパッキング登山で学んだ、**「大切なことを、大切にできる人生」をデザインするための秘訣**である。

バックパックに入る荷物には限界があるし、道具のセレクトミスが命に関わるため、「何が大切で、何が大切じゃないか」を考え抜かないといけない。

取捨選択の判断は難しいし、ミニマル装備での登山は不便だが、「このバックパックさえあれば生きていける」という確かな安心感がある。それは、拡大思考の資本主義社会では決して味わえない心地よさだ。

そもそも人類は古代から、最小限の衣食住で移動する狩猟生活を営んでいた。まさに極限のミニマル・ライフである。

祖先が、不足状態から実質的に抜け出せたのは、約1万2000年前の農耕革命ではなく、わずか200年ほど前の産業革命の後だ。長い人類史においては「数分前」のことだけに、現代人の脳の構造は当時から変わっていない（※2）。

　それゆえに、物質的には過剰に豊かな先進国に生きる我々の幸福度は、ある程度の金銭と物を手にした段階で、あっさりと最大値に達してしまう。

　モノ、情報、人間関係、ストレス、そして肉体と自然環境への負荷、全てが「マキシマル＝過剰」の現代において、この問題を解決する方法はたった一つ。

「ミニマル＝足るを知る」技術を習得することである。

　無限にお金を稼ぎ、無限にモノを買い続けるのはもちろんのこと、無限に情報を入手し、無限に人脈を広げ続けるなんて不可能なのだから。

　全てを手に入れたイーロン・マスクだって、最近の支離滅裂な言動から推測するに満たされてなさそうだ。地上で稼ぎ切っても満足できず、わずか10分の宇宙旅行に大金を注ぎ込んだジェフ・ベゾスは、大気圏の外で幸せを見つけただろうか。

　そういう筆者もかつて、資本主義のど真ん中で働いたことがあるのは書いてきた通り。レコード会社のプロデューサーとして、手がけたCDの総売り上げは2000万枚を突破した。

　ビジネスで称賛されても収入が増えても、心の一番大切なところが満たされることはなかった。

　むしろ、環境を破壊する大量生産に加担し、リサイクルできず土にも還らないCDを大量に地球上にバラまいた罪悪感の方が大きかった。その経験から**「増やす先には幸福はない。減らす先にしか幸福はない」**と本能的に気付く。

39歳で全てを手放してニュージーランドの森に移住し、サステナブルな自給自足ライフを追求してきたのは、その反動でもあったのだ。

　森に囲まれた湖の畔の自宅で営む、環境負荷と温室効果ガス排出をミニマルに抑える低消費生活もはや14年目。今では食料の大半を、湖や海からの魚や貝、森からの収穫物、庭のオーガニック菜園と果樹園からの作物でまかなっている。

　祖先が編み出した2つの暮らし方「狩猟採集×農耕」をハイブリッドさせ、大量消費社会への依存度を極限まで下げたミニマル・ライフである（筆者は肉を食べないので狩猟は魚釣りのみだが）。

　筆者のライフスタイルは極端だとしても——商品依存と大量消費生活から脱することで、ポスト資本主義的な生き方を模索する人々は年々増えている。その潮流を牽引しているのが昨今の次世代ミニマリストたちだ。

　他にも、家を持たず自由に生きる**「アドレスホッパー」**、小さな家で豊かに暮らす**「タイニーハウス」**、生活コストが低く自然豊かな**「地方移住」**、ベーシックで流行に左右されない**「ノームコア・ファッション」**、そして環境や人権に配慮した**「古着ブーム」**や**「エシカル消費」**も同様の文脈にある。

　こういった選択をする人たちの多くは「これさえあればいい」という安心感に魅了されている。この満たされた「足るを知る」境地を手にするためには、自分の「身の丈」を把握しないといけない。

　では、その「身の丈」の基準はどこに置けばいいのか——「正解はなく人それぞれ」であり、本書こそが、あなただけの基準を見つけるための技術書である。

　余計なモノを手放し、不要なコトを捨ててミニマルを目指す過程で、「あ、このあたりが心地いい」という〝身の丈ポイント〟が必

ず見つかる──それが答えだ。

　筆者は、登山の強烈な体験でこの法則を知った。
　ミニマルを追求するがあまり、装備を減らしすぎて快適さを失っただけでなく遭難しかかったのだ。その状態から装備を少し戻したのが、今のバックパッキング登山スタイルである。
　安全で何でもある下界で遭難することはない──だから恐れず、**あらゆることをギリギリまでミニマル化してみよう。次に、辛くなったら少し戻して自分にとって心地いいラインを見つける──これが、身の丈ポイントを見つけ出す唯一の手法**だ。

　逆に、「増やす」「足し算思考」「拡大成長主義」では決して、自分の「身の丈」を見つけることはできない。その先であなたを待っているのは、ただの「身のほど知らず」であり、一生続く〝渇望症〟との闘いである。
　だからこそ声を大にして言いたい、人生で一回でもいいのでミニマル・ライフに挑戦してほしいと。

　本書と、前著『超ミニマル主義』を合わせた130を超えるメソッドの3割でも実践できれば、身軽さと自分らしさ、多くの自由時間を手にできて人生への不安と焦りは半減するだろう。
　もしあなたがメソッドの半分以上を体得できれば、不安定な経済や混乱する社会に振り回されず、自分の時間と心の平穏、大事な人を守り抜けるようになるだろう。
「超ミニマル・ライフとは、最も大切なことを、最も大切にしながら生きる、真に豊かな人生のことである」
　これはSTEP2の冒頭で紹介したスティーブン・コヴィーの名言を流用したものだが、まさにこんな人生をデザインしてほしいと筆者は願っている。

モノと情報にあふれ混乱の極みにある日本では、**「自分彫刻」が完成してブレない軸を手にして身の丈で生きる者は強い**。そして、身軽であればあるほどVUCA時代をサバイブできる。

　最後に、未来のためのヒントを伝えたい。

　これからは、**「More」よりも「Less」、「Big」よりも「Small」、「Fast」よりも「Slow」**であると覚えておいていただきたい。

　半世紀にわたり無数のトライ＆エラーを続けてきた筆者の経験と、最新研究の知見をベースにした本書が、少しでもあなたの人生に役に立てることを祈っている。

　本書では、「彫刻」という言葉を何度か使ったが、前著と本書を合わせた全800ページはまさに筆者にとっての「彫刻作品」。我が人生で培ってきたライフスキルたちが「全て削り出してくれ」と叫ぶ声に、やっと応えることができた。

　想いとシェアしたい知識は出し切れたので、いったんここで筆を置きたい。こんな分厚い本を読破してくださったことに心から感謝するとともに、「あなたの人生は、ここから確実にいい方向にシフトしていく」と固く約束しよう。

　いつの日か世界のどこかで、人生を語り合いましょう。

ニュージーランド湖畔の森より愛を込めて
四角大輔

※1　打村明「リオ会議でもっとも衝撃的なスピーチ：ムヒカ大統領のスピーチ（日本語版）」Hana.biJapan+YOU（2012年7月22日）
※2　アンデシュ・ハンセン著『運動脳』サンマーク出版（2022）

巻末〈参考図書〉
本書を執筆する上で、自身の曖昧な知識の正確性を高めるため、多数の参考文献に助けられたが、その中で特にオススメしたいものをリストアップしておく。

———————

A.H.マズロー
『人間性の心理学──モチベーションとパーソナリティ 改訂新版』産能大学出版部（1987）

アラサーDeリタイア管理人ちー
『ゆるFIRE 億万長者になりたいわけじゃない私たちの投資生活』かんき出版（2022）

アンデシュ・ハンセン
『スマホ脳』新潮新書（2020）
『運動脳』サンマーク出版（2022）

家森幸男
『遺伝子が喜ぶ「奇跡の令和食」』集英社インターナショナル（2021）

上田信行
『プレイフル・シンキング 働く人と場を楽しくする思考法』宣伝会議（2020）

エリック・リース
『リーン・スタートアップ』日経BP社（2013）

樺沢紫苑
『ストレスフリー超大全』ダイヤモンド社（2020）

久賀谷亮
『世界のエリートがやっている 最高の休息法』ダイヤモンド社（2016）

国府田淳
『健康本200冊を読み倒し、自身で人体実験してわかった 食事法の最適解』講談社＋α新書（2020）

クリス・ギレボー、本田直之監訳
『1万円起業 片手間で始めてじゅうぶんな収入を稼ぐ方法』飛鳥新社（2014）

近藤ヒデノリ＋Tokyo Urban Farming監修
『Urban Farming Life』トゥーヴァージンズ（2023）

スティーブン・R・コヴィー
『完訳 7つの習慣 人格主義の回復』キングベアー出版（2013）

斎藤幸平
『人新世の「資本論」』集英社新書（2020）
『ぼくはウーバーで捻挫し、山でシカと闘い、水俣で泣いた』KADOKAWA（2022）

竹田ダニエル
『世界と私のAtoZ』講談社（2022）

田口一成
『9割の社会問題はビジネスで解決できる』PHP研究所（2021）

ニーマル・ラージ・ギャワリ
『黒感情が消える ニーマル10分瞑想：怒り、不安、嫉み、欲、エゴを生まずに、よりよい自分に』小学館（2023）

西野亮廣
『夢と金』幻冬舎（2023）

西野精治
『スタンフォード式 最高の睡眠』サンマーク出版（2017）

根来秀行
『ハーバード&ソルボンヌ大学根来教授の超呼吸法』KADOKAWA（2018）

デビッド・A・シンクレア、マシュー・D・ラプラント
『LIFESPAN：老いなき世界』東洋経済新報社（2020）

林英恵
『健康になる技術大全』ダイヤモンド社（2023）

P.F.ドラッカー
『明日を支配するもの――21世紀のマネジメント革命』ダイヤモンド社（1999）

フローレンス・ウィリアムズ
『NATURE FIX 自然が最高の脳をつくる 最新科学でわかった創造性と幸福感の高め方』
NHK出版（2017）

H.D.ソロー
『森の生活 ウォールデン』岩波文庫（1995）

牧田善二
『医者が教える食事術2 実践バイブル』ダイヤモンド社（2019）

松村圭一郎他
『働くことの人類学 仕事と自由をめぐる8つの対話』黒鳥社（2021）

村上春樹
『職業としての小説家』新潮文庫（2016）

山口周
『ビジネスの未来 エコノミーにヒューマニティを取り戻す』プレジデント社（2020）
『世界のエリートはなぜ「美意識」を鍛えるのか？ 経営における「アート」と「サイエンス」』光
文社新書（2017）

柳川範之、為末大
『Unlearn（アンラーン）人生100年時代の新しい「学び」』日経BP（2022）

ユヴァル・ノア・ハラリ
『サピエンス全史』河出書房新社（2016）

吉森保
『LIFE SCIENCE 長生きせざるをえない時代の生命科学講義』日経BP（2020）

リチャード・ドーキンス
『利己的な遺伝子 40周年記念版』紀伊國屋書店（2018）

リンダ・グラットン、アンドリュー・スコット
『LIFE SHIFT 100年時代の人生戦略』東洋経済新報社（2016）

ルトガー・ブレグマン
『Humankind 希望の歴史』文藝春秋（2021）

［著者］

四角大輔（Daisuke YOSUMI）

執筆家・環境保護アンバサダー

1970年、大阪の外れで生まれ、自然児として育つ。91年、獨協大学・英語学科入学後、バックパッキング登山とバンライフの虜になる。95年、重度の赤面症を抱えてソニーミュージック入社。社会性も音楽知識もないダメ営業マンから、異端のプロデューサーになり、削ぎ落とす技法で10回のミリオンヒットを記録。

──この壮烈な経験で得た「日本社会サバイバル術」と、この後に構築する組織・場所・時間・お金に縛られない「最強のライフスキル」を網羅したのが、本書と前著『超ミニマル主義』。2010年、すべてをリセットしてニュージーランドに移住。湖畔の森でポスト資本主義的な自給自足ライフを開始。年の数ヶ月を移動生活に費やし、働きながら65ヶ国を訪れる。19年、10年ぶりのリセットを敢行。CO_2排出を省みて移動生活を中断。会社役員、プロデュース、連載など仕事の大半を手放し、自著の執筆とコミュニティ運営に専念。21年、第一子誕生を受けて、ミニマル・ライフをさらに極め──週3日・午前中だけ働く──育児のための超時短ワークスタイルを実践。

著書に、『超ミニマル主義』（ダイヤモンド社）、『人生やらなくていいリスト』（講談社）、『自由であり続けるために 20代で捨てるべき50のこと』（サンクチュアリ出版）、『モバイルボヘミアン』（本田直之氏と共著、ライツ社）など。

公式サイト〈daisukeyosumi.com〉
会員制コミュニティ〈LifestyleDesign.Camp〉
ポッドキャスト〈noiseless world〉ナビゲーター
Instagram〈@daisukeyosumi〉

超ミニマル・ライフ

2023年10月3日　第1刷発行
2023年11月9日　第3刷発行

著　者──四角大輔
発行所──ダイヤモンド社
　　　　　〒150-8409　東京都渋谷区神宮前6-12-17
　　　　　https://www.diamond.co.jp/
　　　　　電話／03·5778·7233（編集）　03·5778·7240（販売）

ブックデザイン──小口翔平＋畑中茜（tobufune）
イラスト──越井隆
校正──聚珍社
製作進行──ダイヤモンド・グラフィック社
印刷──ベクトル印刷
製本──ブックアート
編集担当──土江英明

本書の感想募集

感想を投稿いただいた方には、抽選でダイヤモンド社のベストセラー書籍をプレゼント致します。▶

メルマガ無料登録

書籍をもっと楽しむための新刊・ウェブ記事・イベント・プレゼント情報をいち早くお届けします。▶